21世纪高等院校
新闻学与传播学经典教材
JOURNALISM&COMMUNICATION

电视文艺编导基础（修订版）

游洁 著

中国国际广播出版社

目　录

绪　论　电视文艺概念内涵的流变 / 001

一、以直播社会文艺原型为主 / 001

二、电视文艺节目个性的形成 / 002

三、电视综艺节目的成熟与大发展 / 002

四、产业化背景下各类电视娱乐节目的发展 / 003

第一章　电视文艺初创期的节目形态 / 005

第一节　电视文艺直播阶段的节目形态 / 005

一、文艺本体进入电视 / 005

二、“本体性”与“电视化”的差异 / 007

第二节　电视直播时期的典型文艺节目形态 / 009

一、现场转播 / 009

二、直播电视剧 / 010

三、文艺专栏 / 011

四、文艺专题 / 012

五、电视文艺晚会 / 013

第三节　“文化大革命”期间电视文艺的主要节目形态 / 014

第二章　电视剧的成熟与市场化 / 017

第一节　电视剧形态的重建 / 017

一、单本剧跟随电影起步 / 017

二、电视意识的觉醒 / 018

第二节　电视剧形态的成熟 / 021

一、电视剧形态的拓展 / 021

二、市场意识对电视剧形态的影响 / 023

第三节　市场化背景下的电视剧典型形态 / 025

一、主旋律电视剧 / 026

二、古装剧——戏说历史剧 / 027

三、涉案剧 / 029

四、谍战剧 / 030

五、武侠剧 / 031

六、言情剧——道德（家庭）伦理剧 / 032

七、青春偶像剧 / 033

八、穿越剧 / 034

九、情景喜剧——栏目剧 / 035

第三章　电视文艺栏目的发展 / 039

第一节　栏目的概念及样式的建立 / 039

一、栏目的概念 / 039

二、作为运作与管理机制的“栏目化” / 040

三、作为节目形态的“栏目” / 042

第二节 综艺栏目的成型与兴盛 / 043
一、综艺节目的迅速发展 / 043
二、综艺栏目经典模式的建立 / 044
三、综艺栏目的普遍化 / 045
第三节 市场化趋势下电视文艺栏目形态的变化 / 046
一、以“专业化”完善节目形态 / 047
二、专业栏目支撑专业化频道 / 048
三、频道大战催生栏目的“大众化”与“娱乐化” / 049
第四节 市场化导向下电视综艺栏目的变化 / 060
一、新形态轮番引领潮流 / 060
二、专业化频道竞争时代到来 / 065
第五节 近年极具市场竞争力的娱乐栏目形态 / 073
一、综艺娱乐栏目 / 073
二、竞技栏目 / 074
三、益智栏目 / 075
四、才艺竞秀栏目 / 075
五、婚恋交友栏目 / 076
六、脱口秀栏目 / 077

第四章 电视文艺晚会形态的发展 / 078

第一节 电视综艺晚会的成型 / 079
一、电视综艺晚会的初创 / 079
二、电视化晚会理念的落实 / 086

第二节 电视晚会的成熟与繁盛 / 088
一、队伍专业，领导重视 / 088
二、分众化背景下的专业拓展 / 093
三、打造盛世华章，形态充分完善 / 095
第三节 新世纪以来电视晚会的变化 / 102
一、晚会板块清晰，市场趋势渐显 / 102
二、室内外形态进一步分立，综艺与专题思路各显 / 106
三、尝试技术创新，冲击视觉极限 / 111
第四节 产业化背景下电视晚会的常见形态 / 122
一、综艺晚会 / 122
二、专业晚会 / 124
三、专题晚会 / 125

第五章 电视文艺专题 / 130

第一节 电视文艺专题的概念及基本形态 / 130
一、电视文艺专题的概念 / 130
二、电视文艺专题的形态 / 131
第二节 电视文艺专题的成长与萎缩 / 133
一、人物专题 / 133
二、文学专题 / 134
三、音乐专题 / 135
第三节 电视文艺专题的分化 / 137
一、音乐电视的发展 / 137
二、其他电视文艺专题的发展及演变 / 143

三、纪实类电视文艺专题的发展 / 146

第六章　电视文艺节目的社会化与活动化 / 149

第一节　电视文艺社会化与活动化节目的出现 / 149

一、电视文艺社会化与活动化的概念 / 149

二、电视文艺社会化与活动化节目的成长 / 151

第二节　“赛季”与“真人秀”的兴起 / 157

一、“赛季”与“真人秀”概念 / 157

二、产业化驱使选秀节目风行——歌唱类引领新热潮 / 160

附录1：典型电视文艺节目案例分析 / 167

一、《中央电视台春节联欢晚会》 / 167

二、《全国青年歌手电视大奖赛》 / 175

三、“超女快男” / 190

四、《中华情》 / 203

五、《艺术人生》 / 212

六、《寻找金花》 / 221

七、《越策越开心》 / 233

八、《中国诗词大会》 / 242

九、《中国好声音》 / 249

附录2：国内“现象级”电视综艺节目初探 / 262

一、电视综艺节目“现象级”的界定 / 264

二、“现象级”电视综艺节目的品牌优势 / 268

三、“现象级”电视综艺节目的问题及对策 / 273
四、对“现象级”电视综艺节目未来发展的建议 / 276

参考文献 / 282

后　　记 / 283

绪论　电视文艺概念内涵的流变

从中国电视的诞生至今，伴随着整个电视事业的发展，电视文艺节目也经历了一个从无到有、从少到多、从简到繁的过程，其中不乏潮起潮落、曲折变化。但实际上，一切形态的建立和发展，是以事物的特质为核心，以表达者的个性与诉求为目标，最终为了受众需求和行业的发展而演变，其过程大概包含四个阶段。

一、以直播社会文艺原型为主

在电视诞生的早期，"电视文艺"主要是对社会文艺进行记录性的转播，而且"电视文艺节目"的基本概念是"电视"与"文艺"的组合。尤其是"文艺"概念，即"文学艺术"的统称。于是当时的"电视文艺"是努力将所有与文学艺术范畴相关的内容进行"转达"，对电视手段理解得比较肤浅，所以节目内容更多限定在"直播"手段可以包容的范围内，节目形态也往往依附于"文学艺术"部分的原生形态。电视成为客观记录的一种手段，即"家庭剧场"，而节目呈现的形态则大量是在演播室内直播的诗歌、歌曲、舞蹈、戏曲、话剧，以及在剧场内转播的文艺表演等。当然，由于技术条件有限，观念也比较拘谨，尤其是受到"文化大革命"的限制，节目类型与形态并不复杂，制作也不够精良。

二、电视文艺节目个性的形成

电视文艺个性的“觉醒”是从电视开播不久就开始的，而且在直播节目里就已经有了一些探索——导演们在意识上开始主动寻找电视文艺节目和其他载体的文艺节目的区别，即开始对文艺领域内不同品种的内容形式有所选择和扬弃，节目逐步呈现出不同于其他载体表现的文艺的面貌，这也许还和电视人欲建立自身地位的意识有关。同时，作为传播媒体，电视肩负着“宣传”的责任，与广播有着天然的共通之处，甚至有的新节目形态会受到广播节目形态的直接影响。

电视文艺个性的明确形成是在电视录像的普及与后期制作技术的成熟时期，这导致视听语言特性被高度重视，随后开始普遍被应用到节目创作领域。毋庸置疑，此时同处于视听表达领域的电影已经走在对文学艺术进行“影像化”表达和融合的前列——这是因为电影必须经过后期剪辑，这对刚刚可以进入精心制作层面的电视文艺直接起到了示范的作用。于是电视文艺录播节目在进行“电视化”创新的过程中，有一些形态是对电影创作的模仿、继承和发扬，即将文艺进行“视觉化”处理。

在党的十一届三中全会以后，社会文艺出现了整体复苏与极大发展的状况。电视文艺也开始焕发出极大的活力，此时的“电视文艺节目”概念内涵非常丰富，既有对传统“文艺”的包容——记录或转播，也有一些对自身独特语汇的探索——电视化。正由于电视化的逐步深入，一些不具备视听俱全特性的文艺形态被逐步放弃，具有视听双重效果的品种则被发扬。

三、电视综艺节目的成熟与大发展

最具典型意义的综艺节目是中央电视台于 1983 年开始进行直播的《春节联欢晚会》，由此拉开了电视综艺节目大发展的序幕。随后 1990 年《综艺大观》和《正大综艺》的出现，也迅速掀起了全国电视综艺节目的高潮。

自此该类节目成为电视文艺中最重要的形态，而“电视综艺节目”也成为最全面包容和表达文艺品种的形态，甚至在一段时间内“电视文艺”的概念几乎可以被“电视综艺”概念取代。

随着社会的开放，20 世纪 90 年代末，电视综艺节目的大众性得到极大发扬，派生出“电视综艺娱乐节目”，并将传统的“综艺”——包容多种文艺品种的节目演变为以开心快乐为宗旨的、包容更多样内容形式的、大众可以广泛参与的游戏性的电视节目——“娱乐”节目。

也正因为电视娱乐节目的发达，“电视文艺”有了专业方向与欣赏层次的差别，如歌舞、戏曲、游戏等专业方向。随即“文艺”更趋向于一种群众性的联欢与互动，平民大众进入电视展示自己，相对于“纯文艺”的“亚文艺”品种和现象出现。并且一种专业元素可以和其他领域的内容形态融合，派生出新的节目形态，如体育竞技节目、美食之类与日常生活有关的节目……艺术形态节目的技巧难度也相对减弱。

以上这些变化，与全社会的文艺现象有着必然联系，更与电视整体逐步出现的产业化趋势有着直接的关联——之前电视只反映主流社会意识崇尚的精英文化，此时开始包容大众文化。

四、产业化背景下各类电视娱乐节目的发展

21 世纪初，中国加入世界贸易组织（WTO），此时电视新形态能够直接并很快波及全世界，尤其是“电视真人秀”浪潮，在国内带动了一大批电视选秀节目（栏目）的兴起，如湖南卫视的《超级女声》获得巨大成功，并很快成为内地娱乐节目内容形态的主旋律与主要形态。

至此，“电视文艺节目”的概念得到极大丰富，而且内容形态也呈现出前所未有的丰富多样的局面。尤其是电视娱乐节目的内容和表达方式日益成熟，并进一步细分出类型，逐渐形成一些模式。

实际上这一阶段的诸多新类型的出现，和越来越明确的产业化政策导向及发展目标有关，即具有盈利能力的节目形态不断涌现并得到极大发展，

甚至会延伸出一些跨传统艺术专业节目类型的形态。例如在 2011 年 10 月 24 日原国家广播电影电视总局下发的《关于进一步加强电视上星综合频道节目管理的意见》（简称“限娱令”）里提及的婚恋交友类、才艺竞秀类、情感故事类、游戏竞技类、综艺娱乐类、访谈脱口秀等，都已经属于这个时代电视娱乐节目的范畴了。[①]

同时，因为电视媒体的极度大众化，电视娱乐节目自然也会吸引和需要平民的参与。这不仅是顺应社会变革和节目内容发展的必然，更是广播电视体制从“教化”姿态变化和改革为“市场化”盈利工具的结果，与我国发展“文化创意产业”或“文化产业”的大背景有着直接的关系，即“电视文艺”的变化除了有自身求新求变的因素外，外在的主要动力就是国家与政府层面对文化产业化的大力推进。

本书正是基于这样的背景才有了完善的价值。笔者会在后文中根据不同的状况来使用“文艺节目”“综艺节目”“娱乐节目”等相对更狭义的词语来描述在“电视文艺”范畴下的不同节目概念和形态。

① 广电总局就进一步加强电视上星综合频道节目管理答问 [EB/OL].（2011-10-26）. http://news.xinhuanet.com/politics/2011-10/26/c_111125844.htm.

第一章　电视文艺初创期的节目形态

第一节　电视文艺直播阶段的节目形态

在中国内地电视发展早期，“电视文艺”概念是指电视屏幕上播出的一切文艺节目的总和，所以是电视台所有节目中播出量最大的节目形式。伴随着电视文艺创作实践的发展和电视功能的拓展，电视文艺的内涵也逐渐发生了变化。

一、文艺本体进入电视

1958 年 5 月 1 日，中央电视台的前身——北京电视台试播。此时，由于制作条件的限制，节目往往是最简单、最基本的一些内容与形态。在文艺节目方面，小型文艺节目是最容易直播的内容，同时由于相关节目创作基本上来自社会，电视更多发挥的是记录和转播的功能，即“家庭剧场”。

1958 年 5 月 1 日，试播当天的内容是：

19:00，台标——以有“北京电视台”字样的广播大厦模型作为背景。

19:05,《工业先进生产者和农业合作社主任庆祝“五一”节座谈》的讲话，其间插播生产图表和社员劳动情景的照片。

19:15，纪录片《到农村去》（中央新闻纪录电影制片厂摄制）。

19:25，诗朗诵《工厂里来了三个姑娘》《大跃进的号角》（作者：陶冰、大行；朗诵者：中央广播剧团李燕、王昱）。

19:30，舞蹈《四个小天鹅》（表演者：北京舞蹈学校欧洲舞剧科学生沈清燕、吴振善、郑一林、钟润良）、《牧童和村姑》（表演者：北京舞蹈学校民族舞蹈科学生邓传玉、朱清渊）、《春江花月夜》（表演者：北京舞蹈学校民族舞蹈科教员周广慧）。

19:50，科教片《电视》（莫斯科科学普及电影制片厂摄制）。

在试播过程中，工作人员非常兴奋和紧张，虽然其间一台摄像机出了故障，导演却临危不乱，最后在全体工作人员紧密配合下，圆满完成了任务。[①]

试播早期，每周四、周日的19—21点播出两次节目，不久增加到每周4次。播出内容除了演员现场表演的节目外，还有电影。电影的播放是由放映机将画面投放在墙上，然后摄像机现场摄取直播来实现的。直到5月15日才播出了第一档信息类的新闻节目《图片报道》，由播音员口播与新华社的新闻照片两部分内容结合而成。

北京电视台于1958年9月2日正式开播，播出时间为每周二、四、六和周日，共4次，每次约150分钟。节目的安排一般为30分钟的新闻节目加上文艺节目。每日节目内容的大体程序是：播音员预告节目；新闻节目；少年儿童节目；社教节目；专题节目；文艺节目（电视剧、话剧、戏曲、曲艺、音乐、电影），有时还直播大会实况或文艺晚会，等等。总体看来，文艺节目的分量很重，最后播出的电影则是压轴戏。当时的播音员有余琳、李晓兰、高方正、邓在军，以及来自总政歌舞团的沈力（刚加入中央人民广播电台播音组，在齐越的指导下学习播音，后来被确定承担所有节目的播报串联工作）。

电视台机构对内称作“电视编辑部”。电视编辑部设有政治组、文教组、文艺组、播出组、办公室，其成员大多是逐步从报社、广播电台、电影制片厂以及其他文艺团体转调而来的，总计30多人。在电视初创期，由于条件简陋、人力缺乏、受众极少，电视人的创作力量薄弱，每天的工作量很大。例如新闻节目的制作，需要使用16毫米胶片拍摄采访，之后

① 于广华主编，马超曾副主编，穆晓方副主编．中央电视台简史[M]．北京：人民出版社，1993.

要立即冲印、剪辑、写稿、配乐（当时无法制作新闻的同期声）等，工作人员每天都处在紧张的工作状态中。文艺节目由于采取实况直播的方式，大多是小型文艺节目的表演。节目播出从台标、播音员预告节目、新闻、电影、图片报道直到节目结束、次日预告、再见等切换均由当日的值班导演负责，而具体节目采取分段分导演在现场导播完成。例如，文艺节目由文艺导演来切换，讲话节目由文教导演来切换，等等。而播音员则承担了预报节目、节目串联、播报简明新闻、新闻片与纪录片解说，以及人物访问、文艺节目、政治性任务的实况解说等所有现场播报的工作。在大约 60 平方米的演播室内，地面电线纵横交错，摄像机、照明灯架在三脚架上，演播一开始，房间里便热得像蒸笼。

由此可见，早期的文艺节目编导的工作主要是对节目进行排演指导和对画面进行切换处理，即对文艺节目进行电视转播。文艺节目的内容形式表现本身的丰富性，使得现场切换工作也更具复杂性，这就要求电视文艺导演必须具备熟练的导播切换技能。

由于当时的演播室条件有限，观众从屏幕上看到的文艺节目形态基本上是各种舞台化的、样式单纯的文艺演出本体，如诗朗诵、舞蹈、歌曲、杂技、曲艺，等等。编导很少对节目内容进行改造，此时的文艺节目对观众来说犹如一个“家庭小型剧场”。

“本体”即指事物的根与形体，引申为原本形态；文艺本体即文艺进入电视之前的各种形态。其实直到今天，这样的节目仍然是电视媒体的最基本的形态。但在接下来的发展中，文艺节目的创作很快考虑了电视的特性，无论从内容的丰富性还是表现手段的多样性上来说，都以惊人的速度拓展。当然，会因为创作者表现观念和目标上的区别而最终造就不同的节目形态。

二、“本体性”与“电视化”的差异

实际上，具体到电视在每一个节目里的运用，都会有“本体性”和“电视化”两个理念层面的思考，从而带来不同的处理手段和结果。

“本体性”理念处理的文艺节目，即忠实完整地把各种文艺表演的原本形态传达给观众，节目内容直接照搬舞台或截取表演片段，于是也被称为“本体性”节目。在这类节目中，作为“家庭剧场”的电视只是一种记录工具或播出平台，对文艺本体往往原汁原味地记录或展现，换句话说，这类节目就是文艺表演内容的纪录片。在电视发展早期，这种节目的数量很多，对电视编导来说创作也比较简单——对他人作品进行记录和转达。

“电视化”理念处理的文艺节目，特指文艺节目进入电视以后艺术特性发生变化的节目形态。即在编导的主观指导思想上，节目是为“电视播出”而创作的，而从创作的第一步就要考虑电视的存在，使电视这一载体能够与节目尽可能充分、和谐、完美地进行统一。此时电视手段的运用是对文艺本体节目进行再创造——电视是重要的创作元素，电视意识将贯穿整个创作过程。于是，往往越是缺乏形象的艺术门类就越能给电视提供施展的空间。

当然，在具体某一个作品的创作中，“本体性”与“电视化”的处理方式也有可能都用到，二者的划分是相对的，导演的创造性也必定可以体现在“纪录”的过程中。

实际上，也并不是所有的内容都可以进行“本体性”或“电视化”的选择，一些平台或介质特征极为明显的艺术样式就很难进行“电视化”改造。例如戏曲节目，本身具有强烈的舞台艺术特征，渗透了舞台环境的虚拟性、表演的现场互动性，以及演员的程式化表达，戏曲自身相对完善的表达语系与“电视化”的写实属性很难融合，甚至“电视化”的戏曲经常是对戏曲本身的破坏，于是其电视呈现绝大多数只有很简单的转播和互动类栏目形态，业内多年努力仍很难突破。

第二节　电视直播时期的典型文艺节目形态

一、现场转播

实际上“本体性”的文艺节目从手段上看是转播类节目，最终被转播内容自身的形态——文艺的原形主导了作为电视节目的形态。例如北京电视台开播第一天节目中的诗朗诵和舞蹈就是一种最基本的搬演。当时经常出现在演播室里的还有歌曲、戏曲、话剧等。待到有了电子现场制作（EFP）设备时，就可以直接转播剧场的表演了。

1958 年 6 月 26 日，北京电视台进行了第一次剧场文艺实况转播——残疾军人的文艺演出。从此，现场的实况转播逐渐普遍，这使得电视文艺在时空上进行了拓展，较大场景文艺节目的创作成为可能。

1959 年 10 月 1 日，北京电视台进行了第一次大规模的文艺实况转播——国庆十周年文艺晚会实况（1958 年 10 月 1 日曾现场直播了阅兵典礼、群众游行以及焰火晚会，1959 年人民大会堂地下室安装了专供天安门与人民大会堂重大活动进行直播用的全套设备）。之后很多年都有每逢“五一”国际劳动节和“十一”国庆节等重要节假日转播或举办大型文艺节目的做法，大场面、大活动必然需要更多机位才能表现。

当时电视文艺转播节目也依赖于戏曲艺术的空前繁荣，特别是地处北京的剧种。如梅兰芳的《穆桂英挂帅》，尚小云的《双阳公主》，荀慧生的《红娘》，马连良、张君秋的《三娘教子》，张君秋、叶盛兰、杜近芳的《西厢记》等，不仅有跌宕起伏的大戏，更展示了巨星风采。

1961 年 12 月 11—19 日，北京电视台还对庆祝京剧表演艺术家周信芳舞台生活 40 年的演出活动进行了实况连续转播，包括开幕式和连续几天演出的《打渔杀家》《乌龙院》《宋士杰》《海瑞上书》等名剧，充分体现出电视是配合大型系列活动的最便捷、最真实、最有效的宣传工具这些特点。

另外，领导的关怀也起到了强大的促进作用。例如 1961 年 5 月，周恩来和邓颖超夫妇来到演播室观看直播河北梆子《挡马》《杜十娘》，演播结束后周总理说：“乐队奏过门时好长一段空场，屏幕上也一定是静止的，是不是可以把镜头对着乐队呢？他们是幕后英雄……”于是在以后的节目中，当舞台上没有演员，导演就经常调机拍摄乐队、服装、化妆或其他的工作人员，尝试拓展节目的可视内容。

二、直播电视剧

电视剧的直播在早期是出于技术平台和手段的限定，于是也有了鲜明的形态特征。

1958 年 6 月 15 日，中国电视史上第一部电视剧《一口菜饼子》在演播室内直播。这部根据同名短篇小说改编的电视剧讲述了一个忆苦思甜的故事：妹妹拿枣丝糕逗狗，姐姐告诉她在旧社会母亲把最后一口菜饼子拿了出来，把生的希望给了孩子……与舞台剧转播所不同的是，该剧开始按照电视化的思路进行创作，一些不便表现的地方还采用了影片插播、画外解说等。演播场地尽管简陋，但已经有了导播、摄影师等各工种工作人员的分工配合，播出时有了两部摄像机，于是在拍摄的角度、景别上开始有了较为丰富的变化。

1958 年 9 月 3 日，胡旭和王扶林导演根据当时《人民日报》报道的上海钢铁厂工人邱财康因公被严重烧伤，又被上海广慈医院医护人员奇迹般地救活的消息，立刻召集人马编纂剧本，演员连夜排演，第二天即直播了《党救活了他》。鲜活的新闻事实如此迅速、直观地传达给受众，引起强烈反响，也形成了“电视报道剧”形态。

从 1959 年起，每个月都有一两场的电视剧演播。因条件所限，大多数电视剧的情节和场景都很简单。从创作方式上看，当时的电影多为单机拍摄，并需经后期配音才能完成，而电视剧的直播是多机切换、声画同期完成的，因此总体风格更偏向话剧甚至广播剧。后来，有的戏在剧中插播了使用16毫米胶片拍摄的外景，并分出不同的演播空间，跨季节、分内外景。例如1959年直播的《新的一代》——该剧反映的是清华大学建筑系的大学生们参加了“北京十大建筑”的施工。为了表现空间转换，演播室延伸到了走廊和另外一间屋子，有清华大学、颐和园的外景插播，还有季节的转换。70分钟的直播剧有颇多创新，后来在观众的强烈要求下在不到一个月的时间内重播。有的剧还会到地方电视台去直播，例如1963年歌颂服务行业新面貌的《相亲记》。

在播出的剧中，也有对话剧、戏曲等全剧的加工，即不是在剧场转播，而是把演员们请进演播室重新排演。例如1961年对话剧《伊索》重新分镜头进行直播，从而改造为具有电视化特征的形态。

直至“文化大革命”前，北京电视台已直播90部电视剧，上海、广州、天津等电视台也纷纷推出这一形态，全国已有约200部。这些作品主要是以宣传党的中心任务、歌颂新人新事新生活、歌颂英雄人物、进行革命传统教育等为目标，在形态上充分地体现了当时的电视手段特性。

三、文艺专栏

“专栏”这一样式，即今天“栏目”的雏形。

1960年1月1日，北京电视台开始试行固定节目时间表。其中设置了新闻、少儿、艺术、科技、体育等方面的十几个专栏节目，与文艺相关的有《电视台的客人》《美术爱好者》《摄影爱好者》等。1961年开办的《文化生活》也很快成为当时最有名的文艺专栏，其中包含了诸如《介绍我国古代十大画家》《郭兰英的演唱风格》《泥人张》《张瑞芳谈李双双》等所有与文化艺术相关的内容，每月播出2次或3次。1963年社教部成立后，《文化生活》也归于其中，这必然决定了其教化属性。

电视直播时期的专栏，具体的节目形态就是现场人物访谈、讲解和技艺展示。

四、文艺专题

随着对电视特性和技术手段的深入认识，以及创作实践的深入和经验的积累，电视文艺专题中较多地产生了一些具有探索意义的作品。例如1960年600平方米演播室的建成，促使一些大型作品在演播室内得以诞生，特别是1961年4月20日直播的第一个大型电视专题文艺节目《介绍小提琴协奏曲〈梁山伯与祝英台〉》，其鲜明的电视化理念令观众耳目一新。

在该节目的创作中，黄一鹤负责内容与镜头的总体设计，邓在军负责镜头切换，沈力负责解说，中央广播乐团管弦乐队担任演奏。这次直播对今天的文艺节目制作意义深远：首先，第一次有供直播的、详细的分镜头剧本；其次，为了保证播出效果曾分三次演练，表演方与制作方密切配合，直播过程中还有越剧同名电影戏曲片的画面片段配合演奏进程；第三，镜头切换与解说词都使该节目与舞台演出有了极大的不同，颇有新意。黄一鹤回忆当时的做法是出于“对于电视艺术特性的感知、探索、认识”和“寻求正规的工作秩序”。①

该节目的构架是先用字幕和广播员对音乐的形象和创作手法、音乐知识、思想意义进行分段解释，然后完整演奏一遍乐曲，这也是常见的广播文艺赏析节目的结构方式。但与广播有所不同的是，观众不仅见到了演出场景，其间还插播了7段生动具体的戏曲片画面，使文艺节目从单纯的舞台演出形态走向电视的“综合艺术”构成形态，即创作人员充分运用电视的“可视”因素，让观众从视觉的层面接受对音乐形象的具体塑造，而不是仅依靠听觉来想象形象。②

这样的视觉形象包括演员带有表情和动作的演奏场景、电影片段、机位景别的主观引导等，这些都成为电视音乐节目的重要元素，并对音乐的诠释起到极为重要的作用。

《介绍小提琴协奏曲〈梁山伯与祝英台〉》创立了“电视文艺专题”

① 黄望南主编．黄一鹤的电视艺术道路[M]．北京：中国广播电视出版社，1993.
② 同上。

的主要形态，因此成为对电视特性进行探索的里程碑式作品，即电视对文艺节目来说已经不再局限于“家庭小型剧场”，已经拓展为一个新的创作平台。该节目应观众的强烈要求半年后又做了一次直播，获得了极强的社会效果，在业内影响也很大，激发了后续各文艺品种的影像化探索。

还有一个具有代表性意义的作品，1966 年 4 月编导陈汉元在当时四川美术学院师生大邑县地主庄园同名泥塑群像的基础上用胶片拍摄创作的纪录片《收租院》：无声的泥塑作品与现场实景进行结合，在配上了文采激扬的解说词后焕发出了强烈的艺术气质。该片尽管被定义为“纪录片”，其构思、剪辑、解说词文采和充满激情的旁白，都使其成为中国电视史上具有强烈艺术感染力和政治感召力的经典，文学的主导性极为突出，成为散文体纪录片的开端并影响深远。

在之后 20 世纪 70 年代的一些电视风光片、文化历史片中，如湖南电视台的《瑶山行》、云南电视台的《欢乐的傣乡》、中央电视台的《黎乡风情》《泰山》《梵净山》等，其新闻纪实或资讯的属性并不突出，更多给观众以美的享受，且具有较强的散文属性。

五、电视文艺晚会

电视上第一次举办综艺晚会是在 1960 年的春节，其中包括了诗朗诵、相声、歌舞等多种节目。至 1963 年，春节联欢晚会已长达 4 小时。1966 年，在转播北京市拥政爱民、拥军优属晚会的同时，电视台也对迎春晚会进行了直播。这些都为今天的双拥晚会、春节联欢晚会打下了基础。

1961 年 8 月 30 日，北京电视台播出了第一个专业晚会——《笑的晚会》，其内容全部是相声。这场晚会是对文艺节目中喜剧元素的充分肯定，在当时也大受观众赞赏。之后再次举办更是引入了话剧片段、独角戏、无实物小品等样式，弥补了缺乏形象元素的相声的不足之处。不过在 1962 年的第三次《笑的晚会》即当年的国庆晚会上，由于有些即兴发挥的节目相对粗糙，引来了争议。一位观众来信反映其中大部分节目是“多年来在机关、团体内部举办的小型晚会上司空见惯的、不登大雅之堂的、非艺术性的，迫不得已的在朋友们面前要要活宝以博得谅解的一笑的洋相，想不到居然在国庆节前夕，在参加庆典的外宾云集的中华人民共和国首都的电视节目中播出，简直是令人难以想象，这纯粹是以廉价的方式来向小市民讨好”。这封信尽管言辞激烈，但代表了当时的“寓教于乐”的电视文艺价值取向，体现了电视晚会也作为宣传工具的功能。

在一段时间内最有典型意义的专业晚会是诗歌朗诵会，例如 1964 年 1 月 4 日，北京电视台为庆祝《毛泽东诗词》出版第一次举办了大型诗歌朗诵会，这是一段时间内最常见的晚会形态，以歌曲和朗诵为主，还有极少数的舞蹈。

第三节 “文化大革命”期间电视文艺的主要节目形态

“文化大革命”期间，整体的电视事业遭到严重破坏——几乎所有“文化大革命”之前的文艺节目被禁演，准许播出的节目也受到严厉的限制和干涉，一些电视台甚至停办。北京电视台曾于 1967 年 1 月 6 日停播，至 2 月 4 日重新播出并每周六播一次，直到 5 月 2 日才又有了文艺节目。电视工作者的创作、精神、思想都处于极度的高压下，所有的节目都呈现出“高、大、全”“政治第一、艺术第二”的极左势态。随后 10 年间全国只播放了两三部图解政治的电视剧作品，基本被电影故事片取代，“样板戏”被反复转播。例如，1969 年 7 月每周都有一定的时间反复播放京剧《红灯记》《沙家浜》《奇袭白虎团》《智取威虎山》《海港》、芭蕾舞剧《白毛女》《红色娘子军》、交响乐《沙家浜》等 8 个“样板戏”；1971 年起还有京剧《龙江颂》《杜鹃山》和舞剧《沂蒙颂》等加入。其他转播的还有大型音乐舞蹈《毛主席革命路线胜利万岁》，歌舞《毛主席诗词组歌》《井冈山的道路》，大型音乐舞蹈史诗《无产阶级文化大革命万岁》，工农兵文艺节目《热烈欢呼全国山河一片红》，“毛主席语录”大联唱，“毛主席语录操”汇报表演，“歌颂文化大革命，反击右倾翻案风”诗歌朗诵演唱会，等等。其间还包括极少量的越南、日本、阿尔巴尼亚、朝鲜等外国文艺团体的访华演出。

由于这一特定时期对政治的极度敏感，不犯政治错误成了转播的第一工作标准。所有人员都把主要精力放在如何准确划分镜头和协调各个工种团结一致工作上，于是造就出一支转播能力过硬的队伍，而且也在不断丰富转播内容。例如1971年日本松山芭蕾舞团演出《白毛女》，导演在演出幕间休息时还精心安排了对演员的采访和表现幕后花絮。

1971年，中国有了自己的彩色电视，当年的“五一”国际劳动节焰火晚会也已经能够传送到20多个省、市、自治区。1973年5月1日，彩色电视试播，当年10月1日正式播出，转播了当天的部分国庆活动和焰火晚会实况。

电视从黑白到彩色，从对画面由单一的明暗处理转向对不同色彩及明暗的细致处理，这一系列复杂的转变促使影视编导有了更丰富的思维、表现方式和手段，使其创作也发生了革命性的变化。彩色录像技术的普及也促使电视制作中录像的方式被更加广泛地采用，从而促使“专场录像”这一工作方式变得经常化。

“专场录像”是导演对镜头进行认真设计，演出者专门为电视录像而进行表演，是导演对作品进行精心的电视加工所采取的工作方式。在录像过程中，为了配合镜头，表演进程经常要被打乱、中断。这样的工作方式造就了之后“电视化”节目的兴盛。1974—1976年，北京电视台和地方电视台还以这种方式抢救性地录制了一批相声、京剧、粤剧、汉剧、晋剧、河北梆子等曲艺与戏曲的传统作品和片段。

回望电视发展早期的节目状况可以发现，电视技术的局限或特征造就了节目形态的特质并延续至今，而后来一段时间内电视文艺的“电视化”高度兴盛和转播节目单一的局面，主要是“文化大革命”政治高压的结果，不能算是电视媒体正常发展的态势。

广大观众对电视文艺的真正关注，还是从粉碎“四人帮”后大量的文艺演出转播开始的。例如，1976 年 12 月 21 日北京电视台转播的《诗刊》杂志编辑部主办的诗歌朗诵音乐会，一些曾被长期迫害的老艺术家郭兰英、王昆、常香玉等重新登台，演出了曾被禁多年的《绣金匾》《夫妻识字》《洪湖水浪打浪》等节目，借以缅怀老一辈革命家，庆祝新的解放。节目引起了强烈的反响，令演员们热泪盈眶，观众们心潮起伏。1977 年 1 月北京电视台为纪念周恩来总理逝世一周年，还组织了《周恩来总理逝世一周年文艺演唱会》和《诗歌朗诵音乐会》。之后，随着全国文艺舞台呈现出前所未有的活跃，电视屏幕上不仅及时转播各类演出，还有许多影片被解禁，电视剧也获得了新生。

1978 年 5 月 1 日，北京电视台更名为中央电视台，一年后全国 29 个省、市、自治区都已有了电视台。而此时普通观众还带着对新生事物的好奇与惊讶来接受电视节目，几乎所有的节目形态都受到热烈欢迎。

1978 年 12 月 8—22 日，党的十一届三中全会召开，经济建设成为新的历史阶段最首要的任务，随后对外开放的政策也使境外的影视节目陆续进入，让观众和从业者眼界大开。到 20 世纪 80 年代初，电视已经以其便捷、即时、传播面广的优势，很快显露出成为最“强势”媒体的潜质，特别是当普通大众生活条件普遍提高后，电视接收机进入寻常百姓家，电视创作整体进入了大发展阶段，其他传统的媒体地位急剧下滑。到 20 世纪 80 年代末，电视媒体就几乎“独霸天下”了，电视文艺也取得了多方面的成就。

本书以下的逻辑，由于内容时间跨度长、节目的类型较为复杂，将分别以节目类型（形态）大致的发展线索来进行总结。

第二章　电视剧的成熟与市场化

本来电视剧并不是本书的重点研究对象，但因其与各类文艺节目相互关联并影响较大，于是先进行梳理。

作为电视文艺里的重要类型，电视剧在“文化大革命”后的发展大致可分为三个阶段：20 世纪 80 年代重新起步，90 年代已经成熟并市场化，在 21 世纪进入最为激烈的市场化竞争。这样的发展脉络，也代表了电视文艺和电视整体的状况。

第一节　电视剧形态的重建

一、单本剧跟随电影起步

“文化大革命”之后的电视剧首先是在电影形态的影响下起步的，此时大家已经习惯了看电影，而且电影占据着电视节目播出的主要时段。但由于电视剧制作便捷，在当代题材的创作方面有着较大的优势。

1978 年 5 月 22 日，中央电视台播出了第一部“文化大革命”后制作的电视剧《三家亲》（提倡婚事勤俭节约、新事新办，许欢子、蔡晓晴导演）。该片的制作采用了较为轻便的、手提式的电视摄录设备，以单机拍摄画面然后进行后期剪辑配音合成的方式完成，与电影的制作更为接近。

在这一年共有 8 部电视剧播出，其中《窗口》《安徒生和他的〈卖火柴的小女孩〉》《教授和他的女儿》反响较好，令业界受到极大的鼓舞。

与当时的整体文艺状况相适应，此时的电视剧所选取的题材、反映的内容、表现的形式也与大的社会历史环境相符。例如，1979 年的《永不凋谢的红花》（上海电视台录制，表现“文化大革命”期间张志新烈士的英雄事迹）、《有一个青年》（反映十年动乱后青年人振奋精神投入新生活），1980 年的《乔厂长上任记》（反映新时期工业改革中的人物及思想变革）、《凡人小事》（歌颂美好情操，鞭挞不正之风），以及 1981 年的《新岸》（表现失足青年真心悔改并获得新生），等等。与当时文坛的“伤痕文学”及巨大的社会变革相呼应，在社会上引起了强烈的共鸣，每当播映，万人空巷。

1979 年下半年，中国电影发行放映公司出于市场回报的原因，停止向电视台供应新故事片，这对电视剧的发展无疑是极大的刺激，迫使电视人不得不走独立自强的道路。当时的中央广播事业局于该年 8 月的全国电视节目会议上号召有条件的电视台大力投拍电视剧。此后，开始于 1981 年的“飞天奖”（1983 年正式命名，专门针对电视剧创作）、1983 年设立的“金鹰奖”都是对创作的激励。1983 年 10 月，中国电视剧制作中心成立，这标志着电视剧创作开启了一个新的阶段，随后各地也纷纷建立电视剧制作机构。

二、电视意识的觉醒

随着制作经验的增长和创作实力的增强，电视连续剧很快产生。例如 1979 年的《玫瑰香奇案》（根据真实的凶杀案件改编）、1981 年的《敌营十八年》（讲述中国共产党地下工作者的经历）等作品，尽管制作还很稚嫩，但对电视连续剧的创作规律进行了探索。随后电视连续剧优秀作品不断涌现，而且很快实现了题材极为丰富、风格多样，例如 1982 年的《蹉跎岁月》《武松》，1983 年的《华罗庚》，1984 年的《高山下的花环》《今夜有暴风雪》《走向远方》，1985 年的《四世同堂》《寻找回来的世界》《新星》《诸葛亮》，1986 年的《凯旋在子夜》《红楼梦》《努尔哈赤》《甄三》，1987 年的《便衣警察》《乌龙山剿匪记》《雪城》，1988 年的《严凤英》《西游记》《末代皇帝》，1989 年的《上海的早晨》《商界》《有这样一个民警》《篱笆、女人和狗》《那五》《李大钊》，等等。

电视剧从单本剧形式很快发展到有大量的连续剧产生，而且有不少是当代题材时，电视剧与电影故事片的不同便初现端倪，不仅是长度不同，题材也各自有所侧重。究其原因，主要是因为电视剧制作便捷、收看方便，而且深入家庭，从而逐步形成独特的创作和播出规律，而且此时的其他节目也开始了对连续性播出方式的思考，即电视连续剧的兴起和电视整体的栏目化基本同步。

在 1986 年时电视剧年产量千集，1988 年则突破了 2000 集，这不仅仅表明电视剧生产已达到相当规模，更是出现了不少优秀传世之作。此时电视剧长度也有了统一标准：电视短剧长度为 30 分钟以内，电视小品长度为 15 分钟以内，一般电视剧每集长度为 45 分钟；电视单本剧可含上、中、下 3 部，超过 3 部以上的可算为连续剧。这不仅对应观众生活习惯，也和其他形态节目的长度基本相应。而且随着电视观众收看环境走向家庭化并具有随意性，同时电视屏幕相对较小，导致电视剧更注重情节起伏和情感细节描写、与生活真实的紧密联系，在视觉上相对较多使用较近的景别，画面层次也较为简练。

20 世纪 80 年代中期，单本剧已逐渐跌入低谷，但其中一些作品，如《女记者的画外音》（1983 年，以女记者采访的角度刻画了一位敢于改革的厂长形象）、《新闻启示录》（1984 年，塑造几位锐意改革、富有个性的改革人物形象）中含有的“电视报道”元素，《希波克拉底誓言》（1986 年，该剧围绕医疗事故展开了关于人的对话）中显示出的象征与夸张，1986 年的《丹姨》（展示一位助产士平凡而独寂的一生）对人生意义的思索和《秋白之死》（歌颂瞿秋白的英雄气节）的诗情画意、立意高远，等等。

无论题材、结构还是表达语汇，都已经表现出独特的电视叙事观念和创作境界，也表现出创作者们以艺术为先的境界。

此时，境外电视剧开始对境内作品产生很大的影响。例如20世纪80年代初播放的香港的《射雕英雄传》《上海滩》《霍元甲》，台湾的《一剪梅》，日本的《血疑》《姿三四郎》，美国的《大西洋底来的人》《加里森敢死队》，等等。其中一些作品因题材、风格的独特性，生活环境、观念的不同，令一些观众产生了不理解或反感，例如《加里森敢死队》就在播出不到一半时被责令停播。不过，境外电视剧对境内作品来说也形成了题材、样式方面的互补。特别是港台电视剧，同为华夏子孙，与内地从“社会主义现实主义”“典型”“宣教”等立意的创作不同：在对历史题材的细节处理上，真实是次要的，情节的传奇和视觉色彩更为重要，甚至以现代人的观念予以解释；而在现实题材作品中更不同于我们之前的“高、大、全”，更多表现一些小人物的悲欢离合，没有阶级仇恨的渲染；人物造型也更追求唯美，还特别注重对明星的包装和运用；同时作品的长度大大超过了当时内地的作品，而且制作相对粗糙、立意肤浅、形象脸谱化，但观众并不因此减少热情，尤其是“言情剧”“武侠剧”大受欢迎。随后两岸也开始合作，如来自台湾的琼瑶与湖南电视台于1989年开始合作《六个梦》《青青河边草》等电视剧，收视效益极好。还有一些国外的电视剧在结构上给我们启发，如墨西哥的《卞卡》长达120集、日本的《阿信》77集、《排球女将》71集等，其枝节“随遇而生”、巧合“层出不穷”，每集相对独立而又开放，成为连续剧的基本结构方式。

第二节　电视剧形态的成熟

一、电视剧形态的拓展

20 世纪 90 年代，中国的电视剧进入了成熟阶段。例如 1990 年的《围城》《渴望》《杨乃武与小白菜》《公关小姐》《巾帼悲歌》《宋庆龄和她的姐妹们》，1991 年的《编辑部的故事》《外来妹》《南行记》《我爱我家》，1992 年的《唐明皇》《一村之长》，1993 年的《北京人在纽约》《过把瘾》《情满珠江》，1994 年的《九一八大案纪实》《三国演义》《孽债》，1995 年的《英雄无悔》《宰相刘罗锅》《东方商人》《牛玉琴的树》，1996 年的《和平年代》《党员二愣妈》《儿女情长》，1997 年的《水浒传》《车间主任》《香港的故事》，1998 年的《牵手》《还珠格格》《雷雨》，1999 年的《雍正王朝》，2000 年的《苍天在上》《大明宫词》《铁齿铜牙纪晓岚》，等等。这些电视剧不仅内容广泛，样式丰富，篇幅也愈加浩大，精品频出，显示出前所未有的繁盛景象，这也反映出电视行业整体的状况。

这一时期最引人瞩目的形态是室内剧。与之前所谓室内拍摄不同，《渴望》与《编辑部的故事》是从剧作结构就考虑场景因素的，特别是后者还包含了许多植入性广告，这在当时是最新颖的媒体商业拓展手段。而《我爱我家》则开创了内地情景剧的先河，这与电视早期的直播剧在制作观念和条件上都已是截然不同——除了技术的进步以外，采取这样的创作和制作方式的更直接原因是我国电视整体已经完成了“栏目化”。电视剧的演播、接受观念随之变化，特别表现在“连续剧”“情景剧”“系列剧”的样式上。同时毋庸讳言，市场化是电视剧开始进行小成本制作的更深层的原因：电视剧在行业内最早走入市场，最先尽力追求以最小投入获取最大的经济效益，过于短小的作品很难有高回报，电视剧的产量提升也与此有很大关系。1992 年，我国电视剧的年产量已超过了 5000 集。

此后，由于电视剧已经在内容、风格、样式等方面真正形成了丰富多样的格局，并逐步确立新的本体特征，而且制作方面也有了一套独特成熟的模式，发行网络与机制的建立也逐渐完善，导致日渐衰落的电影“老大哥”也纷纷向电视借鉴起新的管理观念和制作方式来。电影人不仅融入电视圈，电影自身的创作也已逐步分化出两个趋势：一方面与电视融合，题材、形态与制作方式都与电视节目非常接近，例如在90年代后期开始的“电视电影”；另一方面是在高度技术条件的保障下极度追求大影像与立体声的动感效果，深入挖掘和体现电影的奇观效应。

这一时期香港、台湾地区电视剧的影响更加深入。例如，《秦始皇》《戏说乾隆》《家有仙妻》《包青天》《鹿鼎记》等作品与内地一系列喜剧作品共同构造了“戏说”与“娱乐”旋风的开端，让观众感受到了电视的娱乐本性。特别是90年代中期的《戏说乾隆》，曾引起了内地对历史题材作品创作态度的争论，以至于1998年随着电视剧《还珠格格》（琼瑶与湖南电视台合拍）以及娱乐类栏目《快乐大本营》《玫瑰之约》《非常男女》等的播出，导致电视文艺整体的“戏说”“娱乐”之风盛极一时，此后观众已很乐于接受“戏说”“无厘头”的方式。《还珠格格》的成功还使得业内开始了对受众心理的重视和对市场效益与社会效益关系的思考。作为一出根本谈不上真实性、思想性、教育性甚至艺术性的“通俗”层次的作品，在诸多播出地的收视率超过40%，着实令人惊叹。毋庸讳言，“戏说”“娱乐”风中也夹杂着“宫廷风”“豪华风”“滥情风”，以及节目创作过于随意、不讲求社会效益、粗制滥造等问题，观众、理论家和相关领导都提出了激烈批评。

此时还有一些日本的当代题材电视剧（偶像剧、喜剧）进入我国，例如《东京爱情故事》等剧的播出，使偶像剧和木村拓哉、铃木保奈美等偶像风靡亚洲，促使国内也尝试开始创作自己的偶像剧。

1998年制作的《将爱情进行到底》就打出了“中国第一部青春偶像剧”的旗号。为落实偶像剧的概念，该剧特别注意画面美，并且打破以情节、故事和表演取胜的创作传统，追求形式卖点，甚至从香港聘请造型师。同时该剧还推出了李亚鹏、徐静蕾、王学兵等偶像。尽管最终的批评集中在过分模仿，但该剧无疑是具有变革性意义的，也第一次强调了包装的重要性，这是市场意识觉醒的一种表现。

二、市场意识对电视剧形态的影响

走入21世纪，外来的影响和自身的变化都促使电视剧拥有更丰富的题材，从而也导致各种风格的呈现。国家新闻出版广电总局等上级部门也在努力监管和调控，尽量让题材不要撞车，导向上不出问题，对严肃题材的创作非常重视。同时，由于制作周期的限制，整体行业也会提前规划，以对应一些重要的政治活动年份。而从剧的形态上看，开始出现类型化的趋势，并轮番在不同时期引领收视。

例如，2001年的《康熙王朝》《永不瞑目》《长征》《笑傲江湖》《大雪无痕》《忠诚》《大法官》等，都显示出较高的水平，而且相对于前一阵的“宫廷风”“豪华风”“滥情风”，中央电视台和各地方电视台在黄金强档连续播出以改革的现实为背景、加强法制建设、加强党和政府廉政建设为内容的电视剧。2002年的《刘老根》《激情燃烧的岁月》《不要和陌生人说话》《橘子红了》《黑洞》《铁齿铜牙纪晓岚2》《空镜子》、2003年的《省委书记》《走进共和》《刘老根2》《大宅门》《大染坊》《亲情树》《军歌嘹亮》《金粉世家》《孝庄秘史》《射雕英雄传》《神医喜来乐》等都在继续严肃创作态度的同时显示出电视剧类型与题材的多样化和与时代生活的贴近。不过也有一些作品引起争议，例如为纪念辛亥革命90周年的《走进共和》和改编自名著的《金粉世家》，引起了如何以唯物史观指导历史题材创作、如何在新的历史条件下与时俱进地进行名著改编的讨论，《黑洞》也令人担忧价值观的颠覆，等等。实际上，一些电视剧不断遭受质疑，会导致绝大多数创作逃避现实、逃避责任，更将获取商业利益作为最主要的目标。

2004年,《铁齿铜牙纪晓岚3》《天下第一楼》《布衣天子》《天龙八部》等取得了不俗的市场业绩,一系列红色经典如《小兵张嘎》《林海雪原》《烈火金刚》的翻拍也带来创作价值观的争论，当代生活题材如《中国式离婚》《浪漫的事》《大姐》等引起了热烈反响，赵本山推出的《马大帅》系列深入关注农民在改革中的所经所想,引人深思。2005年的《京华烟云》《亮剑》《汉武大帝》《半路夫妻》《哑巴新娘》《任长霞》《家风》《大宋提刑官》《圣水湖畔》《小鱼儿与花无缺》、2006年的《乔家大院》《马大帅3》《乡村爱情》《家有儿女》系列（2004年推出第一部）等都有很好的市场和社会效应，尤其是《武林外传》，堪称颠覆了传统武侠剧、情景剧和喜剧的概念作品，引起了收视狂潮，在各电视台多频道反复播放。类似的风格和题材也很快影响到综艺节目。

2007年的《士兵突击》《恰同学少年》《井冈山》《闯关东》等更彰显出主旋律的影响力。2008年的《李小龙传奇》《乡村爱情2》《闯关东2》《金婚》《奋斗》《双面胶》也业绩不凡。2009年是国庆60周年，《解放》犹如一部中国共产党革命战争年代的奋斗史，《潜伏》则成为谍战剧的高峰之作，《我的团长我的团》从题材到人物都引发热议，《人间正道是沧桑》因把国共两党斗争引入近代中国两个特殊的家庭而叙事宏大又细腻，《蜗居》最大的成功是选择了“房奴”这样一个敏感尖锐的话题，《我的兄弟叫顺溜》则采用了“大实话”的创作态度，而《我的青春谁做主》则继续了《奋斗》的成功经验，还有《北风那个吹》《空巷子》等都具有收视冲击力。2010年《老大的幸福》《婚姻保卫战》《媳妇的美好时代》《幸福来敲门》等都显示出言情剧或家庭伦理剧的成功，而《为了新中国前进》《历史的天空》《滇西1944》等故事十分精彩，《神探狄仁杰前传》则规避了现实性的涉案题材。

实际上，自20世纪90年代中期以来，电视剧就显示出了强劲的收视拉动力，晚间黄金档就一直以电视剧为主。尤其是对于地方电视台而言，播放电视剧成为一种重要的提升途径。例如湖南卫视早期的崛起就与一些合拍电视剧有着直接的关系，而北京卫视曾经因为整体改版丧失广告客户，但一部《还珠格格》就挽救了全年的收入。在21世纪的文化产业趋势下，电视剧领域更成为各电视频道竞争最为激烈的战场。最典型的是安徽卫视，其高度依赖播映电视剧获得全国靠前的排名，使得电视剧的制作方和播放频道、观众之间关系越来越直接——实际上某些类型剧会特别具有收视拉动力。

进入21世纪后，热播的电视剧主要来自香港、台湾地区，题材、形态非常多样，而欧美电视剧逐渐在国内遭到冷遇，这是社会形态、地域文化、人种、情感、生活方式、价值观和审美观等方面的差异造成的。其中韩国电视剧颇受欢迎，是因为剧中有和国内相似的社会面貌和生活传统，而且偶像剧也是“韩流”来袭，例如《蓝色生死恋》《冬季恋歌》《浪漫满屋》等主导了年轻受众市场。台湾的《流星花园》《薰衣草》等偶像剧也为内地熟知。不过，对于那些道德教育不够健全的民众来说，偶像剧可能反而会助长青少年的盲目“追星”行为。为防止负面影响，台湾的《流星花园》还未播完就被叫停。

从总体上看，近年来港剧经常被放置在非黄金时段播出，观众对其表达内容和风格已习以为常。为了填补时段同时又有良好的收视效果，大量的娱乐节目和戏说剧被引进，于是当我们看到相关时段的收视数据时，越来越有“烂片当道”的感觉。

第三节　市场化背景下的电视剧典型形态

当我们回望电视剧的发展历程时，会看到市场的强大力量，即在以收视率为主要评价指标的条件下，媒体要在最大程度降低成本的同时获取最大利益，这必然导致节目形态的变异。具体就各类电视剧来说，诸多形态在演变过程中往往是有相互关联的。例如，当代题材在讲述上有顾虑、难以回避社会的现实矛盾时，就会兴起古装剧，以便借古讽今；古装剧里历史真实问题最难把握，于是就以戏说剧来逃避，并针对百姓生活的紧张状况放大喜剧元素。同时，有的形态之间有着相辅相成或互补、前后承接的关系，例如主旋律与戏说剧就是相对成立的，偶像剧与穿越剧是现代和古代观念的对照，而涉案剧播出受限以后谍战剧兴起。最终，严肃、精致、真实的正剧遭遇到前所未有的创作困境，观众越发只求高兴而不追究真实和品质，搞笑、快节奏、离奇、消遣性的作品大行其道，一些优秀电视剧的播出还要依靠政策来保驾护航。

相对来说，近年来一些电视剧形态逐步发展成熟并受到重视，并形成与市场相应的一些属性。

一、主旋律电视剧

主旋律电视剧亦可称为主流正剧，本身在内地有着悠久的创作传统，是以当代社会或历史人物、事件为题材，借以弘扬主流文化，塑造社会集体价值观，提倡爱国主义、集体主义，鼓励社会和人类的进步，倡导用诚实劳动争取美好生活，宣扬积极健康的物质与精神生活，歌颂英雄和不断奋斗进取的精神。

总体上看，主旋律电视剧经常表现宏大的题材或主题，具体表现上都采用了现实主义的创作风格，情节、人物塑造和场景表现都追求真实、自然、朴实的风格，让观者得到最接近真实而又充分具有戏剧性的感受。优秀的主旋律电视剧仅有宏大的主题是不够的，还要思考如何让作品贴近观众的情感，在赋予其历史深度的同时，又具有现实精神和人文情怀，让英雄或伟人展露丰富的内心世界，通过对他们内心的欢愉和痛苦的表现传达真实感人的力量，最终正义战胜邪恶，光明战胜黑暗。而且在今天这个时代，尤其需要从一名普通人的视角去诠释历史经验和英雄的含义，以免落入“假、大、空”的境地。

主旋律作品是时代精神的风向标，应该一直在电视剧创作中占据重要的地位。实际上无论在什么样的社会形态里，主流正剧都是国家或政府极为重视和鼓励的电视剧类型，我们应该给予其最高的地位和足够的重视。尤其是近年来由于社会价值观的混乱，民心涣散、理想丧失，这类电视剧往往承担了引导社会价值观的重任，能起到鼓舞民心、振奋民族精神和传承优秀文化的作用。而且创作一部重大题材的作品，须动用相对庞大的思想和资源投入，无论是作者还是投资者，都应该考虑将各种资源进行最佳配置，如大投资、采用最优秀的创作班底、进行最优良的制作等。

在这类电视剧里，近年来还形成更细化的类型，如近代革命题材电视剧、反映当代改革生活的电视剧、重点革命题材电视剧、军旅题材电视剧等。以军旅题材电视剧为例，多年的不断创作形成一种连绵而强劲的力量，从 1996 年的《和平年代》、2002 年的《激情燃烧的岁月》、2003 年的《历史的天空》到 2005 年的《亮剑》，再到 2007 年的《士兵突击》、2008 年的《我的团长我的团》、2009 年的《中国远征军》《人间正道是沧桑》《我的兄弟叫顺溜》等，形成了非常丰厚而又优秀的作品集群，也表现出对军队、国家、人民理念的不断创新和题材范围的逐步拓展。

毋庸置疑，不是所有的当代主流正剧都会有良好的市场效应，甚至有的恰恰是为了应对市场的负面效应而编排的，或许还需要政策的保护。为了社会氛围的健康和积极向上，我们应该予以足够的支持。由于要紧跟现实、时效性强，其创作相对较难，创作者要认清其社会责任重大、导向性鲜明的意义。

二、古装剧——戏说历史剧

古装剧本是一个很宽泛的概念，人物场景设定为古代的都可以称为古装剧，还可以细分为历史剧、武侠剧、神话剧、魔幻剧等。后来由于一些细分类型数量大且品质较高、特征突出，如武侠剧就逐渐被独立讨论，古装剧的说法显得比较模糊。

现有的古装剧总体上被分为两大类。一类是以严肃态度创作的，往往是以历史人物和事件为题材，更注重对史实的忠实再现。这样的作品更符合内地相关创作的传统，即把重大的历史人物和事件形象化，从根本上是要先有对历史的戏剧性的挖掘，进行相对合理的推理和演绎，在让观众获得历史知识的同时揭示经验和教训，对今天予以启示。例如，《努尔哈赤》《末代皇帝》《乾隆王朝》《雍正王朝》《汉武大帝》《贞观长歌》等，都描写了一定的政治理念、家国情怀。另一类是相对更注重故事性的作品，来源于各种古典小说和民间传说，尽管也取材于历史，但其中可以有想象或演绎，甚至可以戏剧性编造、夸大人物情节、跨越朝代。这类电视剧多来自港台，典型的如《包青天》《武则天》《戏说乾隆》等。显而易见的是，前者由于考证艰苦，创作难度极大，且因一定的思想性会不断招来质疑，以至于在市场化深入之际，创作者纷纷转向后者，既可以逃避责任，又可以获得良好收视，尤其是戏说历史剧备受欢迎。

戏说历史剧是指以娱乐、消遣为创作目标，对历史名人和事件进行重构，以满足大众观赏需求的电视剧。实际上，这类电视剧是相对于主旋律电视剧而言的，一方面是为迎合市场进行娱乐化表现，另一方面是在政治诉求上逃避现实、规避矛盾，对历史进行反思或多元化表达。

中国作为世界四大文明古国之一，本拥有渊源悠久的历史和深沉厚重的文化，传统概念中的“历史剧”就是对传统文化内容及观念的直接传承和正面表现；近十几年来“戏说风”是对历史的反思、解构和嘲讽，带动了一批作品的出现。

“戏说风”直接来源于《戏说乾隆》，随后有《康熙微服私访记》《还珠格格》《宰相刘罗锅》《铁齿铜牙纪晓岚》《布衣天子》等，都是让帝王将相变得更加符合今天的观念——他们身着古代服饰，但这些服饰也许并不分朝代、地点，言行颇为现代化，亲切且幽默。这样既给观众带来了新鲜体验，又通过对现代生活的影射拉近了与观众的距离，让观众与古人在精神上产生强烈的共鸣。

戏说历史剧自一诞生就引来无数纷争。学者们的争论焦点不外乎两点：一是对待历史的态度，二是对待艺术创作的态度，落到实处就是如何把握历史真实和艺术真实的问题。应该说，任何的史料即使是最具权威性的记载，都是“人”对事件进行选择和描述的结果，而且统治阶级的意志、社会强势文化乃至个人的喜好都会渗透其中。之前的传统历史剧采用了严肃对待的态度，即使往往是“借尸还魂”或“旧瓶装新酒”，甚至直接是当代意识的表现，也是以严肃的态度和风格进行创作和表现的，而且题材也更重大严肃。相对而言，戏说剧对历史有着更加个性化的角度，多关注“野史”，而且表达风趣、幽默、世俗化。例如《铁齿铜牙纪晓岚》很多剧集的内容直接取材现实，三个主要角色言语幽默，场景简单写意，观众看剧如在看喜剧小品。

不过在实践中，一些重大的是非问题，尤其是已经有了定论的，一旦戏说定会招致非议，而戏说是否能继续要看社会环境，看这种解构是否真正能让观众享受娱乐，创作者对此要有清醒的认识。无论正剧还是戏说历史剧，任何历史题材的戏都应该是积极健康的。优秀的戏说历史剧也能够在迎合观众的欣赏趣味、提高收视率的同时不忘社会责任。

三、涉案剧

涉案剧包括了所有与案件侦破有关的电视剧。建国后这类作品在电影领域较早是以反特剧、刑侦剧的概念出现的，主要以刑事案件的侦破、打击特务为题材，同时也教育人民提高警惕。电视剧是从20世纪80年代的《玫瑰香奇案》开始涉及案件，到20世纪90年代又逐步关注到反腐、打黑、缉毒等题材，取材范围日趋宽泛，并在市场上显示出强劲的竞争力，其情节构架也从最初的英雄破案式、纪实式到现在的揭示社会复杂层面等，越发复杂曲折。由于这类电视剧往往具有紧张、刺激、悬疑等特点，自然收获高收视率。

涉案剧所吸引观众的不仅是表现了除暴安良、主持正义的社会理想，还有对普通人日常生活接触不到的破案进行纪实解剖，把观众引领到一个未知的世界中；而且电视机前的观众也常常会换位思考，经常像警察一样顺着蛛丝马迹层层深入，时而紧张、时而兴奋、时而沉寂。由此在某种意义上说，涉案剧富有极大的“娱乐性”。

当然，一旦对这类电视剧的表达或解读出现问题，就容易带来负面效应。例如有的剧中的反面人物还被塑造成感情丰富、足智多谋的富有“男人味”的形象，而且犯罪分子的作案过程往往被逼真、细腻地再现出来，甚至有一些血腥、暴力的镜头。这些都容易让文化程度不高、欠缺判断力的观众对社会产生不信任感并混淆是非，甚至给罪犯提供“犯罪指南”。针对这些问题，原国家广播电影电视总局出台了一系列政策，在2003年就加大了对涉案题材的管理力度，将全年申报的308个剧目压缩了近40%，同时规定此类电视剧不能在黄金时段播出，所以涉案剧的导向和表现尺度是创作者必须严肃对待的，同时相关限令也迫使业内转向非现实或古装的同类题材，还有的转而开发出谍战剧。

四、谍战剧

谍战剧本是以间谍之间的斗争为题材的电视剧，如1980年拍摄的《敌营十八年》，后来一直以悬疑丛生、惊险不断、人物复杂，同时又兼有爱情、暴力刑讯等元素而备受欢迎。曾经在一段时间内，这类题材因为矛盾分寸难以把握而被回避，而近年来一批以抗日战争、解放战争、建国后的反特为题材的电视剧火热播放，是市场在涉案剧退出黄金时段后的新选择。

2006年的《暗算》可谓当今谍战剧的起点，特别是到2009年《潜伏》热播后，《永不消逝的电波》《黎明之前》《借枪》《风声传奇》等作品此起彼伏，一时间引起广大观众的热议，也成为收视的“灵丹妙药”。

与之前的主要歌颂爱国情怀和牺牲精神相比，近年来的谍战剧在表现明争暗斗的同时，更注重挖掘人物内心，尤其是注重将人物的社会背景、成长经历、阶级地位、个性等因素作为言行依据，使人物更可信，也更有人情味。事实上，传统谍战剧多讲述国与国的利益冲突；而当代谍战剧更侧重于同民族内不同信仰、不同立场带来的殊死较量，尤其是中国历史国共两党利益的斗争，无疑比不同种族之间的斗争更有悬疑性。

谍战剧的盛行丰富了荧屏，繁荣了创作，不过随之也出现了一些问题，例如在表现人性的时候容易混淆是非，人物的不断牺牲和斗争目标之间难以契合，对手之间的相互利用、欺骗乃至你死我活的状况对今天的观众来说过于残酷，也不容易理解，甚至有的观众会将欺骗、伪装、暗算看成生存法则，而编、导、演也逐渐技穷。随着几十部剧作的轮番播映，谍战剧也逐步降温。

五、武侠剧

武侠剧是指通过对“江湖”世界的刀光剑影、侠肝义胆、爱恨情仇的描写，力图体现“侠”“义”“勇”“武”内核的电视剧，并经常展现打斗场面。这类剧一直都有着相对稳定的收视份额和收视人群。

由于历史原因，最初是港台武侠作品数量更多且更吸引人。20 世纪 60 年代，以金庸、梁羽生等作家的一批脍炙人口的作品为代表的新派武侠小说在港台地区流行，为港台武侠剧的制作和传播打下了坚实的文学和群众基础。在 70 年代末 80 年代初，香港邵氏兄弟的无线电视台开创了武侠剧的黄金阶段，使《射雕英雄传》《鹿鼎记》《绝代双骄》等成为这一时期的经典力作。90 年代末开始，内地的武侠电视剧开始进入了创作的高峰期，特别是张纪中的一系列作品起到了极强的引导作用，《笑傲江湖》《射雕英雄传》《天龙八部》《神雕侠侣》《碧血剑》《鹿鼎记》《倚天屠龙记》等都有极好的收视效应，在展现打斗的同时特别注意了视觉美感，并注重描写人物个性和情感，使武侠剧的创作具有新的面貌。近几年，河南卫视也以天然优势连续制作播出了《少林寺传奇》——《乱世英雄》《十三棍僧》《大漠英豪》，共 148 集，观众颇有观赏兴致。

武侠剧的内容、题材、人物自然与“武侠”有着直接关系，而且一定要重视英雄人物的塑造与“打斗”的关系，即要寓技于艺，要把武打的场面进行精彩展现，这正是武侠剧的重要市场看点——给观众以感官刺激，并让他们的相关理想、期望得到满足和释放，但对文化程度不高、欠缺判断力的受众群体来说，这类剧也会带来一些负面效应。

在创作风格上，业内也一直有大致两个风格和路线：一种是魔幻式，较多依赖各种技术，在制作中大量采用烟、雾、弹药等特殊效果手段，在后期中也加入大量动画视觉效果特技，将武打场面拍得神乎其神，令观众眼花缭乱；另一种是相对写实的路线，即场景基本贴近真实，打斗也更真实，更多要求演员具备一定的武打功底，甚至从专业体育人才中选出。在经过一段时间的适应之后，前者更具娱乐消遣效应，后者往往更加真切动人。

由于观众对武侠剧已经具有了一定的欣赏习惯，而且也已经有一定数量的作品积累，今天的武侠剧创作难度增大，题材也更难创新，于是一些武侠剧逐渐融进更多的其他类型的特质，例如和“言情”“戏说”“涉案”的结合非常自然生动，近年来还增加了喜剧元素，如《武林外传》就是武打内容和场面都相对较少的喜剧。

六、言情剧——道德（家庭）伦理剧

言情剧是以感情纠葛为核心的电视剧，目前有古代和现代、都市和乡村的划分，一般是直接表现男女主人公的爱情纠葛与家庭生活。

改革开放初期最先引人注目的是港台的作品，尤其是琼瑶的作品，可谓家喻户晓。20 世纪 90 年代末，伴随着改革开放的深入和中国经济的快速发展，人们的物质生活开始丰富，传统与现代、西方与东方的生活和价值观念激烈碰撞起来，内地出现了较多的以都市生活为背景的言情剧，有不少作品深刻反映出社会转型期人们的情感失衡状态，“出国分手”“第三者”“婚外恋”等现象便成为常见的内容，如《北京人在纽约》《牵手》《东边日出西边雨》《过把瘾》《渴望》《来来往往》等。当人们的关注逐渐深入后，这类剧就开始更重视真实性和典型人物的塑造，能更多表现出情感碰撞的社会根源、人性根源，如近年热播的《空镜子》《别了，温哥华》《中国式离婚》等，对生活、情感的表现更多样化，并呈现出更感性和细腻的面貌，如我们可以从《空镜子》《中国式离婚》等作品中看到创作者对视觉表达元素的重视，而且都能在看似平淡的节奏中反衬出内心激烈的挣扎。

言情剧如果在剧情以表现人物感情为核心的同时，能和所处社会的历史背景、事件联系起来，人们在社会变革中的情感变化就有了更为坚实的依据。这样不仅引发受众对情感、伦理、家庭等问题的讨论和重新认识，还最终具有引导、建造社会新的生活规范和道德概念的意义，继而开拓出道德（家庭）伦理剧——这是在言情剧的基础上建立起来的新类型，也是近年来言情剧的新趋势。例如，《老大的幸福》《金婚》《婚姻保卫战》《媳妇的美好时代》《幸福来敲门》《北风那个吹》《幸福像花儿一样》等，人物的年龄和社会时代跨度更大，从而表现出更为深刻的情感变化依据，而且人物命运和价值观会受到时代精神的掌控，对今天的受众也更具震撼力。

乡村言情剧早年曾经有《篱笆、女人和狗》等，数量不多，近年来典型的有赵本山的《乡村爱情》系列、潘长江的《清凌凌的水蓝莹莹的天》等，同时富有喜剧色彩，风格轻松，剧情简单，有如从生活中提炼出来的小品集合。尤其是《乡村爱情》，对当今北方农民日常生活的生动风趣的表现，很适合作为观众晚间的消遣剧目。

七、青春偶像剧

这类作品本是都市言情剧的一部分，但相对于其他的言情剧，这类电视剧以青年男女为主人公，将他们的爱情演绎得更浪漫、更唯美，同时讲述关于他们的青春励志故事，反映出年轻人对美好生活的热切期盼，故也称青春偶像剧。因此剧中主要演员形象不仅年轻，还要靓丽、俊朗，有的演员已经是偶像明星。近年来，这类电视剧还有一个十分突出的特点，即非常注重市场经营，偶像明星作为主要“看点”，形象造型经常植入广告，能够引领消费时尚，这类剧的主要受众也自然是年轻人。

20世纪90年代，日本偶像剧风靡亚洲，21世纪后是“韩流”主导市场；国内最早跟进的是《将爱情进行到底》，之后还有如《上海之恋》《像雾像雨又像风》《男才女貌》《海洋馆的故事》《粉红女郎》《白领公寓》《青春不解风情》《一米阳光》《情定爱琴海》等，都具有一定的靓丽、流行、时尚的属性。其实还有一些没有标明为偶像剧，但也起到了同样效果的电视剧，如《还珠格格》的“小燕子”就成为小女孩们的偶像。

但总体上看，内地的偶像剧一直没有达到观众的期望值，尤其缺乏对剧中人物内心的深度开掘，还存在肤浅、模仿、脱离生活、制作粗糙等问题。换言之，偶像剧是较为繁荣、富裕、安定的社会才能真正形成的产物，而且角色和受众都需要具有良好的修养来表达和接受。目前内地经济高速发展但社会矛盾冲突频繁，人物事件都缺乏真实合理的支撑，于是作品缺乏说服力。近年来，有的电视台直接翻拍境内外已经成功的老剧来填补市场，如湖南卫视翻拍制作的《丑女无敌》（《丑女贝蒂》）、《一起来看流星雨》（《流星花园》）、《又见一帘幽梦》（《一帘幽梦》）、《新还珠格格》（《还珠格格》）、《一不小心爱上你》（《蓝色生死恋》）等，具体收视效益不算差，但观众对其整体创作水准评价不高。即便是模仿，内地的偶像剧整体制作也比较生硬和粗糙，实际上这就是以市场收益为主要目标导致的行为，尤其是《丑女无敌》中商业广告的植入，内地观众还是比较不适应。

八、穿越剧

穿越剧是指剧中主要人物跨越较大的地域、年代，甚至去到前世或来世，并以此展开剧情。这样的题材当然不是电视新创的，无论小说、戏剧还是电影都有不少此类作品。穿越剧受到市场高度追捧的状况是在近年一批网络穿越小说的带领下出现的：先有《穿越时空的爱恋》《寻秦记》《魔幻手机》等剧集热播；2010 年自称国内首部穿越剧、改编自同名电影的《神话》在中央电视台获得良好的收视成绩；2011 年又有湖南卫视推出的《宫锁心玉》《步步惊心》等电视剧掀起了收视高潮。

实际上，能够以穿越展开的往往是爱情题材，同时能展示交错的时空带来的离奇场景和人物造型，把诸多不合理变成可能，古代与现代智慧的碰撞和摩擦也给创作者以广阔的拓展空间。当然，所有的作品都不是为了穿越，而是为了制造爱情故事的离奇、悬疑或幽默。因此，穿越剧不可能对历史进行认真的解读，而是以娱乐性取胜，从某种意义上说，是戏说剧、言情剧和偶像剧的延伸。

由于穿越剧的兴盛，甚至其他节目也开始关注相关题材，如辽宁卫视《周末王刚讲故事》中也讲述了一个物理天才穿越到明朝展开一场跨越 400 年恋情的故事，同时也引起一批电影创作的跟随。

不过，穿越剧也引起了一些质疑，如出现故事情节雷同、艺术表现手法相似等问题，就像手机成为多部穿越剧里的穿越“路径”，必然成为观众的“笑柄”。的确，有的穿越剧只是为了好玩、好看，剧情设置新奇怪异、过于随意，对观众来说也只会成为一时的新奇。

九、情景喜剧——栏目剧

情景喜剧概念是个舶来品——Situation Comedy（简称为 Sitcom），是一种以社会和家庭人际关系为主要线索的叙事性系列喜剧，是英、美等国电视娱乐节目的重要形式。这类电视剧一般都是由相对固定的几个演员在特定的室内场景中进行喜剧表演，也可以穿插不固定的演员——往往是明星客串，借他们的人气拉动收视。例如，在国外经常看情景喜剧就能知道哪个明星正当红，什么产品最好卖，这也是情景喜剧商业化和市场意义的真正所在。

情景喜剧语言分量很重，场景极为简单，情节也相对简单，剧中人物少，这样可以最大程度节约成本；情景喜剧的话题多是与普通大众的生活相关的，也是令大众与剧中人物共鸣的关键；情景喜剧在现场录制时经常带动观众，使他们边看边笑，甚至后期制作加入笑声，以期感染电视机前的观众。情景喜剧每一集的长度约30分钟，通常有一个相对封闭、独立的结构，集与集之间内容主题也都是独立的，即使是再复杂的故事，最多也就在两三集中完成，与电视栏目化的播出方式非常契合。同时，因为情景喜剧的编创更适合流水线式的集体创作，最终成为电视剧市场化的典型模式。

中国内地的情景喜剧概念及基本模式是由英达引入的，他同时也是国内最杰出的实践者。1992年11月，英达与王朔、梁左共同策划的情景喜剧《我爱我家》在北京有线电视台播出，该剧以一个普通的六口之家——贾家为窗口，展示了一幅改革开放大潮下老百姓的生活状态。播出即在北京地区的收视率超过了20%，为中国情景喜剧的发展奠定了良好的基础。从此国产情景喜剧不断推出，如《老窦一家亲》《候车大厅》《闲人马大姐》《炊事班的故事》《东北一家人》《欢乐家庭》《老娘舅》《卫生队的故事》《家有儿女》等，都有很好的收视效应。而且，随着作品的越发成熟和业界的认识越发深刻，情景喜剧不仅内容多样化趋势明显，语言开始方言化，古装作品也开始出现，如《武林外传》。

在情景喜剧逐渐被大家熟悉后，其理念、方式也影响了其他节目形态，最典型的就是栏目剧。栏目剧是“栏目”和“剧”的嫁接，是剧的直接栏目化或以剧情增强栏目的可看性。毋庸置疑，栏目剧的出现比情景喜剧更降低成本、更缩短制作周期、创作更便捷，而且是用来替代或改变一般专题性栏目的单调与枯燥。由于投入极低，而且播出周期固定又频繁，这类电视剧既没有大明星，也来不及精心设计情节，因此往往较多关注真实生活、社会新闻事件或人物，其中主要角色一般以参演者的真人面貌出现，人物有固定主持人等，其他角色偶有群众演员参演。栏目剧形态大概有四类：其一，如重庆卫视的《雾都夜话》，内容涉及一些本地的真人真事和新闻，这引出了一些台的方言栏目剧；其二，如北京电视台生活频道的《快乐生活一点通》，几个主持人扮演家庭角色，教给观众一些生活常识；

其三，如中央电视台社会与法频道（CCTV-12）的《普法栏目剧》和北京卫视的《数说北京》，时效性不强，在陈述事实的同时讲道理、发表议论；其四，如中央电视台体育频道（CCTV-5）的《体育人间》，以编导自己的生活为素材展开相关故事。实际上，栏目剧在形成过程中受到“小品”的启发，既需要人物冲突和表演夸张，还要依靠语言幽默来制造喜剧氛围。尤其是主要演员，他们是创作的主要依据——演员往往会以真实身份出演，于是有自身个性的展现，一旦配合默契，会令创作极为顺畅。

在一段时间内，栏目剧曾遍地开花，但最终还是遇到较大困难。因为相比一般栏目，如果把创作人员的自编自演也算入成本的话，还是投入较高。尤其是要在很短的时间内完成，编剧的困难最大，单纯的插科打诨也很难吸引有头脑的观众。同时，栏目剧的地域性也成为节目广泛传播的障碍。在讲故事方面，还是各种影视剧更为精彩。一些地方电视台栏目剧用不固定演员，每期一两个小故事，主要找热心且爱好表演的观众来参与演出。例如西安电视台的《狼人虎剧》、湖北经视的《经视故事会》、湖南经视的《故事会》、杭州电视台的《济公说故事》……尽管表演技巧不高，制作也粗糙，但真实亲切，也能有较好的收视效果。

以上对比较具有市场竞争力的电视剧形态进行了简单的划分，只是针对近年来的状况。如果我们还要强调继续推行产业化，其发展一定会受到市场因素的进一步影响，从那些不在黄金时段播出却又经常排在收视前列的港剧就不难看出。当今，很多收视火热的剧就是融合了多种具有商业价值的创作元素，即言情、偶像、戏说、谍战、武侠等元素的混搭，如热播的《宫锁珠帘》《深宫谍影》《宫心计》《甄嬛传》等，美人、美景、美声、美服，经常超越历史环境甚至具体人物的合理性，剧情痴缠婉转又常用大手笔抒情，再如 2011 年热播的《抗日奇侠》，将武侠和抗日混搭在一起，收视率奇高，相关题材蜂拥而至，甚至还有不少跟风滥造之作，被称为“雷剧”“脑残剧”。

以扭转收视率为导向导致的好剧少，全国疯抢少数好剧，绝大部分频道剧集档次低，而各地方电视台发展又重点依赖电视剧的局面，国家新闻出版广电总局于 2014 年 4 月 15 日在其官网宣布：自 2015 年 1 月 1 日开始，总局将对卫视综合频道黄金时段电视剧播出方式进行调整，同一部电视剧每晚黄金时段联播的卫视不得超过两家，同一部电视剧在卫视综合频道每晚黄金时段播出不得超过两集。总局称，此次电视剧播出方式调整的主要目的在于进一步均衡卫视综合频道节目构成，强化综合定位，优化频道资源，丰富电视剧荧屏。由此，各台频道不得不进行节目编排策略的大调整，这也意味着其他节目形态获得了一定发展的空间。

第三章　电视文艺栏目的发展

第一节　栏目的概念及样式的建立

一、栏目的概念

在“栏目”的概念明确提出以前，业内虽然有“专栏”的称谓，但是从业人员并没有真正把呈现在电视屏幕上的文艺节目与在其他平台上展示的文艺形态区别开来。换句话说，之前的电视文艺节目的形态是多样的，也没有时间与长度的限制，后来一些具有电视特征的样式逐渐成型，主要出于录制和播出便捷的考虑。

1977 年 5 月，老牌专栏《文化生活》恢复播出，其他的文艺类专栏还有《舞台与银幕》《戏曲常识》等。显而易见，这些“专栏”就是后来“栏目”的前身，主要是充当内容“容器”的作用，具体节目经常是舞台文艺节目的实况演出。值得一提的是 1979 年 1 月，中央电视台《外国文艺》开播，这是国内第一个具有明确的栏目形式意识的电视文艺节目。该栏目是当时唯一的展现外国风俗民情、介绍外国优秀文艺作品的节目，同时还给观众提供一些相关的文艺信息。

电视文艺早在“专栏”阶段就已经表现出一些固定特点：一是将多个内容组合在一起，以相对固定的系列节目形式播出；二是定时定期播出；

三是节目之间有播音员串联（后来发展为“主持人”）。

20世纪80年代初，业内人员已经普遍以“栏目”为规范来制作并播出节目。中央电视台于1984年7月1日实行的节目播出时间表证明当时的各个节目播出安排大多以“天”为周期，并且已经在长度和内容划分上进行了整合设计，形成了一定的规范。不过总体上看节目安排还是比较零碎，播出规格多（有10、15、25、30、50、120分钟等规格），一般节目采用15分钟规格。1985年的《中央电视台播出栏目方针、任务说明》条例出台，更加具体详细地规范了节目样式、播出时间和长度，也进一步推动了电视的“栏目化”。同时，这也是电视节目种类和数量极大增加、观众有了对节目收看的自主选择权的必然结果。

“栏目化”的实行标志着一个电视媒体在节目制作、管理与播出的一系列运作上的成熟与规范，并使电视创作整体产生了深刻的变革——其包含着两层内涵：一是指运作和管理机制；二是指节目形态，即将日常节目放入栏目框架并形成日常运作、播出的相对固定的模式和框架。

二、作为运作与管理机制的“栏目化”

对一个电视台而言，“栏目化”在编播上就是将节目时段固定，即更多地考虑了目标受众的需求，并且以受众的生活习惯为基础，同时考虑以节目竞争力来安排播出，使节目创作和播出有了时段意识，这实际上体现出电视人服务百姓的理念——力求在最好的播出时段争取到尽可能多的观众，既符合观众的生活周期，也易于培养观众的收视习惯。这样，不仅减少了各部门和节目负责人之间在播出安排上的摩擦和分歧，同时在确定播出时段的基础上固定节目时长，还可以尽可能避免节目播出过程中出现意外所带来的损失，即可以通过及时调整相应时间的节目进行替代或更换。

由此在管理层面，从电视发展早期的“导演负责制”（即以导演为中心进行节目创作的机制）已转变为节目制作和经营以制片人为中心的“制片人负责制”（整个节目从策划到制作由栏目制片人负责），“栏目组”建制已替代了过去的各类以“节目组”构成电视台内最基本的制作单位，“制片人负责制”也已是电视节目制作中广泛采用的一种机制。

当然，节目的创作并不是一定要靠“制片人负责制”才能完成，还可以有“演员中心制”“导演中心制”。相比之下，“演员中心制”以表演者为核心——以明星演员为核心，为明星量身定做剧目，而且在其身边围绕着一批创作者，共同面对痴迷的观众，可以形成非常完整的市场链条；“导演中心制”是以导演为核心——导演高度注重表现作品的思想性和艺术的完整性，一切服从于思想和艺术的需要，节目会个性突出。但“演员中心制”和“导演中心制”在节目数量众多、产量大增和竞争激烈的情况下都容易出现问题，如可能因为明星的个体特殊性而限制节目应对外界变化的速度，导演的个性风格突出不利于节目整体编排和记忆。毋庸置疑，只有“制片人负责制”更适合于市场经济体制和高度竞争的局面——制片人以占领市场、获取最大收视率及经济利益为目标，创作人员紧紧围绕其周围，形成有利于实现这一目标的组织结构。当然，广泛的“栏目化”也导致“演员中心制”和“导演中心制”难以实行。目前，我国电视台的日常节目是在制片人的带领下以“栏目化”的方式制作和播出的，不过由于一些历史的原因，“制片人负责制”在电视剧市场运行得更为彻底，而在大量的日常电视节目运作中还是“准制片人负责制”——没有制播分离，缺少经营权。

“制片人负责制”的推行是社会变化和媒体市场经济的客观要求。制片人掌握了节目的统筹权，应该能使节目制作团队目的明确，建立有序的工作流水线。同时由于栏目的工作人员相对固定，栏目的成功与集体的智慧、团体的努力合作有着直接关系。故电视的“栏目化”还带动了节目与节目间的竞争，在正常状况下有利于节目整体质量的提高。目前还需要强化“制片人负责制”，并提高制片人群体的质量，才可能增强节目竞争力。

三、作为节目形态的“栏目”

日常节目形态的“栏目”是指将主题相似的或形式相关的、时间相对较短的内容划入同一板块或段落，并串联整合形成一个整体，固定时长，在同一个节目名称下进行系列播出。换句话说，每一期“栏目”的形态是相似的，有相对固定的板块或段落，让观众一眼就能辨认出，而且“栏目化”的节目应该是有计划、有条理地安排内容形式的，使资源优势和影响力发挥到最大程度。当“栏目”有相对广泛的包容性和一定的长度时，对内容的编排方式则与杂志非常接近，故又可称为“电视杂志”或“板块式”。这些相对固定的模式使创作有了标准，更能提高产量，也利于更好地吸引目标受众。

一般来说，“栏目”分为“日播”“周播”两种，但针对一些特别节目，电视上也可见到“月播”“节播”甚至“年播”的现象，因此有学者提出像中央电视台每逢长假播出的《欢乐英雄》和《七天乐》系列、每年的《元旦联欢晚会》和《春节联欢晚会》等都可算是“栏目”。但是实践中所指的“栏目”，还是指以“日播”“周播”的编播方式呈现的日常性节目。

“栏目化”是电视节目发展的必然趋势，但客观来看它在一定程度上也束缚了节目内容、风格和样式的多样化发展。尤其是对注重精彩纷呈的表达、追求个性表现又倾向于抒情感性风格的文艺节目而言，编导在创作一开始时就必须要考虑“栏目”整体的风格和形式，以“栏目”规范的框架来制作，从而不得不调整甚至放弃一些同样优秀却不能融入规范的内容。这样长此以往，不仅导致一部分艺术本体精品与观众无缘，更为严重的是随之而来的大工业化流水线的生产模式会使编导放弃个人风格而一味迎合节目模式，使节目内容形式雷同，甚至为应付播出而“兑水”，这是“栏目化”发展要特别注意避免的状况。另一方面，“制片人负责制”的经营模式强化了管理者的意志，导演不再是节目制作的中心，其创造力下降也使作品逐渐丧失独创性。也许正因为如此，在各类型的电视节目中，“制片人负责制”较晚在电视文艺节目中实行。同时，相对于新闻、服务等“栏目”的创作，电视文艺节目需要调动和协调更多的部门和人员，且投入较高，不太容易投身市场，所以其“栏目化”进程相对较慢。

第二节　综艺栏目的成型与兴盛

一、综艺节目的迅速发展

1981 年元旦，广东电视台开播的《万紫千红》是中国电视文艺史上第一个综艺样式的栏目。该栏目分为“轶事趣谈”“小幽默”等多个板块，其中有反映市民生活的系列短片、喜剧小品，有专题系列文艺晚会，有介绍旅游风光人文风情的娱乐性节目，有歌舞节目，迅速受到当地观众的热烈欢迎。同年 11 月开播的以编辑和加工优秀文艺节目为主要内容的《百花园》也备受好评。广东电视台之所以能跨出我国电视文艺栏目化的第一步，与它处于特殊地域和经济更发达有关。香港等地区的节目无疑为创作者提供了成功的节目样板，也拓展和丰富了创作观念，同时崇尚务实的理念也促使他们率先改革。

中央电视台在 1984 年陆续推出了一批综艺栏目，如《艺苑之花》《音乐与格言》《曲艺与杂技》《音乐与舞蹈》《周末文艺》等；上海电视台也推出了《大世界》（以音乐歌舞为主）、《大舞台》（集京、昆、越、沪、淮等戏曲于一体）等；而此时广东电视台已有 80% 的节目实现了栏目化。

1988 年，中央电视台的《周末文艺》播出了 14 集电视系列节目《人与人》。节目形式以小品、歌唱为主，还包括现场观众的互动。尽管这个节目称为专题，但框架却是栏目，其结构大概分三部分：一是根据普通百姓真实生活故事编成的小品；二是现场观众参与评价和讨论；三是当红歌手现场演唱与小品主题相关的歌曲。每一集节目结构清晰，每部分之间靠主持人串联，14 集中包含了 34 个小品和近 20 首歌，在社会上引起了较大反响。随后，《周末文艺》改革为包含更多自办节目的《文艺天地》和播放更多舞台录像文艺节目的《旋转舞台》两个栏目；《文化生活》改为《花信风》，并新开设了“短剧与小品”板块，形成了基本的栏目格局。而北京电视台原有的《大观园》也增设了小板块“文化动态”“茶余饭后”，其中的文化动态可看作当时的娱乐新闻报道；另一栏目《五彩缤纷》也颇受好评。这些栏目内部形态各异：有的是板块拼接，有的是剧场录像剪辑，也有二者兼而有之。

二、综艺栏目经典模式的建立

1990 年 3—4 月，中央电视台先后推出《综艺大观》和《正大综艺》栏目。《综艺大观》是在《周末文艺》《文艺天地》的基础上建立的，是当时中央电视台唯一现场直播的栏目。50 分钟的栏目内包括“送你一支歌”“东方奇观”“开心一刻”“请你参加”“艺术彩虹”等板块，尤其是其中的“请你参加”经常邀请观众和明星一起表演，极大调动了观众的参与感，成为最受欢迎的板块。该节目很快成为全国最著名的文艺栏目，被各地方电视台效仿。而《正大综艺》是中央电视台与泰国正大集团共同制作的栏目，节目大致分为前后两大部分：前面 60 分钟主要是观众与嘉宾一起观看国外风情片，并根据内容进行智力竞猜，包括“五花八门”“世界真奇妙”“缤纷世界”“名歌金曲”等环节，具有很强的游戏性；后面的“正大剧场”会播出一部外国影视剧，在当时成为非常难得的国外优秀影视作品展示的窗口。

《综艺大观》和《正大综艺》两个栏目集合了当时综艺节目的精粹，并成为我国最为经典的综艺节目模式，被纷纷效仿并延续多年。《综艺大观》的“综”在于集合了多种艺术样式，立足于全家收看；《正大综艺》的“综”则是在于内容繁多，以互动游戏为核心，是内地游戏节目的新样式。

随后，二者带动了全国兴办综艺栏目的热潮，如 1990 年 5 月吉林电视台推出《你好周末》，6 月河北电视台推出《万花丛》，7 月上海电视台推出《今夜星辰》，9 月浙江电视台推出《调色板》，之后还有江西电视台的《相聚今宵》等，在全国范围都有一定影响。

在此时回顾文艺进入电视的过程可以发现，早期文艺多以本体形态进入镜头并被忠实记录展示给观众，而在电视手段场性思维与观赏特性的渗透下，在视听综合的表达要求下，电视文艺的日常节目迈向“综艺”的高峰时代。

当然，我们也应该认识到综艺节目的兴盛还与当时社会大背景密切相关。当时我国刚走出“文化大革命”的泥淖，电视文艺创作尚处于觉醒和兴奋阶段，节目产量相对较低，可看的频道很少，观众对电视处于极度好奇阶段，而且也常是家庭性收看，因此“大杂烩”般的晚会和综艺栏目最为老少皆宜、雅俗共赏，能照顾到最大数量的观众，所以这一形态在相当一段时间内处于鼎盛阶段。

三、综艺栏目的普遍化

截至 1992 年，中央电视台已有相当一批著名的文艺栏目：除《综艺大观》《正大综艺》，还有《戏曲欣赏》《旋转舞台》《人间万象》《曲苑杂坛》《艺苑风景线》《外国文艺》《文化生活》《百花园》等。1993 年，为适应中央电视台第 3 套节目播出的需要，文艺部又推出并改版了一系列文艺栏目，如 3 月推出的周播栏目《东西南北中》就是由《百花园》改革整合而来。该栏目突出民族特点、地方特色和时代气息，是当时地方电视台和社会文艺节目的窗口，设有“地方风采大擂台”“歌迷天地”“请跟我来”“点歌台”“’93 中国音乐电视（MTV）大赛”等板块，每期 50 分钟，在周六中央电视台综合频道（CCTV-1）黄金时间播出，收视率颇高。1993 年 8 月，中央电视台又推出周播的大型综合文艺栏目《文艺广角》，开设“空中舞台”“荧屏荟萃”“大家谈”“芳草地”“周末信箱”“周末话题”“点播台”等板块，内容加强了文艺评论，节目长达120分钟，收视率也较高。

时任中央电视台台长的杨伟光在1994年度全国电视文艺座谈会上发表《加强系统合作、进一步繁荣中国电视文艺》的讲话中认为：“文艺节目全部实现栏目化，这也是作为电视文艺建设成就的一个很重要的方面。”[①]综艺“高峰”不仅仅体现在全国有相当数量的同一形态节目及创作模式，还都占据了各地方电视台周末的黄金时段。

值得注意的是，综艺栏目还使主持人的地位得以巩固和发展，从而造就了文艺节目主持人群体——正因为内容“综”而更凸显了串联的作用，也使主持人的形象变得具体、实际起来，个人风格逐步渗透，成为栏目的形象代表，如《综艺大观》造就的倪萍、《正大综艺》造就的杨澜，以及上海电视台的主持人叶惠贤、袁鸣等。这些使主持人对节目有了深度参与，甚至有的内容形式专为特定主持人量身定做。总之，主持人以栏目作为发展基础，并随着栏目地位的上升而具有感召力和知名度，栏目与主持人相辅相成，既有利于主持人个性的突出和展现，也有利于栏目整体形象的树立，所以电视栏目也被称为“主持人节目”。

随着栏目数量的大幅度增加，观众的选择性增强，频道与栏目之间的竞争日益激烈，就会引发对电视文艺市场化的思考，导致栏目的独特性或专业性凸显，使得“综艺”日渐降温，节目形态进入发展的另一个阶段——从“综艺”时代逐步过渡到“大众化”“娱乐化”并行的时代。

第三节　市场化趋势下电视文艺栏目形态的变化

到20世纪90年代中期，电视文艺逐步陷于市场竞争之中。早期的市场化还不是只追求经济效益，而是要先建立品牌和增强节目辨识度，因此

① 杨伟光．加强系统合作、进一步繁荣中国电视文艺：在一九九四年度全国电视文艺座谈会上的讲话 [J]．中国电视，1994(11)：9-12.

必须先进行节目个性的打造，“专业化”成为最基本的改革办法。

一、以“专业化”完善节目形态

媒体的“专业化”表现在各媒体和各形态都尽可能考虑到自身的优势与劣势，并向深度拓展。正如今天的报刊、广播、电视、网络等媒体都各有所长，把握好了都有自己的发展空间，在实际操作中扬长避短，才能发挥该媒体的最大效应。就电视整体而言，电视的新闻与文艺从内容到形式都有自己的个性和特点，节目形态不可能一样；而单就文艺节目自身来说，日常栏目、晚会、文艺专题之间也各有所长。

实际上“专业化”的落实有两种含义：一是电视文艺节目整体要找到自己的立足之地，发挥自身审美和娱乐的作用；二是具体节目不再全都强调“大杂烩”，而是要从内容的专业特点出发，强调深度挖掘和个性展示，找到最适合的表现形式，让懂专业的观众更加满足。例如，综艺节目也成为一种专业形态，要更深入地体现出综艺的五彩缤纷、雅俗共赏，制造热烈的现场氛围效果。而且，为了给观众留下更深刻印象，每期主题鲜明，内容集中，更加满足广大受众群的审美需求。从这个意义上说，“专业化”是对节目形态的丰富和完善。

由此，对节目的研究和评价方式也有了相应改变。1993 年的第 7 届中国电视“星光奖”评选开始按照电视文艺本身特有的一些专业形态类型设立奖项，如综合性文艺节目、专题类文艺节目、音乐节目、歌舞节目、戏曲节目、曲艺杂技节目、电视戏曲小品节目等 7 个单独门类的大奖，另外还设立了栏目奖和撰稿、导演、编辑、摄像、美术、照明、化妆、音乐音响等单项奖。这充分说明业内已经认真思考电视和文艺本体的实质，强调其艺术加工的专业性，从而探求文艺内容与节目形式的有机结合并完善评价标准。

而对受众来说，“专业化”即象征着高水平及有深度的服务。例如与其他形态相比，栏目作为日常节目主体更加注意体现服务意识，也注重表达服务性的内容：一方面应观众需求提供内容，如资讯服务、娱乐报道、与观众互动和沟通等；另一方面也尽可能达到娱乐的效果，如体现、提供美好声画感受等。为了达到双重目的，观众点播、现场访谈、深度谈话、观众参与、传播相关知识等信息量大、互动性强的节目元素被广泛采用。例如 1993 年 11 月开播的《九州戏苑》（改版自《戏曲欣赏》），在中央电视台一套隔周播出，共45分钟的节目中包括“戏曲专递”“舞台与人生”“台前幕后”“今日头牌”“就听这一口”“古韵新风”“学句行话”“票友天地”“点戏台”等板块，自浅到深，加强了戏曲的专业性，更深入地为各种层次的戏迷观众着想；另一栏目《中国音乐电视》的各板块设置则都以播放音乐电视作品为宗旨，其他的栏目如《电视书场》《动画 15 分》《文化视点》等均有独特、鲜明的主题和定位，从而也以特定形态吸引不同层面而又相对稳定的受众群。因此，栏目的“专业化”和受众群体的“细分化”“知音化”体现了当代电视栏目诉求的必然发展趋势。

二、专业栏目支撑专业化频道

电视栏目的“专业化”支撑起频道的“专业化”，即电视台要围绕相对专业的主题设立频道和编排节目，而专业化频道的建立更带来了专业化栏目的大发展。

1995 年 11 月 30 日，中央电视台增加卫星电视频道（电影、体育、文艺、少儿、军事、科技、农业、戏曲、音乐等）。其中文艺频道（CCTV-8）、戏曲 · 音乐频道（CCTV-3）的开播，引领中国电视文艺走入了历史性的新时期，标志着电视文艺走向服务和深入拓展专业的时期，同时也带动了全国电视频道的专业化改革。当时的中央电视台文艺频道（CCTV-8）是中国电视史上第一个专门的文艺频道，向广大观众提供大量有特色的精心编排的娱乐性节目，如国产电视剧、译制片、中国音乐电视、综艺节目、首播节目、动画节目等，全天播出长达 16.5 小时。中央电视台戏曲 · 音乐频道（CCTV-3）以向广大观众提供丰富的戏曲、音乐专业节目为宗旨。截至

1996年，中央电视台已有文艺栏目47个，专业栏目与专业频道相辅相成，使频道节目在专业化中又具有多样化，而栏目形态也得到拓展。例如，《文化视点》展开了对各种文化现象的讨论，成为较早的电视文艺谈话类栏目，而《旋转舞台》推出的“江河湖海系列”则代表了专业化与节目主题化齐头并进的趋势。

此后，随着电视文艺事业发展的突飞猛进，栏目形态空前丰富，节目数量和播出量都很大，也暴露出一些问题，如创作力量专业性不足、整体创作水平有所下降。由于强调服务性，各类节目一味强调收视率，导致电视文艺的艺术性有所下降。此时的主持人也处于青黄不接的状况，老主持人尝试新栏目难以得到老观众认可，新一代主持人专业经验不足，而且各类节目都有自己的目标受众——欲制造以往那般全国人民耳熟能详、妇孺皆知的节目和明星主持人，都已非常困难。

1998年，专业化进程继续展开，如中央电视台文艺频道（CCTV-8）又改版为电视剧频道，频道内的栏目逐渐丰富，也再次整合志同道合的受众。

毋庸讳言，专业程度较深的频道和栏目一般会由于受众相对较小而效益受到限制。于是在各类栏目中，综艺栏目依然是竞争力极强的主力形态，被放到各电视台的黄金时段进行收视大战，例如中央电视台的《综艺大观》和《正大综艺》就一直占领周末晚间时段；地方电视台也相继出现影响力非常大的节目，如吉林卫视的《农村俱乐部》，整档节目生活气息浓郁、充满乡土风情，连续荣获第9—12届中国电视“星光奖”优秀栏目奖，而湖南卫视的《快乐大本营》异军突起，开始刮起“快乐旋风”。

三、频道大战催生栏目的“大众化”与“娱乐化”

20世纪90年代末，电视机成为普通家用电器，每家甚至不止一台，同时电视频道大增，节目数量也激增，观众可以同时在几十个频道之间进行选择。为了吸引收视率和获取经济利益，一批迎合大众的节目形态很快发展起来，电视整体出现了“大众化”趋势。换言之，行业创作一时不能提供足够多的具有艺术性的作品，一些综艺节目转而更适应社会的变化和观众的需求——娱乐、消遣的成分越来越重。而且，整体行业也发现节目可以附上商品的标签参与到激烈的市场竞争中——收视率高的节目能够换取高额的商业回报，随即在节目的制作中主动或不得不迎合观众，还往往将“参与”“互动”作为吸引观众的最重要的办法。

实际上，“大众化”是以电视整体的市场化为根本动因的。收视率日益重要，甚至逐渐成为节目评价的主要因素，这深刻影响了媒体的目标，也改变了节目的形态乃至命运。在此大环境下，多种类型的节目此起彼伏，轮番引领一时热潮。首先兴起的就是娱乐游戏节目，成为诸多频道周末黄金时段栏目的选择，同时也成为综艺节目中的一种新形态。

（一）娱乐游戏节目的盛行

1. 娱乐游戏节目的成形

从表面上看，娱乐游戏节目跟电视文艺节目的联系在一起似乎有些牵强，但追根溯源，几乎所有的此类节目都是由电视台文艺部开创的，或由综艺节目演变而来，而且大多数的娱乐游戏节目中经常会穿插歌舞或小品表演。实际上，娱乐游戏节目就是综艺节目局部的一种延伸，是把《综艺大观》里的观众即兴参与表演小品、《正大综艺》里智力抢答和现场竞猜、春节联欢晚会里的“谜语”“金银猜”“儿童游戏”进行放大，针对细分受众而打造成一种相对独立的形态。

1993 年 1 月 24 日，上海东方卫视开播的《快乐大转盘》是全国第一个娱乐游戏节目，它旨在通过室内的小型游戏、趣味问答、野外游戏和竞赛寓教于乐。该节目具有极强的参与性，参与者都来自普通市民，他们在欢声笑语和对奖品的争取中度过每期的 50 分钟，而且颇有意味的是，当时上海东方卫视只有一名正式编导参与制作，是充分借助社会力量进行节目市场运作的探索。1994 年 6 月，上海东方卫视又开办了《智力大冲浪》，这也是一个观众参与性极强的、以竞猜和益智游戏为主的节目。同年北京电视台开办的《开心娱乐城》《黄金乐园》也具有相似的内容形式，尤其是《开心娱乐城》，作为北京地区最早的娱乐游戏节目，内容以趣味性、娱乐性和一定的知识性游戏为主，有时也有一些歌舞表演，节目热闹非凡，演播室场景很时尚，整体形态非常成熟，加之主持人文燕青春、活泼、机敏、幽默，诸多因素使节目拥有极高的收视率。1995 年底，新成立的湖南经视也推出了《幸运 3721》，后来发展为《幸运 1997》等，这档综艺游戏节目被安排在每周六晚上黄金时段播出，很快令长沙万人空巷，收视率曾高达 50%，对后来的《快乐大本营》亦有极大的启发。[①]

不过这类节目在北京可谓“生不逢时”，很快引起了部分观众对电视文艺节目导向、风格、样式、品位的质疑，《开心娱乐城》不久被迫停播。到 1998 年，中央电视台财经频道（CCTV-2）《幸运 52》的出台也颇有争议，该节目被安排在 23:00 播出，因其博彩元素而不进行任何宣传，尽管该节目能给电视台带来极高的收视率。

《幸运 52》的特殊意义还在于，其原版是英国的博彩节目《*GoBingo*》，版权被引进国内后，自然要改变其博彩性质转而表现节目的欢乐、热情和普通观众的互动、参与——“谁都有机会”去竞争奖品。该节目在争议中不断调整，曾经有“幸运抢答”“60 秒十问”“猜价格”“猜词语”“幸运擂台”等环节，融合了知识竞赛和游戏节目的特点。主持人李咏另类、热情、幽默，现场流程顺畅，整体气氛异常热烈，而且节目还有不少直接赚取市场回报的设计，从而使中央电视台的节目呈现出前所未有的自然、松弛、市场化的面貌，很快成为中央电视台财经频道（CCTV-2）的品牌栏目。[②]不过就该节目来说，盈利的功能一直被研究界忽视，甚至也被电视台自己所忽略。实际上，某广告公司承包了其运营，除节目广告外还与全国十几

① 《幸运 3721》后来历经了《幸运 1997》《幸运 1998》《幸运 1999》等改版和名称的更新。

② “谁都有机会”本是节目主持人常说的口号。2007 年 6 月 1 日，《幸运 52》在节目开播 8 周年之际全面改版，从立意到形式、内容有根本性变化。新改版的节目按“季”播出，播出时间改到傍晚，主持人李咏以麻辣教师的形象登场。为配合暑期到来，第一季主题定位为“你比小学生聪明吗？”，让选手回答小学水平的题目，节目依然追求风趣幽默。2010 年节目停播。

家报纸建立节目商品排行榜，仅这一项收入就不下3000万。盈利才是节目开播时的重要诉求，后来逐步被频道放弃。

为避免争议，诸多娱乐游戏节目尽管收视率奇高但刻意不宣传的局面，一直持续到1998年湖南卫视的娱乐游戏节目《快乐大本营》第37期获得了第16届中国电视“金鹰奖”评选综艺类大奖。

2. 《快乐大本营》掀起“快乐旋风”

《快乐大本营》于1997年7月11日开办，每周五晚在湖南卫视黄金时段播出，时长100分钟。节目的前身是传统的综艺节目《七叶树》，改版后以各类游戏的现场竞技为总体构架，以演艺界明星的文艺表演、协作单位的现场展示、观众的即时参与为依托，让观众度过一段既轻松快乐又有艺术享受的时光。节目中的游戏大概分三类：一是动作性的，如“快乐天平”“火线冲击”等；二是知识性的，如“精彩二选一”“危险地带”等；三是综合判断性的，如“音乐通”“快乐健身操”“快乐传真”等。所有游戏的设计都注重行动力，充分挖掘其可看性；文艺演出部分很少，但是经艺术化处理的内容，对主题的表达和开场气氛的营造至关重要；而从观众的角度说，这个节目具有很强的参与感——观众可以到现场和明星互动，也可打专线电话选择自己喜爱的嘉宾、参加现场抽奖，等等。主持人热情、活泼、青春、真诚，对青年观众具有极大感召力。[①]

《快乐大本营》之所以备受欢迎，是因为对节目理念的拓展，从而呈现出与传统综艺节目不一样的面貌。节目原本定位于娱乐大众，是要给观众送去轻松和快乐，所以以游戏环节进行的整体结构呈现出崭新的综艺节目形态。其创始人汪炳文甚至认为：“综艺的‘艺’已不再是‘艺术’或者‘文艺’的简称了，应该是一个个组成整台节目的‘元素’。这个元素

---

① 《快乐大本营》开播以来一直是湖南卫视的品牌栏目，是中国电视界综艺娱乐节目的领头羊，并在不断变革中壮大。目前节目主持人是由何炅、李维嘉、谢娜、杜海涛、吴昕五人组成的“快乐家族”主持群。内容更注重明星嘉宾与观众的现场互动，同时也极力为电视机前的观众推介时尚、新奇的文艺表演形式，传递“快乐至上”的娱乐理念。

可能是文艺，也可能是游艺或者新闻。”[①] 这就扩大了“艺”的概念，进而逐渐形成了以“明星＋游戏＋观众参与”的新综艺模式。

随后湖南卫视也因为《快乐大本营》和电视剧《还珠格格》成为全国电视媒体的娱乐先锋，而且这股“快乐旋风”席卷全国，几乎所有电视台都在周末黄金时段的综艺节目中大大加强了娱乐游戏的成分。这绝不仅仅是看重其新鲜、热闹，还看到了这一形态给《快乐大本营》带来的巨大广告收益。

1999年初，由原北京广播学院电视学院、湖南卫视牵头举办了全国范围内的“电视娱乐游戏节目研讨会”，当时收集到的娱乐节目形态被分为竞智型（如上海东方卫视的《智力大冲浪》）、博彩型（如中央电视台的《幸运52》）、竞力型（如中央电视台的《城市之间》[②]）、综艺型（如湖南卫视的《快乐大本营》）和情感直销型又称谈话类或婚恋类（如湖南卫视的《玫瑰之约》[③]）。与传统电视文艺最接近的自然是所谓综艺型，即文艺表演、平民情趣的竞赛与游戏、明星与观众的现场交流、即时参与热烈的现场气氛、具有感召力的年轻主持人和明星的才艺展示等元素的综合。

在1999年10月由原北京广播学院文艺系举办的“电视文艺二十年研讨会”上，娱乐游戏节目作为区别于传统综艺的节目，也成为众多专家、学者品评的对象。这类节目使业界强烈感受到电视从“舆论工具”开始向“大众传媒”“快餐文化”“电视产品”的转变。

随后，在国内有较大影响的娱乐游戏节目还有欢乐文化艺术有限公司与北京有线电视台联合制作的《欢乐总动员》、福建东南卫视的《开心100》、上海东方卫视的《快乐大转盘》、浙江卫视的《假日总动员》、

① 汪炳文．谈谈大型综艺节目《快乐大本营》[J]．中国广播电视年鉴，2010(4).

② 《城市之间》本是法国电视台于1962年创办的大型趣味体育游戏节目，中央电视台体育频道（CCTV-5）于1998年成功引进。每期节目有两个或两个以上的城市群众参加趣味体育竞技比赛，以城市特色为卖点，建立区域间民众的交流平台。节目利用庞大的道具、场景，还有极富想象力的游戏，使节目颇具娱乐性、可看性。节目在一年以后停播，直到2005年又推出国际版。

③ 《玫瑰之约》于1998年7月开播，无疑也受到境外婚恋配对节目的影响。每期节目为12位青年男女牵线搭桥，并现场揭晓配对结果。节目热情、欢乐、奔放，掀起了国内的“玫瑰狂潮”。

河北卫视的《大家来欢乐》、山东卫视的《快乐直通车》、安徽卫视的《超级大赢家》、湖南经视的《幸运1999》、长沙电视台的《周末大轮盘》、大连电视台的《99合家欢》等。

如果说湖南卫视的《快乐大本营》从南方崛起，2000年1月起在北京有线电视台开播的大型综艺节目《欢乐总动员》则成为北方娱乐游戏节目的一面旗帜。节目集游戏性、表演性、竞技性、参与性于一身，并和几十个电视台合作选拔选手，最核心的环节是平民参与的“超级模仿秀”。该节目很快推广至全国几十个城市，而且更加市场化的做法是在有的电视台建立了当地演播室，以便节目中间穿插与当地观众互动的内容，解决地域差异带来的陌生感问题。

（二）娱乐游戏节目生存的条件

回顾娱乐游戏节目的兴起，可以看到这类节目在全国范围内的发展进程和娱乐点差异极大，这就需要研究其成长条件。

1. 政治更加开放

从总体环境上看，改革开放政策使人们的思想得到解放，才能更加焕发创造力，释放个性与活力，“娱乐本性”才能得到回归。电视文艺向“大众化”“通俗化”“平民化”转变，也是“以人为本”“人文关怀”理念的具体体现。从节目的具体环境上看，正是湖南省给予电视的宽松政策，将其作为本地支柱型产业，才导致不仅仅是《快乐大本营》，还有其他频道的栏目和电视剧都呈现出极为活泼的面貌。同时，也正因为政治上开放，国外的节目模式才很快引进。至此，中国电视界才真正看到发达国家电视的面貌，敢于在世界范围内追溯各种节目形态的源头。

2. 经济状况良好

在一个以经济发展为核心的发展中国家，当民众相对富裕时，生活更加忙碌，对电视的“娱乐消遣”“消费”的需求就会增强。同时，当电视节目可以成为商品时，从整个电视台节目的市场化运作来说，娱乐节目的良好收视率能够直接带来良好的经济效益，因此电视的制播分离最可能从这类节目开始，而且要有良好的社会经济状况，这类节目的投入与产出才能够进入良性循环。实际上，经济不发达的地方至今依然无法真正盛行娱乐游戏节目。

3. 依托于电视运作机制的变革

电视运作机制的变革一定是在政治开放和经济发展的基础上才得以实现的，而且以行业内实行“制片人责任制”为基础。笔者曾专程前往《快乐大本营》进行调研，了解到该栏目的巨大成功背后的故事：一方面在陈先绪、魏文彬等领导的支持下，制片人汪炳文对节目的选题、录制、最终审查等环节直接把关，人、财、物相对自主，奖罚分明；另一方面是节目执行特别的政策——节目的广告盈利可以返还到制作团队用于节目投入和员工奖励。毋庸置疑，在电视品牌频道和节目的建立上，无论是收视率还是经济效益，娱乐路线让湖南卫视淘到了“第一桶金”，《快乐大本营》对其之后的高速发展功不可没。

随着对经营的深入探索，一些娱乐节目开始在电视台外运作。例如，大连电视台曾经一度红火的《99 合家欢》就是由创作班子人员自己掏钱运营。[①] 而《欢乐总动员》则走出了电视台与制作公司合作运营而又制播分离的道路，同时将节目以贴片广告和卖出播映权的方式在多个电视台播出，与当地受众互动内容的插入使双方不仅仅是买卖关系，更是节目制作方与每一个播出方的联手打造。当然，节目盈利的前提条件还要有制作单位敢于对节目先期投入，并运用专业创作队伍。中央电视台的人员班底保证了《欢乐总动员》的高质量。至此，作为制片人或制作人，也一定要为节目经营环节负责。可以说，娱乐游戏节目的兴盛完善了制片人的职能，促进

① 《99 合家欢》于 1999 年 5 月 1 日在大连电视台开播，后改名为《久久合家欢》，内容主要由嘉宾访谈、百姓话题、文艺表演、游艺游戏、抽奖竞猜等构成。作为改革试点，栏目采用了独立制片人的运作方式：制片人通过公开竞聘上岗统管栏目，并直接对台长负责；制作经费以主创人员自筹为主，同时以硬性广告、观众方队、奖品提供等方式筹集。栏目开播不久，收视率高居该台榜首，2003 年节目停播。2006 年 5 月，《久久合家欢》经过改版，再次亮相大连电视台新闻综合频道。

了电视文艺运营机制的健全，也使业界承认并逐步吸纳社会创作力量。

4. 依赖于观众的生活环境与民风民俗

发展中国家受众的娱乐需求强烈，经济高速发展使民众生存压力增大，尤其需要娱乐以帮助放松，并和谐社会和人际氛围。鉴于以往媒体高高在上的“教化”姿态，受众也一定会为其向“娱乐”“服务”的转变而感到异常兴奋。同时，娱乐游戏节目的主要对象是年轻人，他们有更强烈的娱乐需求，这也是整体的电视文艺受众细分化的表现。而且，一个地方是否有娱乐的心态和生活习俗也很重要，有的地方不是很富裕依然敢于消费和追求享乐，如《快乐大本营》的生存空间一定和该地域民众的生活状态有关；而北京电视台《开心娱乐城》的消失，与当时城市周边大量的贫困人口及其娱乐意识缺失有关。

5. 节目自身发展的必然选择

随着电视加速发展和节目数量大增，某一种节目形态的寿命相对缩短，节目具有流行性，而且每一种新节目几乎都是旧节目部分元素的延伸。观众对某类新节目的喜爱也并非是单纯的“从众”与“模仿”，受众成熟后就会更懂得按自己的需求来选择内容，对时尚进行品味。就娱乐游戏节目来说，“常变常新”也是其重要属性。

6. 境外节目的引导

诸多游戏娱乐节目是在境外节目的启发下诞生的，还有的是直接引进：如《幸运52》来自英国的《GoBingo》，《城市之间》是对法国电视台有着30年历史的同名大型竞技游戏节目的翻版，《快乐大本营》学习了一些欧美国家、日本还有中国台湾地区的一系列节目，而《欢乐总动员》里许多环节直接从台湾引入，《玫瑰之约》则受台湾娱乐节目《非常男女》的启发，等等。

作为一种节目样式，娱乐游戏节目盛行的时间并不长，但分布之广、传播之快、数量之多都是前所未见的。从积极的意义上讲，它的表达方式、价值观和观众参与的元素促使文艺从殿堂走入民间，观众与电视的互动得到充分体现。随后互动被业界充分重视和延伸，即在具体设计和落实的过程中，创作者已不仅仅是为电视播出的内容而工作，而是还要发动相关的群众性活动。无论是《快乐大本营》还是《梨园春》，都有相当多的拍摄以外的工作要做，从而呈现出节目的社会活动化趋势。

（三）境外节目的多渠道进入

中国人口众多且经济增长迅速，无疑是庞大的市场。20 世纪 90 年代，一些境外的品牌节目陆续通过各种渠道进入境内，尤其是娱乐节目相对更容易跨越语言和国界的障碍。特别是日本、韩国，以及我国香港、台湾地区的娱乐节目，在内容形式、情感沟通方面都比欧美节目更容易被接受。

1. 凤凰卫视的娱乐节目

1996 年 3 月开播的凤凰卫视的娱乐频道较早为内地观众所熟悉，其中陆续播出的《相聚凤凰台》《锵锵三人行》《非常男女》《我猜我猜我猜猜猜》《综艺大哥大》等对内地的娱乐节目都具有极大的启发意义。

《相聚凤凰台》作为定位于娱乐资讯频道的凤凰卫视开播时就有的资讯栏目，发挥了该台的定位特色，将海内外的娱乐资讯汇总播报，主持人也以影视圈行内人的角度加以解读，使节目趣味十足。随即带动了内地娱乐资讯节目的兴起。

《锵锵三人行》是主持人窦文涛与传媒精英一起“紧跟时事新闻，肆意借题发挥，名嘴会聚，海阔天空。不求高度、只求广度，不求深度、只求温度，不求结论、只求趣味。把私人侃谈搬上电视，以百姓的心态看天下大事。轻松惹笑，真心流露，以激发另类观点，达到融汇信息传播、制造乐趣与辩析事理三大元素于一身的目的”。2006 年节目改换了说法，“针对每日热门新闻事件进行研究，并各抒己见，但却又不属于追求问题答案的‘正论’，而是‘俗人闲话’，一派‘多少天下事，尽付笑谈中’的豪情，并借话题引申到出人意表的联想，激发另类观点。主持人的角色是引导嘉宾发表具有个人色彩的大胆言论，力求轻松、惹笑，并强调平民化、趣味性和知识性”。[①] 该节目对内地主持人形态的影响较大。

开播于 1996 年 8 月的《非常男女》是台湾主持人胡瓜和高怡平联袂主持的一档以男女速配为核心内容的娱乐节目。主持人插科打诨、配合默契，同时针对男女之间的两性话题，请情侣、已婚夫妻、嘉宾展开讨论。该节目堪称婚恋节目的优秀模式，娱乐与温情的火候把握适度，社会效益良好，对内地的节目起到直接示范的作用。该节目于 2003 年停播，令无数观众遗憾。

同年 8 月底开播的吴宗宪等主持的《我猜我猜我猜猜猜》，一直在台湾娱乐节目收视中名列前茅。吴宗宪的搞笑无疑是该节目成功的一个重要原因，而且多年来他带领大小 S、阿雅、杨丞琳等人，请明星嘉宾通过“真的假不了”“人不可貌相”等板块来猜测奇人异事的真假，被猜者往往是活泼开放、表演欲强的少男少女，他们不仅要回答各种刁钻古怪的问题，还要进行各种表演，节目颇能抓住年轻观众的眼球。

开播于 2002 年 4 月的《综艺大哥大》是台湾本土味比较浓厚的综艺节目。主持人张菲以自身“大哥大”的地位将圈内奇人、高人聚集一堂，嘉宾的吹拉弹唱与特殊才艺均在谈笑间展开。所以，该节目的成功也极大地依托于能歌善舞、聪明机智且在圈内颇有威望的张菲，使这个节目也很难具有可复制性。

2. 星空卫视的娱乐节目

对娱乐节目有直接影响的境外频道还有默多克新闻集团旗下的星空卫视，其中不少节目直接根据国外优秀原版进行移植，整体节目编排成熟。2003 年开播时就推出很有个性的《星空不夜城》《星空热舞俱乐部》《美人关》《人小鬼大》等节目。

《星空不夜城》明显出自哥伦比亚广播公司（CBS）的著名品牌夜间

① 中文台 2006 年节目介绍 [EB/OL].（2006-10-23）. http://phtv.ifeng.com/200610/1023_5_22796_22.shtml.

脱口秀节目《今夜秀》（*The Tonight Show*），在每周一至周五 22:30 播出。主持人由内地著名歌手孙国庆担任，每期请来一位嘉宾进行轻松开放的侃谈，从日常生活、资讯到艺术，话题灵活多变，激荡着智慧与欢乐。节目还设有音乐主持人，乐队演奏者不时调节气氛、制造动感、帮助抒情，甚至直接插话。

《星空热舞俱乐部》在电视舞蹈节目稀缺的时代尤为引人注目。每周一期节目聚集了来自全国各地的、热爱舞蹈的舞林高手并大显身手，共同角逐“星空热舞大奖”。同时，节目以绚丽的灯光、华丽的服饰、激情的演出给观众带来感动和愉悦。

《美人关》则源自于英国节目《男人啊男人》的创意。每期节目都是对男性的“选美”，现场所有女性观众则成为裁判。在每个环节中淘汰选手，被淘汰者被推落入水。正由于男性成为被挑选、被评价的对象，女性观众掌握了话语权，以女性的审美标准来审视男性，极大颠覆了中国大部分地区“男尊女卑”的观念和传统，这也是节目给人冲击力的重要原因。而且节目设计了才华、体力和智力等不同阶段的考验，闯关胜利者将获取万元现金大奖。

《人小鬼大》是一档成人与儿童之间的快乐脱口秀节目，每天一期的节目是主持人孙国庆面对 3 个聪明机灵的小嘉宾，让他们解释一些成人所经历的事件、概念，孩子们的答非所问尽显纯真无邪，奇思妙想令人开怀不已。主持人孙国庆没有穿卡通装，更没有捏着嗓子说话，而是以非常关爱而又欣赏的态度和小朋友交流，表达方式平等、自然、活泼。所以该栏目自 2003 年播出以来深受观众喜爱，曾荣获由亚太广播联盟颁发的 2004 年度“联合国儿童基金会奖”。

此外还有一些境外的制作机构也在与境内电视台合作，例如维亚康姆集团下属的美国音乐电视频道（MTV）开播了 MTV 中文频道，制作了以播放最新流行音乐为主的《天籁村》等栏目，提供给境内多个频道，在年轻受众中得到认可。

第四节 市场化导向下电视综艺栏目的变化

1998 年，第九届全国人大第一次会议曾明确要求电视台 3 年后要实行自收自支。踏入 21 世纪，中国电视进入市场的时限很快到来，同时中国加入了世界贸易组织（WTO），广电领域开始集团化重组，电视媒体内部的竞争氛围也骤然紧张起来。最明显的表现是新栏目层出不穷，更新换代越来越快，并且更具大众性和娱乐性。另一方面，在全球化的趋势下媒体更加开放，不仅是境外的一些经典样式和观念迅速影响我们，还有一些新形态被“克隆”或直接引进。这不是对全球化的肯定，而是全球化成为不可回避的事实。

一、新形态轮番引领潮流

在 21 世纪前半期，一时间娱乐游戏栏目声势骤减，因其投入较大而只保留了少量名牌栏目。其中的游戏模式也逐步舍弃多样性而更具单一性、专业性，首先浮现的形态是益智节目。

（一）全球化背景下的益智节目

国内益智节目起源很早，是一种群众参与性的节目形态，并以“知识问答”的样貌进行播出。例如 1981 年 7 月中央电视台的《中学生智力竞赛》和 1985 年春节北京电视台的《家庭百秒知识竞赛》之类，以及后来名目繁多的各种知识竞赛，都以传播知识为终极目标，风格相对比较严肃。在以综艺为主要形态的中央电视台春节联欢晚会里曾经出现的一些智力竞赛段落娱乐性显然更强，后来一些著名的综艺节目逐渐加大其成分，甚至成为节目里的主要形态，如《正大综艺》《快乐大本营》等，尤其注重答题的趣味性和娱乐性，形成了轻松活泼的样貌。

新兴的益智节目一定程度上受到国外的“Quiz Show”“Game Show”的影响。引进版权的《幸运 52》与以往内地知识竞赛最大的不同就是制造了一个热闹非凡、笑声不断的赛场——“谁都有机会”试试运气，其“幸运”让节目娱乐性极强——而这恰恰是以往的知识竞赛所规避的。主持人李咏的形象也具有一定颠覆性，有助于成就节目的娱乐属性。到2000年7月中央电视台开播《开心辞典》时，对从美国20世纪50年代的电视益智节目《6.4万美元问答》到1998年塞拉多制片公司为英国独立电视台制作的《谁想成为百万富翁》等多个经典案例，都进行了仔细研究。最后，节目用“家庭梦想”概念替代了国外益智节目的“博彩”核心，表达了中国特色的传统亲情理念。每期平均有三四名选手通过答题实现全家梦想，而电视机前的观众也能够通过节目学到生活或文化知识，主持人王小丫还给节目带来了亲切、随和的面貌。节目还在全国通过网络、声讯电话、面试等多渠道选拔选手进入演播室的最终角逐。于是，《开心辞典》很快与火爆的《幸运52》互补，一起成为中央电视台财经频道（CCTV-2）收视率排名前茅的节目。

益智节目场景单一，投入低，选手来自普通大众，整体靠问答来构架，创作流程清晰简单，每期按照流水线方式运作便可完成，播出后节目还有较高的收视率。这就是益智节目受到业内青睐的原因，同时也提醒制作者更注重研究节目的投入与产出。普通大众能够参与，也一定是获取观众好感的主要原因。当然，这类节目还有很大部分的工作在节目现场外，如选手的选拔和培训、与观众的联谊活动、主持人的社会活动等，还有一些益智节目将问答结集出版，成为畅销书。此时的创作者仅有“节目意识”是不够的，还要有“活动意识”。活动给节目带来社会效益，节目又是活动的表现平台，二者相辅相成。

益智节目的知识性只是一个重要元素、标签，节目的感召力一定还与奖励有关，甚至有的直接迎合受众的博彩心理，境外的原版节目就是如此。例如，上海电视台的《金钱魔方》，所有的游戏环节都围绕“金钱”展开，“积分制”也改成以“元”来衡量，类似“大富翁”游戏，极大调动了当地群众的参与热情。再如苏州电视台的《快乐周末》，曾经直接奖励商品房的“平方”，选手靠答题赢取商品房，这无疑具有极强的刺激力。

此阶段的综艺节目整体突出了竞赛意味，而且《城市之间》等早期大型“竞技”栏目逐步消失，转而体现出“竞智”趋向，使成本极大降低。节目中多设有问答环节，有的甚至完全改造成问答加游戏，共同搭建起益智类节目群。

至此，若用“综艺”这个概念来囊括益智节目就更不恰当了，诸多节目渐渐被“娱乐”这一概念所涵盖，于是“娱乐节目”一词被常用来替代“文艺节目”或“综艺节目”概念，被更加广泛地使用。

（二）栏目化的歌会

2000年12月18日起，中央电视台戏曲·音乐频道（CCTV-3）改版为融戏曲、综艺、音乐、歌舞、文学、谈话、资讯等节目为一体的综艺频道，旨在更科学地设置专业化频道，调整对应受众，增强频道的竞争力。此时涌现了一批新栏目，如《周末喜相逢》《挑战主持人》《综艺快报》《新视听》《艺术人生》《音乐擂台》《同一首歌》等。新栏目比以往有更多观众参与、互动的契机，而且在《同一首歌》栏目中表现得尤为突出。

明星与现场观众互动的栏目通常在室内制作，《同一首歌》则在露天录制，而且是大场面的演出，其视觉效果看上去更像是大型晚会。实际上，该节目在播出与内容编排上进行了栏目化的安排。《同一首歌》在每周五19:30中央电视台综艺频道（CCTV-3）的黄金时间播出，时长100分钟；其外包装也是栏目化的方式——设立栏目标志、标准色、片尾字幕定版、栏目形象片花、栏目形象宣传片、开始和结束曲，如在一段时间内晚会的开场与尾声均是百名手捧蜡烛、身着白衣的少年清唱主题曲《同一首歌》；舞美灯光也具有独特的审美取向——以蓝色调一贯到底，简洁凝练。

以往的节目总是提倡推出新人新作，并作为节目创新的重要指标，而《同一首歌》却是以旧人旧歌为切入点，甚至每期有明星、曲目的重复，最终形成在不同地点的一台台以演绎过去曾经流行的歌曲为主的系列演唱会，观众与明星在现场产生情感共鸣，在广阔时空中现场互动。旧人旧歌是该栏目最重要的生存理由，演出现场才会因为观众的尽情参与而经常成为蔚为壮观的万人大合唱。《同一首歌》不断被邀请到全国各地，从而获取良好的经济效益，被视为诞生在电视营销时代的节目，很快成为中央电视台综艺频道（CCTV-3）的品牌。

（三）脱口秀影响下的谈话节目

这一时期，随着电视谈话这一更简单朴实、更直接表现情感交流的节目形态的成熟，中央电视台的《朋友》《艺术人生》《影视俱乐部》等以谈话方式构建的栏目陆续开播。尤其是2000年开播的《艺术人生》，每期请来一位文艺界名人，讲述自己在生活和追求艺术的过程中的体验与感悟，节目具有娱乐性、互动性的同时又弘扬了真善美，在观众中颇有号召力。而与之呼应，由北京东方欢腾文化艺术发展公司制作的开播于2001年的《超级访问》也将明星、娱乐、搞笑、真情等元素很好地结合起来，更加活泼灵动，对应了年轻人的口味。

事实上，娱乐谈话节目的兴起必然受到国外“脱口秀”的影响。当然国外的脱口秀更多样化，如美国广播电视新闻先驱爱德华·莫罗（Edward R. Murrow）曾于20世纪50年代末主持了《小世界》（*Small World*），开创政治脱口秀，《今夜秀》（*The Tonight Show*）和《大卫·莱特曼深夜秀》（*The Late Show with David Letterman*）等经常介绍艺人明星的节目也已经播出了几十年，后来常见的有以家庭情感为主的《奥普拉·温芙瑞秀》（*The Oprah Winfrey Show*）和《罗茜·欧丹尼秀》（*Rosie O'Donnell shows*），还有怪异和极富争议的《杰瑞·斯普林格秀》（*Jerry Springer Show*）等。这类节目的主持人都风趣，幽默，机智，真实并放松，一定不是靠导演写稿就能完成的，而是依靠主持人的情商和深厚的社会生活功底。毋庸置疑，这类节目的成长一定需要优秀的主持人来支撑，而节目也会启发和培养出一批优秀的娱乐谈话主持人，并反过来推动节目的发展。事实上，脱口秀节目及主持人比新闻谈话节目及主持人要更容易成熟。

2002 年 5 月，湖南经视开播的《越策越开心》很快成为湖南本土的王牌节目，2005 年 5 月该栏目曾登陆湖南卫视晚间档。每期节目看上去结构非常自由，以主持人汪涵、马可的脱口秀为核心，串联起幽默生活小品、歌舞秀、娱乐访谈等内容，笑声不断、机智风趣，甚至有些“无厘头”的风格，吸引了大量年轻观众，使一个地方电视台的节目时尚而前卫，并形成综艺节目的崭新构架——各板块可以没有直接的逻辑联系，而是以共同的娱乐风格并列。深圳电视台 2003 年推出《饭没了秀》，这是一档表现儿童与成人现场互动的节目，主持人和儿童的脱口秀串起了游戏、才艺比拼、与明星的交流，等等。

（四）真人秀栏目与真人秀元素的渗透

在世界“真人秀”大潮的推动下，2002 年起内地诞生了一些栏目化的真人秀节目，如中央电视台青少节目中心的《金苹果》、贵州卫视的《星期四大挑战》、星空卫视的《勇往直前》、广东卫视的《斗智斗勇对对碰》、上海东方卫视的《勇者无畏》、浙江卫视的《夺宝奇兵》、欢乐传媒的《勇者总动员》《彩虹冲冲冲》等，上海、河北、江苏等卫视联合制作的《勇者胜》还把活动安排到了澳大利亚。

但总体上看，由于真人秀对真人的表现需要一定的篇幅，而且竞赛过程相对复杂，栏目容量不足。于是，纯真人秀栏目被当作日常节目制作和播出时大多不够有冲击力，如《金苹果》因时间和经费有限最终只好成为室内寻宝形态，与那些季播的室外真人秀节目相比就显得无趣了。而具有冲击力的真人秀栏目又因成本太高而难以为继，如《勇者总动员》，每期过火海、跨高山，制作费在当时已接近 30 万元。随后，诸多真人秀栏目逐步转型或消失，更现实的做法是把真人秀作为一种元素加入栏目，例如，早在 1998 年《快乐大本营》中就有展现孩子童趣的“快乐小天使”，后来诸多节目中的名人做游戏和出丑、选手闯关的环节都有真人秀的内涵。

2003年5月1日，中央电视台新闻频道（CCTV-13）正式开播，这意味着中央电视台真正搭建出频道专业化的基本构架。在随即而来的频道专业化趋势下，观众逐渐将眼光从单个节目上升到频道，电视竞争也从节目竞争发展到频道竞争。同年10月，中央电视台财经频道（CCTV-2）又调整为以生活、服务为主题的频道，新推出的节目《非常6+1》《绝对挑战》都是普通大众参加竞赛，强调了真人秀元素。《非常6+1》以对选手进行培训和展示才艺作为故事线，其间还数次插入观众打进热线要求实现愿望作为节目发展的第二条线——"砸蛋"，这不仅是吸引观众的办法，也是节目获取收视效益的关键。① 而《绝对挑战》是直接为一些知名企业招聘人才——每期跟踪一个企业的招聘过程，前期招聘的"实力作证"环节最为引人注目，最后三个人的"决战"在演播室进行。该节目直接与社会招聘机构合作，其节目理念和运作方式直接影响了之后的一系列职场节目，该节目于2007年停播。

在中央电视台财经频道（CCTV-2）的栏目设置中，可以发现此阶段我国频道专业化的特点：栏目设置主要是为了创造高收视率而不一定是为了符合频道的专业属性。在这个频道中，诸多娱乐节目成为收视率的重要支柱。同时，大量轻松愉快的生活服务类栏目涌现，也是娱乐节目的重要拓展方向，这更意味着电视整体"泛娱乐化"的发展趋势。

二、专业化频道竞争时代到来

（一）栏目与频道相互支撑

2003年末，《综艺大观》退出中央电视台综合频道（CCTV-1），这表明综艺时代的结束，同时也意味着更彻底的"大众化""市场化"的阶

① "砸蛋"，指《非常6+1》在选手才艺竞赛的环节中间插入观众通过电话要求主持人帮助砸演播室内的"金蛋"或"银蛋"，看是否能获得想要的礼物。作为节目的核心，每到"砸蛋"环节，节目收视率极高，后来应原国家广播电影电视总局的指示，此环节被放到黄金时段外，后在2010年节目改版时取消。

段实际上是“分众时代”的来临，电视整体也从而进入了深化改革阶段。

所谓“分众”，是将不同功能和内容的电视节目服务于不同个性、利益的大众群，媒体也不再向大量且各不相干的人群传递大量的、相同的、公共的信息，而是侧重向特定的人群传递特定的信息。无论任何频道和栏目，针对性、专业性、特色、个性均成为其生存发展的最基本的支撑。整体电视格局已经从以往的单个品牌节目竞争走到了依靠品牌频道竞争的阶段，这意味着频道必须要具有市场竞争力，而且栏目必须与频道相互支撑。

此后的综艺节目概念，在广义上包含了绝大多数的具有娱乐性的节目，狭义的综艺也成为一种专业明确的节目类型——诸多文艺品种同场表现的节目，仍然会有喜欢它的人群，也有需要综艺的时刻，如在周末和各类重大节庆日、在家庭收看的环境里，综艺是最能表达全民团聚欢庆内容的样式。《综艺大观》退出中央电视台综合频道（CCTV-1）并不是这类节目的彻底终结，取而代之的是当时由广场节目兴盛而打造的《欢乐中国行》。该栏目于2004年陆续在全国各地巡回进行现场录制，着力展示地域文化和风土人情。同时，因为大场景不利于语言类的表达，栏目便以歌舞为主，结合当地特色进行主题和内容设计，在中央电视台综艺频道（CCTV-3）周日黄金时间首播，每期60分钟。

在此还要说明的是，《综艺大观》不仅曾经对全国综艺节目的发展具有典型和推动的意义，还造就、培养了一批高水准的综艺节目的专业创作人员。例如中央电视台春节联欢晚会的导演绝大部分来自《综艺大观》，他们在该栏目的创作中完成了对各类艺术样式及创作等内容的学习和积累。当《综艺大观》和《欢乐中国行》停办以后，春节联欢晚会的导演队伍也后继乏力。

2004年6月，湖南电视台秉持“快乐中国”的核心理念，正式确定了“打造中国最具活力的电视娱乐品牌”的目标，这是电视进入频道竞争时代的标志性举措。该年度的赛季节目《超级女声》创意直接受到当时美国热播的《美国偶像》（*American Idol*）的启发，年度总决赛在湖南卫视播出获得成功，带动了该频道的强势崛起，同时综艺节目也开启了“大众选秀”最为盛行的阶段，赛季（季播）形态也开始盛行。

大众选秀节目当然与之前群众参加的各种电视比赛有着直接关系，如《全国青年歌手电视大奖赛》《梅兰芳金奖大赛》等。无论专业还是业余选手，不仅让他们展示才艺，还能帮助他们完成人生命运的转变。之后的娱乐游戏节目也很重视普通大众的才艺展示，如 1997 年上海正大综艺电视制作公司和上海东方卫视联合制作了才艺擂台竞赛类节目《五星奖合成大擂台》，这是专门针对普通大众的、帮助有“星相”的人士一圆明星梦；福建东南卫视的《开心 100》和《欢乐总动员》都曾经有“明星脸”大众选秀评选；《快乐大本营》也有过主持人选秀。

同年 10 月，中央电视台综艺频道（CCTV-3）推出《星光大道》节目。该节目无疑也受到当时境外同类节目的启发，以唱歌为主，广泛吸纳多种表演形式，尤其突出参与性、娱乐性，为全国各地各行各业的普通劳动者提供一个展现才艺的舞台，并以“擂台赛”的形式依次决出周冠军、月冠军和年度总冠军。《星光大道》于每周六 19:30 首播，每期 80 分钟。该节目人气很快超过之前推出的《非常 6+1》，因为赛程更长，甚至贯穿全年。而且绝大多数选手来源于普通大众，也是数量最大的阶层。节目表现了他们极度渴望改变的心态，同时普通人的才艺比拼相对来说也更节约成本，从而很快成为三套的核心栏目。进入一套后，收视率也稳居中央电视台前茅，紧跟在《新闻联播》之后。

中央电视台综艺频道（CCTV-3）同时推出的《联合对抗》在观众参与方面也颇有特色。该节目追求全方位与电视观众互动，完全由场外观众通过手机短信的方式给现场参加闯关竞猜的若干选手出题（《开心辞典》有固定的出题组，有时也采用观众提供的题目）。问答完全在观众间进行，节目提供表现的平台和最终奖励。出题难住选手的观众即可获得现金奖励，选手获得相应积分的奖品，选手也可以与出题的观众分享奖项。《联合对抗》每周日 18:30 播出，每期 50 分钟。

《魅力12》是中央电视台音乐频道（CCTV-15）推出的一档口碑与收视都不错的节目，每期介绍某一民间音乐作品的演变，探寻其原生态的民族、民间、民俗文化源头，展现其不同时代的版本。同时，栏目注重演播室现场的表演与嘉宾、观众之间的互动，以达成对优秀民族文化的最生动和现代的传播。该节目于每周三22:30播出，每期30分钟。

2005年7月，中央电视台体育频道（CCTV-5）于每周五19:55开始恢复播出国际版的《城市之间》。该节目的重现与娱乐节目大环境的变化有关，更与频道的竞争力有着直接的联系。当初节目曾在国内40多个城市举行大型户外竞技游戏，如今的节目是在中、法、俄、乌等国家的城市竞赛中选出该国城市代表队，并最终举行各国城市代表队的竞赛，节目规模及影响力都大大增加。

（二）频道编排与节目创新深度结合

2006年，湖南卫视打通了晚间黄金时段，与其他电视台不同，在19:30—22:00全部播放自办栏目和活动。除了原有的《快乐大本营》，湖南经视的《越策越开心》以其过硬的节目品质和良好的收视成绩登陆卫视。同时，影响较大的栏目还有《超级歌会》（明星演唱会）、《谁是英雄》（平民技艺比拼）等。《超级歌会》还把舞台搭到了外地，演员更多选择自己培养的“超女快男”，大有与《同一首歌》一争高下的趋势。

浙江卫视于每天21:20推出“七剑”栏目带。周一至周五晚播出由朱丹、胡可主持的综艺脱口秀《太可乐了》；周末的《奇开得胜》以展示全球奇人的绝技绝活吸引观众眼球，并且采用竞猜、现场直播等方式加强与观众的互动。

2007年湖南卫视在节目编排上更有突破，黄金时间总体编排以“4+3”的模式呈现。即将一周分为两截，“4”是周一至周四，安排按月度特色活动为主的“带状”栏目，如《变形计》；“3”是指周五至周日，以“点状”活动和栏目跨月的播出模式，安排如《快乐大本营》《越策越开心》《背后的故事》，以及“超女快男”之类。湖南卫视在该年度表现杰出，而“4+3”的模式后来也被称为“1+3”，主要在“19:30”“20:30”即晚间黄金时段使用。由此，电视活动和日常栏目、赛季节目之间的界限变得模糊起来，两种形态开始融合、交错，而且所有的内容也因连续编排而显得更加紧张刺激，呈现出过一段时间就会播完的状态，导致新栏目的播出周期极短，一旦效益好，隔一段时间再继续，即“栏目季播化”。

同年 3 月，湖南卫视开播的《勇往直前》欲打造中国第一档大型明星公益挑战类节目。只要挑战的明星嘉宾们能够完成任务——高难度的竞技项目，就可以奉献爱心，为希望小学募集到善款。这档节目也是一段时间后竞技类娱乐节目回归的开始，成为上半年国内娱乐节目的新看点。

而 2007 年下半年最引人注目的是浙江卫视国庆节期间推出的《我爱记歌词》（广东卫视同时也推出了《今夜唱不停》，湖南娱乐频道也在 9 月就推出《脱口而出》，但都反响不大），该节目的创意源自当时风靡美国的益智节目《合唱小蜜蜂》（*The Singing Bee*），制作者主要在奖金和选曲上做了本土化改动——将卡拉 OK 方式和歌词记忆游戏相结合，选手得到的奖励将作为善款捐赠给慈善机构，评委、主持人和领唱成为插科打诨的配角和服务者。这档节目很快成为电视大众娱乐文化的典型，低门槛、全民参与和自我表达铸就了核心竞争力，随即作为日常栏目放在每周五晚黄金时段播出，成为省级卫视尝试突围的又一典范。随后湖南、江苏卫视也接连推出了类似的《挑战麦克风》《谁敢来唱歌》，“K 歌”形态风靡一时。

2008 年北京奥运会的到来使各地方电视台奋力相搏，势头最猛的仍是湖南卫视。1 月开播的《快乐 2008》引进了英国独立电视制作商格兰纳达公司的原创节目《周六晚大外送》模式。主持人“河马组合”（何炅、马可）每期都邀请娱乐明星组成快乐红队和快乐蓝队打造“快乐运动会”，招募观众参加“现场惊喜”和“现场答题中奖”的环节、参与体育项目的竞赛、玩“摇河马”的游戏等，同时明星们将进行现场歌舞表演，节目还采用直播、多空间场外连线等方式增加现场感和互动性。3月推出了汪涵主持的《以一敌百》（*1VS100*），这是从荷兰恩德摩尔公司购买的版权，节目的核心就是集中凸显一个人对垒一百人的智力对抗，靠答题赢取奖励，博彩也更加突出。而收视最为强劲的是5月开播的一档室外竞技节目：从最开始季播的《奥运向前冲》升级到《快乐向前冲》，奥运后改为《智勇大冲关》，变成日常播出的栏目。该节目内容是选手要闯过水池上的一系列动感而惊险的设施，胜利者最终获取奖品，失败者会落入水中。就是如此简单的游戏，在全国也陆续引来多个模仿版本，如四川卫视的《传递梦想——运动之王》、浙江卫视的《冲关我最棒》、天津卫视的《快乐家游站》、安徽卫视的《男生女生向前冲》、山东卫视的《爱拼才会赢》、福建东南卫视的《足球兄弟营》，等等。

同年8月，湖南卫视的《天天向上》开播，很快脱颖而出。该栏目设计了多位主持人，最终明确了以汪涵、欧弟、钱枫、田源等人为主的“主持群”模式——5个人的脱口秀串起几个段落，节目形成机动灵活的综艺形态。由于“主持群”衔接令整体显得风趣自然，而且人物个性突出、视角丰富，随即也影响了全国的综艺节目，《快乐大本营》便形成“快乐家族”之间的逗趣，以及和观众进行现场互动。

实际上，2008年因为“南方冰雪灾害”“汶川大地震”“北京奥运会”，中国电视媒体经历了一场少有的动荡，而湖南卫视对栏目实行的季播化编排，将以往长期周播或日播的栏目形态改变为配合主题进行短期而密集的播出。这是与以往赛季活动节目的最大区别，使一个个内容相对完整的系列节目更引人瞩目。2009年的全国综艺栏目前十位中，有《快乐大本营》《天天向上》《星光大道》《欢乐中国行》《挑战麦克风》《流金岁月》《欢乐集结号》《快乐驿站》《我爱记歌词》。[①] 由此可以看出当年流行的形态。

2009年，湖南卫视的编排效力依然强劲，“K歌”节目继续火爆。同

① 吴凡.2009年综艺娱乐节目收视分析[EB/OL].（2016-11-11）. http://www.csm.com.cn/content/2016/11-11/1056370035.html.

时引人瞩目的还有魔术类节目，这是从当年中央电视台春节联欢晚会刘谦的节目中得到的启发。湖南卫视推出《金牌魔术团》，福建东南卫视推出《开心100全民大魔竞》，安徽卫视推出《星光魔范生》，还有中央电视台的《魔法奇迹》。

在东北地区，赵本山团队进入综艺节目，先在黑龙江卫视开辟了以电视剧《乡村爱情》角色为基础的《本山快乐营》，该节目不管播出时段多晚，都能引领收视高点；而后在辽宁卫视推出了《明星转起来》，该节目也成为频道的支柱。

2009年底，婚恋交友节目出现。12月，湖南卫视的《我们约会吧》和山东卫视的《爱情来敲门》开播，2010年1月江苏卫视的《非诚勿扰》火爆登场。不管制作方是否购买版权，这一次的节目模板大都来自英国的《Take Me Out》。[①]

2010年初《非诚勿扰》收视直线上升，立刻引来全国范围的跟随，如浙江卫视的《为爱向前冲》、贵州卫视的《相亲相爱》、上海东方卫视的《百里挑一》、安徽卫视的《缘来是你》。有的电视台还根据类似题材进行拓展，如湖南卫视的《称心如意》、江苏卫视的《老公看你的》、浙江卫视的《爱情连连看》，等等。全国有近40个类似的节目，但《非诚勿扰》收视率最高，经常位居同时段收视率第一，不仅因为话题劲爆，还因为采取了每周六、日21:10首播，播完立刻紧接重播的强劲冲击式的编排，当年就为江苏卫视创收超过10亿。

2010年8月，中央电视台推广频道制，即除新闻中心外的各个中心部门将被16个频道所取代，之前"中心—部门—科组—栏目"的四级体制将变为"频道—栏目"的二级体制。这意味着频道独立后，节目制作与管理将更直接，频道负责人为频道总监，更利于整合每个频道的资源，也

① 《Take Me Out》是英国Talkback Thames公司制作的一档以寻找约会对象为主题的季播真人秀节目。自2010年1月2日开播起，至今为止已播出三季，每周播出一期。在英国本土播出受到关注后，又被澳大利亚和爱尔兰引进。国内所有同类节目中，只有湖南卫视的《我们约会吧》购入了该节目的版权。

更利于专业化服务。随即整体节目进行了较大调整，中央电视台综合频道（CCTV-1）的综艺节目是在9月陆续推出了为春节联欢晚会进行节目选拔的《我要上春晚》，展示平民才艺的《我们有一套》，国庆期间还推出了大型户外游戏《正大综艺·墙来啦》《正大综艺·吉尼斯中国之夜》等。[①] 中央电视台综艺频道（CCTV-3）则紧紧围绕综艺，编排上所有节目为便于记忆，均于整点播出，周末三天每晚安排两档大型综艺节目。不过，《星光大道》依然收视率居首。

2011年初，北京卫视也明确打造栏目带，在周一至周日的21:35播出7个新栏目，统称为“BTV秀场”：周一《顶尖秀》，人物高端访谈；周二《非凡秀》，草根故事会，主角都是具有非凡能力的普通人；周三《收藏秀》，是《天下收藏》的变身，仍由王刚主持；周四《焦点秀》，新闻时事类脱口秀，邀请当事人或相关人物到场；周五《幸福秀》，展示普通人的生活，英达任主持人；周六《巨星秀》，为影视剧首映等活动提供展示舞台；周日《喜剧世界》，表演者来自赵本山团队。这样的带状编排，在内容上进行娱乐化的大调整，无疑是一种为了争夺收视的举动。而此时的湖南卫视推出了《给力星期天》，内容主要是当红年轻明星进行才艺展示并与观众进行现场互动。

为应对竞争，中央电视台综艺频道（CCTV-3）也在春节后的黄金时段，实行轮岗带状周，打通栏目编排，即一个栏目连播7天，各栏目轮番上阵。按照原中央电视台综艺频道（CCTV-3）总监兼大型节目中心主任张晓海的说法，“以前是伸出五根指头打架，现在是伸出一个拳头打架”。[②] 这种编排方式也让所有的栏目都有机会上黄金档，一个月后收视率提升了0.5%以上。

不过，尽管各电视台节目面貌不断改变，整年的最热看点依然是相亲

---

① 这是从英国的引进的娱乐节目模式《人体俄罗斯方块》，该节目已在38个国家和地区陆续播出，因其简洁、明快、幽默的风格而受到大众的欢迎。

② 央视酝酿出台考核新指标　收视率不再是唯一标准 [EB/OL].（2011-03-20）. http://news.xinhuanet.com/fortune/2011-03/20/c_121207402_4.htm.

和娱乐谈话的延伸节目，《非诚勿扰》也因主持人孟非的个人魅力而越发优秀与成熟。

纵观近年来的节目，内容上越来越多克隆乃至直接引进境外节目，还有更多香港、台湾地区的电视人直接参与日常节目制作。这不仅带来新颖的形态，节目的娱乐化也更加深入和广泛。同时，境外节目还带来一系列市场化观念和管理、运营机制的改变，尤其是促使我们重视投入与产出的关系，重视节目的包装、宣传和推广，一些主要的节目被“季播化”——在编播和制作上都有别于以往的节目。而且，具体节目与频道之间的关系更加紧密，频道必须有整体的节目规划，各种形态相互配合呼应，这才是未来电视竞争新的方式。

第五节　近年极具市场竞争力的娱乐栏目形态

近年来，栏目形态的不断变化和交替都源自不断开拓市场的举措，一些形态表现突出。

一、综艺娱乐栏目

就准确的“综艺娱乐栏目”形态来说，其关键依然是“综”，即内容形式具有综合特征的娱乐栏目，亦可称综艺节目。该形态可以是多个文艺品种同台展示，也可以是参与者的才艺竞秀，还可以是展示、竞技、游戏及搞笑的结合。明星经常参与表演，主持人可以随时和表演者、观众进行互动，也经常有一些即兴表演和发挥。这种节目往往舞台效果明亮，节奏明快，观众在观看的过程中得到放松与快乐。

世界公认的综艺节目的源头是在美国。1948 年，美国全国广播公司（NBC）把广播节目《德萨克明星剧场》（*Texaco Star Theater*）引入电视，很快成为最受欢迎的节目。该节目主持人密尔顿·伯利（Milton Berle）之前是喜剧演员，他作为节目滑稽表演的核心人物随即也被称为"电视先生"。为了与之抗衡，哥伦比亚广播公司（CBS）很快推出以埃德·苏利文（Ed Sullivan）命名的《苏利文秀》（*Ed Sullivan Show*）。他本是一位报纸专栏作家，于是在电视中串联起了歌舞、木偶戏、杂技、明星访谈等，如猫王、比吉斯、披头士（Beatles，"甲壳虫"乐队）等巨星都曾上过这个节目。节目播出时间长达23年，其形态被广泛效仿。而在我国综艺节目发展早期，由于先天缺乏密尔顿·伯利这样的人才，综艺节目长期以来更偏向后一种模式，近年来各种形态逐渐完善起来。

目前，我国综艺节目的典型样式如中央电视台的《欢乐中国行》、湖南卫视的《快乐大本营》《天天向上》、台湾地区的《综艺大哥大》《我猜我猜我猜猜猜》等，技艺展示、娱乐搞笑成为节目核心。这种形态由于变化丰富、老少皆宜、热闹喜庆而最具市场竞争力，于是常被放置在周末黄金时段。

二、竞技栏目

竞技栏目在2008年北京奥运会的带动下，重新获得了发展的契机，而且随后持续具有收视吸引力。

与纯体育竞技所不同的是，电视节目里的竞技项目一定要有趣味性和可看性，而且很多项目也展示选手的智勇双全。竞技栏目普遍采用了更大型的运动设施，而且有了更明确的物质奖励，惩罚也有更多搞笑成分。选手不仅来参与，也是来发泄，能够给参与者尤其是文化层次低、劳动强度大的人以放松、快乐之感。例如湖南卫视的《智勇大冲关》《勇往直前》、中央电视台的《城市之间》《正大综艺·墙来啦》都把设施搭建在水里，让选手入水后的狼狈与滑稽成为笑点。当然，这类节目如果把握不好就很容易沦为表现庸俗趣味、感官刺激的出口，而且每一个项目的难度把握是设计的关键，还必须考虑选手的人身安全。由此，比赛设施一旦搭建就不能随意改变，它也决定了节目发展流程、拍摄制作流程也相对固定、模式化。

在国外，这类节目主要是依靠奖金支撑选手的表现，选手甚至为此不惧狼狈和出丑。在国内，因为政策和环境，奖励有限并往往赋予公益性和荣誉感，节目的意义变得不同。

三、益智栏目

益智栏目在一定程度上是相对于竞技栏目而设的，基本竞赛流程相似，只是更多针对了智力。由于选手基本依赖口头应答过关，其中也可以有一些小型的体能或动作性题目。节目更多在室内举办，多有抢答设施，于是整体成本较低。

当中国的智力竞赛或知识竞赛类节目改称“益智”后，即受到国外相关节目的较大影响，变得更加注重主题和题目的趣味性，节目设立的“关”或“轮”更为鲜明，模块更加清晰，不仅是用于区分奖励的级别，更是节目节奏变化的关键。而且节目整体也更注重竞争的激烈性、对抗性、娱乐性，并刻意用一些环节揭示参与者的心态，如《幸运 52》现场观众的奖励和选手有关，导致录制现场观众经常发生激烈争执。有的节目在答案方面还设计了一些“帮助”性的选择，如观众或亲友帮助等，于是有了场外互动。益智节目经常有博彩的意味，这正是人类生活中益智游戏的常见状态，因此奖励的价值和游戏法则很重要，如《以一敌百》因有了一些以实力进行竞赛以外的因素，节目会显得更加惊险刺激。

四、才艺竞秀栏目

“才艺竞秀”即才艺竞赛，属于选秀节目。本来竞赛节目可以有多种生活、娱乐的专业技能可选，但相对来说艺术特长展示更具有可看性，而且观众也比较熟悉相关专业的比赛规则，故参与者众多、互动性强，这类节目主要集中于歌舞竞赛。

对于这类节目的日常栏目化，《全国青年歌手电视大奖赛》《超级女声》之类的赛季节目起到了极大的示范和推动作用。而且在人口众多、就业成为主要社会问题的国家，机会、资源不足，竞争极为激烈，这类节目自然有着广泛的受众基础，而且会长盛不衰。例如《星光大道》自开播以来，多年位居中央电视台娱乐节目收视率之首，本来这一形态是娱乐节目的首选形态，但由于社会整体对其期望和热情过高，国家新闻出版广播电视总局不断出台多方面的措施来进行限制。

近年来，国内的才艺竞秀栏目更多受到国外相关节目的影响。与以往相比，有更多的普通大众参加，而且竞赛的内容有所拓展，可以是取材于生活和工作的某些技能，也可以是绝技。就目前这类节目展示的才艺水准来说，与国外的模板差距很大，往往将才艺和选手的人生故事结合起来，以博取社会的共鸣，这就是这类节目深受欢迎的深层原因。当电视成为大众媒体、媒体走入大众互动参与的时代，如何表达社会认知和情感的“共振”是这类节目形态创作的关键。

五、婚恋交友栏目

对每个人来说，婚姻和爱情应该是严肃认真对待的，因此这类题材本应该归入生活服务节目，而且应该地域性极强。但从《非常男女》开始，这类节目的娱乐效果十足，而且像《今晚我们相识》那样平淡描述的风格已经不被观众所接受。近两年全国纷纷推出的这类节目更表明了“交友”的意义，不仅是为婚姻和爱情，也为了交流。这既出于国外节目的影响，更表现出国人生活观念、状态的变化——更现实、更开放、更自由。

当今的婚恋交友节目与以往不同的是重在将选择的过程进行设计和展现，例如以往是男女对半登台，现在是多男选一女或多女选一男，而且通过语言交锋尽快完成“配对”，同时在选择中展现价值观、婚恋观和人物的社会属性和个性。这类节目实际上极富真人秀的意味，观众喜欢看的，不仅是谁敢于露出自己的极端观点或谁能尽快牵手成功，而更是要看人与人的碰撞，看各色人等，是社会矛盾甚至阶级矛盾在电视上的展现。由此便可明白这类节目的成功所在——孟非与乐嘉、黄菡老师对生活中现象的批判、解释、纠正。所以，尽管全国有几十档这样的节目，《非诚勿扰》依然能够遥遥领先，既具有社会效益，也具有极高的收视效益，同类节目难以复制和模仿。中国同类市场不小，收益却主要进了该节目。

六、脱口秀栏目

“脱口秀”经常是观众、主持人、嘉宾一起讨论问题的节目形态，也可以一个人单说。和一般严肃的谈话节目所不同的是，脱口秀是一种具有即兴发挥的趣味性、较为明快的风格、经常让观众欢笑的样式。广义的脱口秀可以包括几乎所有以谈话为基本方式的节目；但狭义的脱口秀应该是一种娱乐节目的形态，即以主持人语言为主要表现方式并具有机敏、幽默、急智特征的节目，不是宣讲、背稿，现场感很强。

目前国内纯粹的娱乐脱口秀很少，比较成熟的是《锵锵三人行》《金星秀》，曾经的《实话实说》也属于该形态。其他绝大多数节目是将脱口秀作为一种串联的方式或节目元素在使用，如《天天向上》《非诚勿扰》等。

脱口秀被重视是因为其制作投入低廉，结构简单，串联内容方便直接。然而，其成功与否在很大程度上取决于主持人的内涵与表达能力，由此也使主持人成为一种商品——优秀主持人的加盟或离开会给节目带来利益或损失。鉴于目前的观念和主持人的能力，还不会有大量的这种节目产生，但现有的一些人已经显示出一定的市场潜力。

第四章　电视文艺晚会形态的发展

晚会，顾名思义，是指在晚上举行的、有现场观众观看的文艺表演的聚会。

当晚会进入电视，首先由于电视录制技术的局限，其视觉效果必然是灯火通明的。电视晚会可以直播，也可以经过后期剪辑再播出，而且还能做到多个时空的跨越和转换即拥有多个演播现场或插播其他时空的画面，这要看题材需要和导演对晚会本体性或电视化理念的选择。

当然，几十年来晚会数量极大而且风格多样，但相比之下综艺晚会是最基本、最重要的形态，而且这类晚会又以中央电视台的春节联欢晚会为代表。作为全国最引人注目的电视晚会，其成型、成熟与发展也构建出了中国综艺晚会的基本发展脉络，还带动了综艺节目整体的发展，是中国电视文艺繁荣的实质性表现，也基本上代表了中国电视文艺创作的最高水平，于是本章以中央电视台的春节联欢晚会为主要关注对象进行论述。

实际上，诸多的电视晚会形态存在着齐头并进或交错发展，且相互影响，甚至还出现过逆向发展的状况，有的现象时间跨度也比较长。为保证逻辑相对清晰，本章按时间顺序，同时列出其他晚会的简况和特点，章节的构架也基本按年代搭建。

第一节　电视综艺晚会的成型

一、电视综艺晚会的初创

“文化大革命”前的电视晚会不多，但已有综艺晚会和专业晚会出现。

综艺晚会是包含多个文艺品种或从多方面表达主题的晚会，这类晚会尽量照顾最广大的受众面，容量大、时间长。而相比之下，专业晚会一般以相对单一的文艺品种为主，观众可能因个人兴趣爱好而进行选择性收看，如第一章提到的《笑的晚会》，就是以相声等语言类节目作为主要形态。

（一）电视综艺晚会基本形态的建立

“文化大革命”后，中国的电视文艺进入了复苏的崭新时期。

此阶段中央电视台的第一场春节联欢晚会是1978年制作并播出的，一些文艺界著名人士出席并表演了节目，形式包括歌舞、猜谜、新电视片和故事片、新戏曲节目等。1979年春节联欢晚会在导演邓在军、杨洁的策划下采用了“茶座”形式。因为演播室不大，这个时期的极少数观众都是劳模、少数民族等，属于“代表”性质，演员不上台的时候也是观众，观众和演员混座，使观众的参与和节目表演有机融合。整体晚会其实是在京的多个主要文艺团体汇聚一堂，竞相献艺，气氛亲切、和谐、欢乐，现场感很强。1980年的春节联欢晚会是导演邓在军、黄一鹤、杨洁等人在上海、广州、黑龙江等地分别录制最后合成的。1982年春节联欢晚会由39个科技出版单位联合主办，也受到广泛好评。这几次的晚会尽管有精彩的表演，但内容形式更多依赖社会上已经成型的作品，在主观思路上也都处于摸索阶段，缺乏形式上的承接。

目前公认的“春节联欢晚会”概念是从1983年算起的，它也标志着我国电视文艺综艺时代的开始，也是电视综艺晚会这一样式辉煌阶段的开端。首届导演黄一鹤、邓在军带领创作班子采取的几项具体做法，突破了以往的模式，并影响至今。

1. 实况播出

尽管这曾是电视文艺节目制作的传统方式，但当时编导们已经习惯了录像播出，而且将直播用于如此复杂的节目，难度很大，在政治上也承担着极大的风险。直播对观众来说，无疑是最具吸引力的演播方式；对编导来说，也更能带来热烈的现场气氛。

2. 设立节目主持人

以前的文艺晚会中只有报幕员，在此并不是仅仅把报幕人变换一个说法，而是要依赖主持人的个体真实地建立起观众和节目间的情感联系。

3. 现场设热线电话

调动、刺激电视机前观众的参与，同时拓展演播空间，还会将观众的需求直接带进节目。

4. 邀请国家高层领导出席晚会现场

把“与民同乐”设计为节目的有机表现成分，同时也突出晚会的重要性和提升档次。（这在当年没有实现，而是后来逐步达成。如 1984 年时李瑞环同志来到现场；1986 年薄一波同志在晚会中主持民众婚礼；1990 年李瑞环同志审查节目，江泽民同志、李鹏同志在零点钟声后亲临现场向全国电视观众致以节日问候；1995 年江泽民和中央政治局常委在节目中向全国人民拜年，等等。）

1983 年春节联欢晚会的主题是“举国除夕万家欢，共品春晚头道餐”。节目紧紧围绕联欢并突出传统节日的喜庆气氛，也出于场地限制，相声和歌曲数量比较大，节目内容形式都比较简单，整体基本上是演员轮番上场表演的联欢构架，由几个主持人用相对自然、活泼的方式串联起来。晚会中有两段相声大师侯宝林的表演，姜昆、马季等著名相声演员也说了两三个段子。著名的歌手或歌唱家也演唱了两三首歌，特别是李谷一在观众的热情点播要求下连续演唱了 7 首歌，还与他人合作了两首。其余的节目如舞蹈家赵青等表演的舞蹈《节日》，著名京剧艺术家袁世海、马长礼分别表演的《坐寨盗马》《空城计》等都技艺高超，演员斯琴高娃、严顺开表演的小品《逛厂甸》，王景愚的哑剧《吃鸡》幽默而风趣。晚会中还有当时最新的电影片段和录像，以及武术表演，等等。身为主持人的刘晓庆在演唱歌曲之前即兴代表所有远在他乡的子女向父母拜年，引起了观众强烈的情感共鸣，从而引发业界对主持人功能的重视。

由于这届晚会受到观众的热烈欢迎，春节联欢晚会从此成为每年中央电视台和地方电视台文艺部最重要的节目，甚至晚会的规模大小、质量高低在某种程度上也显示出制作单位的地位、水平与实力。从社会意义来看，观赏春节联欢晚会很快成为民众除夕夜民俗活动的新内容。

1984 年春节联欢晚会的导演是黄一鹤、张淑芬，主题是“爱国、统一、团结”。晚会整体基于邓小平“一国两制”的构想，为迎接中英双方就香港问题签署联合声明这一政治事件，港台演员被邀请参加晚会和担任主持。这是寓政治性于文化艺术的一次成功尝试，也启发后来的晚会注重政治内涵和社会效益，促使电视文艺晚会发挥出巨大的影响力。

该晚会更为清晰地体现出导演的总体编排思路，也奠定了之后所有春节联欢晚会编排的基础逻辑和构架。节目编排更有明确的主题延伸和受众针对性：例如开场热闹、喜庆并主要针对少年儿童，第一个节目是群星荟萃的拜年歌曲《恭贺新禧》，然后紧接杂技《转盘子》、游戏竞赛《看谁贴得快》、录像插播《动物篮球赛》等，马季的相声《宇宙牌香烟》呈现出近景表演的电视相声面貌，还有殷秀梅的《党啊，亲爱的妈妈》、郭颂的《甜透了咱心窝》等，随后的节目照顾老年人的口味并表现生活情趣，如谭元寿的《定军山》、方荣翔的《将相和》、马兰的《女驸马》等戏曲演唱，陈佩斯、朱时茂的小品《吃面条》、朱明瑛的歌曲《回娘家》，于淑珍的歌曲与时任天津市市长的李瑞环感谢解放军引滦入津的讲话结合在一起。晚会的中后部分更时尚、娱乐，如来自香港的奚秀兰载歌载舞，尤其是《阿里山的姑娘》带来了歌伴舞的形式，还有李富荣、张燮林的乒乓球展示令人叫绝，来自台湾的黄阿原带来了游戏《金银猜》。零点钟声时插入了歌颂坚持战斗在工作一线劳动者的录像内容，紧接现场的明星们再一次唱起开场主题曲《辞旧迎新歌》。在晚会的最后部分，来自香港的张明敏演唱了《我的中国心》《外婆的澎湖湾》等；来自台湾的飞行员黄植诚、李大维、黄阿原演唱了《友情》《默默地祝福你》以表达思念的情感；姜昆、李文华的相声《夸家乡》反映农村的新面貌；这一年压轴的仍是李谷一，她与姜昆搭档的《刘海砍樵》妙趣横生。晚会在歌曲《难忘今宵》中结束。

从 1983—1984 年短短的一年间，中央电视台春节联欢晚会有了极大的进步，其内容形式不仅体现了对多个文艺品种的包容，还体现了主题与多个文艺品种、具体节目的有机结合。晚会出现不少令人感动的细节，特别是后面对港台内容的设计，促使业界开始关注“动情点”与主题表现、整体节奏的关系。

实际上，导演要深度参与节目的创作并从电视角度来考虑编排，才能成就电视晚会。例如这两届春节联欢晚会都采用的“茶座式”，表演区与观众区紧密联系，特别符合“联欢”的宗旨，从而也影响到每个节目的表达。如马季的相声《宇宙牌香烟》造就了“剧场文艺”与“电视文艺”的区别：剧场只照顾现场观众的要求，节目上下受舞台限制，演员表演一致面对观众席，观众能更完善地接收节目效果；在“茶座式”里马季可以在观众眼前表演，交流更直接，镜头还可以清晰地表现他点烟之类的细节。电视晚会主要观赏对象是电视机前的观众，由于有了景别、机位、角度的选择而拥有更丰富的观赏视角，导致节目进程加快和镜头的有机衔接，演出现场可能频频“穿帮”，现场的观众不一定能看清、看全现场表演。同时，电视晚会整体设计还要兼顾与现场和屏幕前观众的互动，演员的表演要与摄像机相互关照，中近景的普遍运用也可以掩盖人数少的节目“单一”“冷清”的视觉效果，还更擅长展现表情细节，拉近与人物的情感距离。就内容的变化来说，电视晚会形态也更促使歌曲、舞蹈相互融合，推动相声和小品的转换。在演员选择方面，则是群星荟萃、高手云集，一方面保证了节目质量，另一方面带动更多的收视热情。

（二）时空拓展的尝试

1985年春节联欢晚会主题是“团结、奋进、活泼、欢快”。渴望突破的导演黄一鹤打破“茶座式”演播方式，将晚会场景搭建到北京工人体育馆。场地增大必然会带来新的兴奋点，节目内容样式要有所对应。例如演员数量必然增多，舞台调度要充分利用场地，可以从多个方位上下场，在多个景区表演，有高低、纵深感的空间也使屏幕视觉效果更加有趣。

该晚会还有诸多大胆、前卫的设计，如晚会开场节目是京剧《百猴迎春》，孙悟空从天而降，还有高空杂技“悠绳”充分利用场地优势，音乐方面广泛采用了现场乐队伴奏，表演者真唱，出现不少新人新作。但遗憾的是，由于原灯光设计因故无法实现，这台晚会的画面经常是昏暗的，观众由于离表演区太远，既看不清、听不清，也无法与表演充分呼应。中央电视台的权威第一次遭遇市场的冲击，晚会节目排演仓促，一些节目比较粗糙；在声音处理方面当时的技术对现场乐队等多种方位和方式的声源拾音有困难，一些大时空中的真唱也给演员带来挑战；本来节目在大场面的表演就很复杂，再加上导演对现场控制不便、摄像机数量不够而且全景机位太远，整个晚会进程不够流畅；节目中的商业气息更令人难以接受。此外，由于投资加大，剧组先期发行了实际上具有极大宣传意味的“纪念券”进行集资，给观众造就了很高的期望值。尽管有董文华、柳培德的歌曲《十五的月亮》，陈佩斯、朱时茂的小品《拍电影》，香港演员罗文、汪明荃的到场和美国加利福尼亚州喜瑞都市市长黄锦波演唱的歌曲《龙的传人》等优秀节目，电视观众还是看到了一场惨淡的晚会。晚会播出之后中央电视台即遭到了前所未有的激烈批评，导致相关负责人洪民生还在《新闻联播》中向观众道歉。从此，业界深刻地意识到春节联欢晚会的重大意义，对创作倍加小心。

其实在今天看来，这台晚会不乏一些极有益的尝试，很多问题在于观念和做法过于超前，还有一些具体问题考虑不周，技术手段也未能跟上，导演的设计也就无法实现。实际上，时空变大后，一定要认真思考节目的设计和表达、观众的接受和互动、视听效果的制造等问题。在节目形态方面也一定要有所调整，尤其是语言类和表演人数少的节目很难撑场。随后连续三年的春节联欢晚会，场地又回到了演播室。

（三）回归演播室

1986年春节联欢晚会主题是“团结、奋进、欢快、多彩”，节目整体结构完整，其创新主要落实在对节目内容形态的拓展和电视化改造。例如一开始推出的大联唱、演员的反串、戏曲演员唱歌、歌曲演员唱戏，后面还有川剧、豫剧、越剧的会串《断桥》，舞蹈《双回门》都很重视“电视化”的处理。在主题表现和动情点方面，这一年正值中越战争，节目设计由薄一波同志主持前线战士婚礼。新郎和新娘分别是立过两次战功的老山前线的军人和某歌舞团的独唱演员，而双目失明的战斗英雄史光柱也为新人献上了大红花，在新娘《十五的月亮》的歌声中，革命英雄主义、民族团结和军民团结的意义得到了深刻体现。其他节目如相声有刘伟和冯巩的《虎年谈虎》、姜昆和唐杰忠的《照相》，小品有李婉芬和周国治的《送礼》、陈佩斯和朱时茂的《羊肉串》，歌曲有殷秀梅的《祖国啊我永远热爱你》、张德兰的《春光美》、苏小明的《军港之夜》等，明星荟萃、气氛热烈，导演黄一鹤打了一场翻身仗。

1987年春节联欢晚会主题是“团结、向上、喜庆、红火”，由邓在军执导。晚会的主持人分工更明确，其中李默然采用朗诵的方式维护节目风格与主题，其他主持人表现亲切随和。就晚会结构来说，开场部分是连续的几个歌舞，如延安群众艺术馆的腰鼓和空军蓝天幼儿艺术团的舞蹈等，给晚会奠定了热烈、喜庆的基调。随后的小品有由游本昌和董元元等表演的戏曲样式的《孙二娘开店》、郭达和杨蕾的《产房门前》，相声有姜昆和唐杰忠的《虎口遐想》、马季和赵炎等的《五官争功》，歌曲有彭丽媛的《你会爱上它》、叶丽仪的《送给你明天的太阳》、徐良和王虹合唱的《血染的风采》，还有体操王子李宁等的体育表演《鞍马开花》，以及外形俊朗的青年歌手费翔热情地演绎了歌曲《故乡的云》《冬天里的一把火》。结尾是民族团结大联唱和胡晓晴的歌曲《春天的钟》。整体节目编排更顺乎情理，既热烈又深情。

同时，《西游记》导演杨洁执导了“齐天乐”春节联欢晚会。节目由《西游记》剧组全班人马，在专门的演播现场，剧中演员们展示了多种才艺，如歌曲、舞蹈、小品、相声等，各显神通。既丰富了节目形态，还宣传了该剧。

这一年中央电视台开始在春节期间举办“全国迎春文艺节目展播”，全国 20 多个省、市的春节文艺节目参加展映，不仅将具有浓郁地方特色的文艺节目呈现给电视观众，还展示出该台电视文艺创作的实力。这对优秀节目的推广和经验交流来说也是很好的方式。

同年，相对于“综艺”的多、广和杂，一些在主题上体现“专”“窄”倾向的晚会也更加成熟。1978 年 7 月 11 日是“世界 50 亿人口日”，中央电视台播出了专题片《为了民族的昌盛》，并在周末配合播出了《世界 50 亿人口日文艺晚会》。同年 9 月 7 日，为庆祝教师节播出了《“老师，我们今天相会”文艺晚会》，显示出日常文艺晚会的主题化趋势。

1988 年春节联欢晚会主题是“团结、奋进、欢快”，仍然由邓在军执导。晚会在新建的中央彩色电视中心的 1000 平方米演播室举行，演播室扩大，舞美、节目阵容也相应扩大，编排也比以往更有声势。这一届晚会正值龙年，不仅有广东、四川、黑龙江的地方电视台节目插播，还有留美学生在海外过春节的场面。歌曲有彭丽媛的《我们是黄河泰山》、阎维文的《我们的祖国歌甜花香》、程琳的《思念到永远》、李双江的《中国龙》、毛阿敏的《思念》、万沙浪的《相聚在龙年》、包娜娜的《三百六十五里路》，山西省歌舞剧院带来了舞蹈《看秧歌》、对唱《想亲亲》，小品有牛得草、朱世慧、郭达、杨蕾等的《清官难断家务事》，相声有姜昆、唐杰忠的《电梯奇遇》、牛群和李立山的《巧立名目》，还有姜昌善、赵青、沈培艺、杨丽萍等人的民族大联舞。零点钟声时，邓颖超来到节目现场向全国观众拜年，当年热播的电视剧《西游记》的师徒四人也牵着白马向炎黄子孙贺龙年。整台晚会使团结的主题深入人心。

二、电视化晚会理念的落实

所谓电视化的晚会，就是晚会在设计的开始就将电视手段当作重要的创作元素，即用电视的手段，灵活、有效地调动声音、画面、文字，加大容量、信息量，给观众更多、更充实的可视形象。① 在实践中，导演的观念也决定了晚会的电视化程度。例如文化部的晚会，导演多来自电视台外，尽管节目录制也会是很多天的专场录像，但更多注重对每个节目舞台原有样式的尊重，而且相对来说较少采用大屏幕来拓展时空，舞美上更偏好采用景片、装置等，舞台特性较强。而电视化的晚会观念更多存在于电视台内的晚会创作中，例如黄一鹤、邓在军等老一辈导演曾经在晚会创作早期努力探索带有电视特征的创作手法，在晚会直播过程中经常采用插播录像等办法进行时空拓展和尽力突出晚会的大主题。

1989 年春节联欢晚会的主题是"团结、欢乐、向上"，由赵安和张晓海任导演。年轻导演给晚会带来了前所未有的明快节奏和时尚色彩，特别是其时空突破——演播室与大剧院两个时空的交错展现，也大大增强了节目的可看性。晚会优秀节目频出，小品有赵丽蓉和侯耀文的《英雄母亲的一天》，师胜杰等的《招聘》，陈佩斯和朱时茂的《胡椒面》，以及赵连甲、雷恪生、宋丹丹的《懒汉相亲》等，相声有刘伟和马季的《送别》、姜昆和唐杰忠的《捕风捉影》、笑林和李国盛的《太挤了》等，共同串联起欢乐热烈的气氛。而聂卫平的姐姐聂姗姗挽救患白血病的小保姆生命的故事在韦唯的歌曲《爱的奉献》中成为前半部的动情点，大剧院内全场海陆空和武警官兵表演的《战士拉歌》、鞠敬伟领唱的《英雄赞歌》伴着《英雄儿女》影片等画面带来昂扬的正气。也许是赵安本人的舞蹈底蕴促使晚会在探索舞蹈的电视化表现方面更有所建树，尤为突出的是杨丽萍的《版纳三色》和陶金等表演的现代歌舞《跳起来》，经过剪辑呈现出鲜明的电视

① 洪民生．电视文艺魅力无穷 [J]. 现代传播：中国传媒大学学报，1993(1)：26-29.

特性。《跳起来》的编导尝试了多种电视化的手段，例如在镜头的拍摄上，根据霹雳舞动感的音乐节奏快速变换不同景别的跳跃镜头，多处的急拉、急推、快速横移、甩跟等。在直播之前的彩排录像阶段，导演在舞台场景拍摄上选择了演出舞台上的不同部分，一个场景一个场景地进行单独设计和拍摄，在当时可以说是非常具有代表性的一部作品，它不仅展现了堪称“东方迈克尔·杰克逊”的陶金的霹雳舞，而且把这种“跳起来”的动感氛围传递给每一位观众，更增添了春节那天欢腾喜悦的氛围。此外，徐小凤的歌舞《明月千里寄相思》也深情精致。在《五花八门》中，蔬果雕刻、巨笔书法、国画、民族舞蹈、二胡演奏等被有机地结合起来。这台晚会整体性很强，节目之间有机衔接，对主持人的使用非常谨慎、作用明确。晚会的后部还有潘安邦演唱的《外婆的澎湖湾》《太阳与月亮的对话》等歌曲，其间穿插现场与台湾老兵的交谈，思乡之情催人泪下。晚会结尾部分设计了王光美感谢老师环节，引出少儿合唱《歌声与微笑》，以制造最后的情感依托，再辅以郭兰英领唱的《我的祖国》，这些设计造就了整体上多个动情点的分布，使情绪不断起伏、节奏张弛有度。

当年的“我爱你，中国”国庆晚会由邓在军执导，针对当年曾有的动荡，这台晚会有着鲜明而坚定的主题，从而也具有非常明显的专题晚会的形态。该晚会不是现场转播，而是前期精心设计和拍摄、后期深度加工的形态。天安门广场升起国旗，藏族少年高唱的国歌汇成大合唱，随后科学家、艺术家等人的述说串联起一个个节目，这样多个外景的节目表演衔接起来的电视化在当时已经相当成熟，形成了电视晚会的特征。300 名农民的威风锣鼓、亚运村立交桥上的舞蹈、天坛寰丘杨丽萍的《红烛颂》、圆明园骆玉笙的《重整河山待后生》、祈年殿前的交响乐《黄河狂想》、天安门城楼上董文华的《今天是你的生日，我的中国》等节目被有机地串联起来，多个场景精致而又盛大，表现了宽广的爱国情怀和高雅的艺术境界，有着鲜明的思想性。

这一年的 11 月 11 日恰逢联合国规定的“国际科学与和平周”，“科学与和平”晚会呼之而出。整体主题鲜明，又有着很强的时效性和艺术性，其中专门创作的歌曲《共和国之恋》、相声《火箭发射之前》、小品《两头忙》等都热烈歌颂了为科学、为祖国献身的精神。晚会整体采用夹叙夹议的构架，将真实场景和事件作为创作元素融入晚会，更充分凸现了“专题晚会”的独特形态。作为晚会的一种，专题晚会的节目选择、创作和编排，以及舞美布景、灯光等一切元素，都紧扣主题，有的还会强调行业特色，其逻辑层层推进的形态更有利于表现理性、思辨的色彩。

第二节　电视晚会的成熟与繁盛

一、队伍专业，领导重视

1990年，张子扬执导的元旦晚会拉开了新年的序幕。这台晚会的直播现场在中国大饭店，时空变化也带来了视觉效果和现场氛围的变化。晚会整体显得大气、从容，学戏剧出身的导演令小品尤为突出，如《换大米》《超生游击队》等，都赢得了良好的声誉。特别是后者，喜剧效果极强，宋丹丹与黄宏的表演也使“小品演员”在一夜之间成为一个专有名词。

1990年春节联欢晚会的主题是“团结、和谐、欢快”，由黄一鹤再度执导。晚会最为特别的是结构方式，戏剧、曲艺、歌舞三队节目竞赛的构架使节目串联和进程格外流畅，竞赛的回合使各品种的节目分布比较均匀，还有绝大多数歌曲被串联成6组大联唱分布在晚会里，独唱从此大大减少，而且被更加谨慎地选择和处理。迎接马年的大联唱《马字令》、山西省歌舞剧院的舞蹈小品《背起我的小妹妹》、小香玉和雷英等表演的戏曲小品《拷红》等都体现了编排的创新，山西省歌舞剧院的舞蹈《瞧这些婆姨们》和北京体育学院的艺术体操《健美变奏曲》都经过了后期的剪辑处理，赵本山以小品《相亲》一鸣惊人，台湾艺人凌峰的一曲《小丑》悲喜交集，陈佩斯和朱时茂的小品《主角与配角》深刻而幽默，等等。不过，最终无真正高下的三队竞赛也导致晚会的结尾有些令人扫兴。

这届晚会的规格相当高，演出前李瑞环同志亲率中央宣传领导小组审查节目，零点钟声时江泽民同志、李鹏同志亲临现场向全国电视观众致以节日问候，将节目气氛推向高潮。中央领导对春节联欢晚会予以高度重视，一方面体现了“与民同乐”，另一方面也表明该晚会在具有巨大社会影响力的同时承载了重大的政治宣传任务。其实在这一时期，中央领导经常亲临重大晚会，客观上也将综艺晚会推向了极高的地位。

20世纪80年代末，但凡有条件的电视台都有在节庆日举办晚会的习惯，社会上的文艺创作也唯电视播出为终极目标，电视文艺的整体创作相当繁荣。例如重大晚会的很多节目都是在剧组建组后专门创作的，像“晚会歌曲”这一类的称谓就颇具意味，指专为某个晚会或主题所创作的作品，如果该歌曲本身动听、上口，又被安排在节目中的重要位置，导演认真处理，作品、作者和演员甚至所在单位很可能会一夜间红遍大江南北，随之身价倍增；如果该作品适应面太窄而且不上口或处理不妥，很可能就是“一次性”的，今后不会再有利用的机会。这样的创作方式在当时很普遍，且一定依赖于巨大的投入。

随着综艺节目的兴盛，相对稳定的创作队伍也已形成，例如我们可以在重大晚会的创作人员名单里看到一些反复出现的名字，他们有相对专业的分工：有人专写台本、有人专写小品、有人专作词、有人专作曲、有人专配器、有人专编舞……甚至演员也成了“专业户”，他们来往奔波，忙忙碌碌。电视文艺创作出现这样的盛况，也一定依赖于上级领导和部门的扶持，以及相关的文艺政策，依赖于观众的支持和社会的投入。

1990年之后一些地方电视台也受到中央电视台的春节联欢晚会影响，纷纷开始进行本省的春节联欢晚会创作。1990年北京电视台举办第一届春节联欢晚会——“京腔京韵自多情”。虽然晚会策划筹备阶段一波三折，遭遇没有资金、没有场地提供等实际问题。但这场晚会最终不仅留下了4个小时的影像资料，而且推出一系列极具北京特色的经典歌曲，如蔡国庆的《北京的桥》、杭天琪的《前门情思大碗茶》，以及之后广为传唱的《唱脸谱》等。

1991年春节联欢晚会的主题是“团结、欢快、多彩”，导演是郎昆、胡淼、杨东升等。由于1990年亚运会在北京召开，相关内容自然是热点，同时节目组还广泛发动各地方电视台推荐节目（之后郎昆执导的春节联欢晚会都特别强调这一点），于是民族特色十分浓郁。这届晚会串联成组的节目非常多，例如有歌曲联唱、杂技集锦、民乐联奏、京剧串联等，使这一届晚会动用的专业演员空前多达450人。令人印象深刻的节目较多，小品有黄宏和宋丹丹的《手拉手》、陈佩斯和朱时茂的《警察与小偷》，相声有姜昆和唐杰忠的《着急》、牛群和冯巩的《亚运之最》，歌曲有彭丽媛的《在中国大地上》、刘君侠的《大黄河》、毛阿敏的《都是一个爱》、谭咏麟的《水中花》、甄妮的《鲁冰花》、潘美辰的《我想有个家》、姜育恒的《再回首》，等等。

同年3月15日，中央电视台举行了“3·15”国际消费者权益日消费者之友专题晚会，主题是“维护消费者的权益，宣传相关法规，打击假冒伪劣产品并解决实际问题”，节目集访谈、纪实专题、文艺节目为一体。从此以后每年都有“3·15”晚会，并由中央电视台财经频道（CCTV-2）人员主创，行使着舆论监督的使命，也明显呈现出“另类”晚会的形态。

这一年的优秀晚会还有由赵安执导的“拥抱太阳”纪念建党70周年大型文艺晚会。该晚会采取内外景结合的方式精心录制，节目设计精巧而又大气磅礴，将一台常被认为说教性强的晚会做成了艺术精品，思想性与艺术性完美融合。歌曲《妈妈教我一支歌》、钢琴曲《祖国颂》、歌舞《我爱你七月》等奠定了节目主框架，电视化处理也非常细致而妥帖，并且制作精良，从而使这台节目也成为专题晚会的优秀典范，播出后广受好评。江泽民等领导也致电给予肯定和赞扬。

此时电视晚会的创作观念和方式也会由于一些具体事件而发生变化。1991年7月25日，中央电视台现场直播了“风雨同舟·情暖人间”大型文艺晚会。该年南方数省洪水肆虐，造成人民生命财产的重大损失，编导在一周的时间内创作组织了一台深刻感人而又声势宏大的赈灾义演。创作人员深入抗洪第一线采访创作，演员自发报名踊跃参加义演和捐款，直播过程中还不断有临时加入的环节和节目。由于突出表现了爱国热情和团结抗洪的决心，节目引起了强烈的社会反响，也在文艺服务于社会实践方面做出了可贵的探索。此后，各种重大社会事件、公益活动等，都可以成为晚会举办的由头。

1992年春节联欢晚会的主题是“团结、欢乐、祥和”，导演赵安本来因为“拥抱太阳”纪念建党70周年大型文艺晚会的成功而设计了大量的录播内容，准备在晚会中插播，力求提高每个节目的制作水平。但在最后彩排时发现大空间里的现场观众对先期录像不感兴趣，现场缺乏热烈的交流，从而严重影响整体晚会的节奏和气氛，于是导演组又紧急将节目调整为以现场表演为主，最终获得成功。这足以证明综艺晚会与专题晚会形态差异所带来的不同效果。

这一年因正值春节联欢晚会举办第十届，晚会以“除夕大拜年，十年再回首，荧屏心相印，欢乐进万家，相聚在今宵，爆竹贺新春”等系列主题串联起所有节目。除多届春节联欢晚会的优秀歌曲串联外，小品有侯耀文和石富宽的《小站联欢会》、黄宏和宋丹丹的《秧歌情》、赵本山和黄晓娟的《我想有个家》、赵丽蓉等的《妈妈的心事》，相声有牛群和冯巩的《办晚会》，歌曲有彭丽媛的《共同的风采》、宋祖英的《等你来》、郁钧剑的《说句心里话》、庾澄庆的《让我一次爱个够》，以及毛阿敏、刘德华、张雨生的《心中常驻芳华》等，杨丽萍的舞蹈《瑞雪》也经过电视化的精心设计。

从这一年开始，中国电视报社开始举办“我最喜爱的中央电视台春节联欢晚会节目”评选活动，结果在元宵晚会里公布。从而两台晚会有了必然的联系，之后多届春节联欢晚会和元宵晚会就都是同一个团队创作。

1993 年 1 月 8 日春节前夕，丁关根等领导来到中央电视台演播室看望了春节联欢晚会剧组的全体演职人员，并观看了晚会彩排，这充分表明了该晚会的重要性。

1993 年春节联欢晚会的主题是“欢乐、祥和、自豪、向上”，并第一次由卫星同步向海外直播，而且内地、台湾、香港和新加坡的节目实现了四地互传，主持人也来自四地。晚会在技术引领下呈现出新的结构方式，受众群也得到拓展，而且时空的交错和不同地区参与者带来的节目风格的变化使晚会显得颇有新意。例如来自香港的张敏、黄霑，台湾的胡瓜和新加坡明星通过视频拜年，与内地的演播室互动。晚会的结尾通过大屏幕的连接，苏芮、罗文、巫启贤、那英、解晓东等歌手在各地同唱《携手同行》。本次晚会的小品有黄宏和魏积安的《擦皮鞋》，相声有姜昆和唐杰忠的《楼道曲》，歌曲有彭丽媛的《春的祝贺》、梁雁翎的《像雾像雨又像风》、毛宁的《涛声依旧》、林萍的《为我们的今天喝彩》，舞蹈有杨丽萍和陆亚的《两棵树》、周洁等的《山妞与模特》，还有朱世慧、寇春华、牛得草等的戏曲小品《群丑争春》，梅葆玖与梅葆玥同演《坐宫·听他言》，方小娅的《武旦绝技》、王树芳的《一角四唱》、成龙等表演的《龙鼓喧天震四海》也引人瞩目。这次晚会的舞美还将观众席部分延伸出包厢格局，对晚会的整体氛围效果来说，也是一个视觉上的丰富。不仅如此，1993 年春节联欢晚会也是第一次使用大屏幕作为晚会舞美的一个部分，这个由 16 个荧光显示器组合拼凑而成的电视墙，能够配合现场表演播放歌曲视频或晚会的标识等图像或图形，是晚会大屏幕在电视文艺晚会中迈出的第一步，它使得在晚会现场播放其他时空的画面成为可能。不过由于这块大屏幕是多个小电视组成，无法实现无缝拼接，画面也就难免产生割裂感，并且在技术上无法与现场灯光协调一致，所以很长一段时间内视频不能大规模运用于舞美设计中，但是每一年的春节联欢晚会也都有对视频内容的思考和探索。

与往届不同的还有，本次晚会的导演张子杨是在由中央电视台台长主持的招标会上胜出的，而在此之前的导演都是由领导和专家在对其日常工作考查后指派。此后，招标成为一段时间内选拔晚会导演的办法。

同年还有一些影响较大的晚会。中央电视台与香港无线电视台在北京人民大会堂联合举办的“扶贫救灾献爱心”大型文艺晚会，通过卫星现场直播，在海内外产生了强烈的反响。以申奥为主题的“奥林匹克梦”大型晚会将体育与文艺很好地结合起来，不仅推出了一些脍炙人口的申奥歌曲，还创新了节目形式，如《宇宙体操队》是陈佩斯带领运动员们完成的幽默小品。在“梅兰芳金奖大赛”颁奖晚会里，颁奖流程和表演穿插，有机融合，影响广泛。还有为中央电视台成立35周年举办的“今宵属于你”台庆晚会也深受好评。9月22—27日在四川成都举行的“1993年四川国际电视节”中，有6台9场文艺晚会，其中包括现场直播的“金熊猫奖”颁奖晚会、“飞天奖”颁奖晚会等。年底恰逢毛泽东同志诞辰100周年，多家电视台也举办了大型电视文艺晚会。中央电视台还有“1993年中国音乐电视（MTV）大赛”颁奖晚会。这些都显示了强劲的创作能力，也表现了晚会在主题和样式多样化方面的变化。

二、分众化背景下的专业拓展

1994年，随着整个电视行业的受众分众化趋势和节目专业化进程，中央电视台在春节联欢晚会的总体设计上开始实行在三个频道同时分别播出“春节联欢晚会”“春节戏曲晚会”“春节音乐歌舞晚会”的做法，三台晚会争奇斗艳又各有千秋。[①] 至此，传统的春节联欢晚会被定义为“综艺晚会”的范畴，由于其综合性强、受众面广泛而放在中央电视台综合频道（CCTV-1）播出，仍然是各台晚会中的重头戏。电视文艺晚会的进一步专业化也正是电视晚会整体真正成熟的重要标志，使受众有了更多的选择，

① 为了充分利用资源，后来的“春节戏曲晚会”“春节音乐歌舞晚会”避开了除夕之夜。2011年，“春节音乐歌舞晚会”停播。

也促进创作人员的进一步专业化。

1994春节联欢晚会的主题是“团聚、自尊、奋进、祈盼”，导演郎昆依然提倡从各地选节目，而且要求演员一律现场真声演唱，这会直接导致节目选择的变化。正值狗年，山东郓城宋江武术学校的歌舞《狗娃闹春》活泼而欢快，刘敏领舞的《追日》和沈培艺领舞的《春梦》都体现出歌与舞融合的趋势，歌曲有毛阿敏的《除夕情》、董文华的《长城长》、阎维文的《一二三四歌》、贵州黔东南自治区代表队的《蝉之歌》、宋祖英的《长大后我成了你》、张也的《听春风》等，小品有黄宏和侯耀文的《打扑克》，相声有冯巩和牛群的《点子公司》，而纪实访谈《全家福》讲述了摄影师徐永辉用照片记录普通人生活的巨大变化，紧接殷秀梅演唱的《今日的中国人》，表现了歌颂改革开放巨大成就的主题。

同年8月，时任中共中央宣传部部长的丁关根在中南海组织召开了“如何办好95春节联欢晚会”的主题座谈会。

1995年春节联欢晚会由赵安导演，主题是“亲情、友情、乡情”，收视率达到96.67%，主要原因是节目佳作汇聚、情感真实、气氛欢乐而热烈。小品和相声依然是本届晚会的重头戏，有黄宏和杨蕾的《找焦点》、赵丽蓉和巩汉林等的《如此包装》、赵本山和范伟等表演的《牛大叔提干》、蔡明和郭达等的《父亲》、郭冬临和买红妹等的《有事您说话》等。歌曲方面较多运用了歌组合来串联名曲并加快节奏，单曲有彭丽媛的《遥远的朋友》、孟庭苇的《风中有朵雨做的云》、张也的《万事如意》、陈红和孙浩的《中华民谣》、那英的《雾里看花》、刘德华的《忘情水》、毛阿敏的《远方伴着你》、殷秀梅的《中国大舞台》等，实力深厚。至此，春节联欢晚会开始大量选用社会上已经有一定知名度的歌曲及其演唱者，而相比之下此前的晚会更重视打造和推广新人新作。舞蹈有黄豆豆的《醉鼓》、周洁的《春韵》，相声有牛群与冯巩表演的《最差先生》等。晚会的动情点是看看母亲河，这样的所谓“四不像”段落继承了专题文艺的思路，也引发了业内对关于电视文艺纪实性、新闻性的思考。这届晚会的“与民同乐”

表现为插播江泽民同志向全国人民拜年的内容。

同年农历正月初一，北京电视台播出了长达200分钟的“京城大拜年”文艺晚会，晚会中设计了多个外景区，通过流动演播车进行拍摄，与演播室的内容交替进行，并首次通过卫星向全国播放。这是北方地区更多地采用外景录制春节联欢晚会的尝试，使节目的串联线索非常独特。实际上在这一时期，北京电视台的晚会已经常具有与中央电视台平分秋色的能力。

1996年春节联欢晚会的主题是“欢乐、祥和、凝聚、振奋、辉煌”，并在技术上实现了北京、上海、西安三地互传。为此导演张晓海精心设计了分会场，以同一节目的接力演方式在结构上创新：如小品《一个钱包》等节目就实现了三地连演，显示三地人文风情的不同；还有三地相声《一样不一样》、三地歌组合《神州大对歌》、三地歌舞《迎春钟声》。其中，晚会大屏幕的巧妙运用，使得三地在同一时间不同地点的互动成为了可能，这样的设计是晚会大屏幕的第二次突破性尝试，在拓展晚会时空、增加互动等方面起到了卓越的成效。其他令人印象深刻的节目，歌曲有彭丽媛的《我属于中国》、解晓东的《火火的北京》、叶倩文的《我的爱对你说》、那英和毛宁的《总会等到那一天》，小品有潘长江和阎淑萍的《过河》、赵丽蓉和巩汉林的《打工奇遇》、赵本山和范伟等表演的《三鞭子》，等等。

三、打造盛世华章，形态充分完善

1997年春节联欢晚会的主题是“团结、自豪、奋进”，由袁德旺执导，推出了不少新创作的节目。歌曲有彭丽媛的《珠穆朗玛》、刘欢和蒋中一的《手挽手心连心》、那英等的《青青世界》、宋祖英等的《真情永存》、解晓东的《中国娃》、来自台湾的张宇的《因为是你》，小品有郭达和蔡明等的《过年》、黄宏和巩汉林的《鞋钉》、赵本山和范伟等的《红高粱模特队》。此外，还特别尝试新文艺品种的开发：打造了由王刚等人表演的微型音乐剧《天长地久》；陈佩斯、朱时茂、李宁、李大双、李小双等表演的幽默体操小品《宇宙体操选拔赛》也获得很好的效果；众歌星演唱的《公元一九九七》则非常切合香港回归的主题。[1]

1997 年上半年的很多晚会也都以庆祝香港回归为主题。7 月 2 日中央电视台直播了赵安导演的音乐舞蹈史诗——“回归颂”庆祝香港回归大型文艺晚会，江泽民等党和国家领导人的出席把庆回归活动推向了高潮。而上海东方卫视也策划了上海市庆祝香港回归祖国文艺晚会，气氛热烈，受到广泛好评。9 月，由中央电视台、上海东方卫视和台湾电视公司联合制作了“千里共婵娟——中秋月・两岸情”文艺晚会并通过卫星双向传送。这台晚会在上海外滩和台北歌剧院广场同时举行，并由上海东方卫视和台湾电视公司电视频道播出，室内室外场景交错，视觉效果丰富。

1998 年春节联欢晚会的主题是“中华民族春节大团圆，万众一心奔向新世纪”。晚会在新建的 1960 平方米的中央电视台一号演播大厅进行，表演场地的扩大令晚会面貌更加亮丽，表演者人数众多。而且，晚会电视意识明确，主题发展线索清晰，演出阵容强大，场面优美壮观，节奏鲜明而衔接流畅，气氛热烈。尤其在对歌舞的处理方面，导演孟欣展示了敏锐的领悟能力和较强的表达能力。晚会开场部分的《东西南北闹新春》和戏曲联唱《兰菊竞秀》等造就了欢快的气氛，黄宏和宋丹丹的小品《回家》、宋祖英的歌曲《好日子》年味十足。紧接是振奋人心的主旋律表现：赵忠祥朗诵的毛主席诗词《卜算子・咏梅》引出精心剪辑的杨丽萍领舞的舞蹈《梅》；赵本山、高秀敏和范伟的小品《拜年》反映基层百姓对干部的拥戴；之后李光曦、李谷一、张也演唱的《走进新时代》歌颂了三代国家领导人的伟大功绩。随后还有那英和王菲的《相约一九九八》、黄豆豆领舞的《龙腾虎跃》，共同表达人民对祖国兴旺的喜悦，在百岁老人的新年祝福之后是赵丽蓉和巩汉林等的音乐武术小品《功夫令》、广州军区战士杂技团的《转毯与蹬人》，解晓东和范晓萱的《健康歌》尤其热烈欢快，掀起现场小高潮。晚会中间部分是动情点段落：潘长江、黑妹和大山表演了盼望祖

[1] 《宇宙体操选拔赛》的创意源自 1987 年袁德旺执导的《北京—波恩之夜》晚会里陈佩斯主演的《宇宙体操队》。

国统一的小品《一张邮票》；范宇文高唱《我爱你中国》，随后是纪实访谈《母亲河》——将黄河水、日月潭水、长江三峡水现场汇合，然后毛宁、刘德华、张信哲共唱《大中国》；紧接的戏曲绝活《梨园风采》融汇了戏曲界各行名流，而且非常注重传统艺术可视性的表达，展示了源远流长、绵绵不绝的中华传统文化，整个段落层次非常清晰。在后面的节目中，陈佩斯和朱时茂带来了小品《王爷与邮差》，瞿颖和周洁等表演的舞蹈《缤纷四季》是融合中外特色的华美时装秀。在零点钟声前，彭丽媛等的歌舞《国色天香》堪称盛世华章；而在零点钟声后，美声的《同心同庆》和少数民族的歌舞《万鼓催春》将晚会气氛推到高潮。

本届晚会不仅节目体现出极高的艺术水准，现场观众也以热烈呼应创造出良好的屏幕效果，而且大场面的舞台调度、机位设置、切换等也都体现出周到的设计，总体上展示了当代综艺晚会创作的专业化水平，甚至由于它的巨大成功，后续多年的晚会都难显光彩。不仅如此，本届晚会也对大屏幕视频的运用进行了更新的探索：两块灵活的大屏幕被搭设在了可移动的机械装置上，分别立在舞台两侧，可以根据节目的需要变换其在舞台上的位置。这种对视频载体位置进行控制的成功经验，在日后被广为借鉴。不过，晚会的辉煌也引人深入思考铸就辉煌的重要因素——这台晚会的创作、表演阵容非常强大，资金投入之多也是空前的，巨大投入所造就的成功与现有的国情、民情是否符合，也引来争议。

1998年春节联欢晚会节目单

1. 开场歌舞《迎春贺岁》　青春美少女队、中国力量、玫瑰秀歌舞组合

2. 歌舞《东西南北闹新春》

3. 相声《坐享其成》　牛群、冯巩

4. 戏曲联唱《兰菊竞秀》　小香玉、韩再芬、彭蕙蘅

5. 小品《我在马路边》　严顺开、杜宁琳、赵玲琪、蒋小涵

6. 歌舞《青春本色》 林依轮、景岗山、罗中旭、甘萍、眉佳、秀红

7. 小品《回家》 黄宏、宋丹丹

8. 歌曲《好日子》 宋祖英

9. 舞蹈《梅》 杨丽萍

10. 小品《拜年》 赵本山、高秀敏、范伟

11. 歌舞《走进新时代》 李光曦、李谷一、张也

12. 老电影工作者表演《正方与反方》

正文：祝希娟、张良、朱龙广、郭振清、袁岳、刘世龙

反方：陈强、葛存壮、陈述、刘江、刘龙、王孝忠

13. 歌曲组合《流行风》 陈红、蔡国庆、韩磊、林萍、伊扬、火风、胡月、江涛、高枫、屠洪刚、杭天琪等

14. 歌曲《相约一九九八》 那英、王菲（中国香港）

15. 舞蹈《龙腾虎跃》 领舞：黄豆豆

16. 音乐武术小品《功夫令》 赵丽蓉、巩汉林

17. 小串场 唐杰忠、刘流

18. 杂技《转毯与蹬人》 小米粒、陈扬等

19. 歌舞《健康歌》 解晓东、范晓萱（中国台湾）

20. 小品《一张邮票》 潘长江、黑妹、大山（加拿大）

21. 歌曲《我爱你中国》 范宇文（中国台湾）

22. 纪实访谈《母亲河》 倪萍等

23. 歌曲《大中国》 毛宁、刘德华（中国香港）、张信哲（中国台湾）

24. 戏曲绝活《梨园风采》 朱世慧、张寄蝶、于魁智等

25. 歌舞《远航》 董文华

26. 小品《东西南北兵》 范明、林永健等

27. 影视歌曲联唱《往日情怀》 克里木、德德玛、才旦卓玛、

李双江等

28. 明星反串《大拜年》 郭冬临、江珊、郭达、蔡明、魏积安等

29. 相声《同桌的你》 师胜杰、孙晨

30. 歌舞《音乐贺卡》 黄霞芬、雅芬、魏金栋、黄格选等

31. 小品《王爷与邮差》 陈佩斯、朱时茂

32. 歌舞时装秀《缤纷四季》 周洁、瞿颖

33. 歌曲《好汉歌》 刘欢

34. 魔术《人换人》 傅腾龙、徐秋、傅琰东、董昕等

35. 歌舞《国色天香》 彭丽媛

36. 歌曲《一九九七永恒的爱》 众歌星（本节目直播时删减）

37. 零点钟声朗诵 赵忠祥、倪萍

38. 歌舞《同心同庆》 王霞、刘君侠、刘媛媛等

39. 歌舞《万鼓摧春》 朝鲁、赵景春、郭瓦加毛吉等

40. 歌曲《难忘今宵》 李谷一等

5月，由中央电视台和北京大学联合举办“光明行”大型文艺晚会，师生和艺术家们在北京大学校园内同台演出。本次晚会首次采用在互联网上同步播出，使一个大学的庆典有着非凡的影响力。

同年，我国南方、北方的不少城市都遭遇了特大洪水的袭击，于是主旋律的宣传创作题材还来自军民团结一致抗击特大洪水灾害的现实行动。各地电视台纷纷举办鼓舞斗志、弘扬爱心的晚会：中央电视台的“我们万众一心”抗洪赈灾募捐演出、“抗洪精神颂”晚会、“为了灾区的孩子”教育系统赈灾义演；广东卫视的“赈灾情”南海市抗洪赈灾大型文艺晚会、“风雨同舟兄弟情”广东省抗洪救灾募捐义演；上海东方卫视的上海各界支援抗洪救灾义演；吉林卫视的“抗洪水、献爱心”1998赈灾义演；河南卫视的“手挽手·心连心”抗洪赈灾大型电视晚会；湖北卫视的“风雨同

舟楚天情”大型赈灾义演；江西卫视的“情系灾区献爱心”赈灾文艺晚会；安徽卫视的“筑起我们新的长城”大型赈灾晚会；黑龙江卫视的“为了我们的家园”赈灾文艺晚会；北京卫视的“爱心与祖国同在”大型赈灾义演晚会；湖南卫视的“情系三湘”抗洪救灾晚会，等等。其中，湖南卫视的“情系三湘”抗洪救灾晚会还受到了朱镕基、丁关根等领导的好评。一系列这样的晚会创作都充分考虑了新闻性、纪实性与文艺节目的结合，建立起主题赈灾晚会这种严肃的形态。

1999年春节联欢晚会的主题是“欢歌笑语大团圆”，由刘铁民、陈雨露、黄海涛任导演。歌曲有李琼的《山路十八弯》、陈红等的《常回家看看》、任贤齐的《对面的女孩看过来》、梅艳芳的《床前明月光》和反映澳门回归的《七子之歌——澳门》等。小品有赵丽蓉、巩汉林等的《老将出马》，黄宏、句号的《打气儿》等，特别是崔永元、宋丹丹、赵本山的《实话实说——昨天　今天　明天》给观众留下了深刻印象。

同年5月，我国驻南斯拉夫联盟共和国大使馆遭到北约导弹袭击，凤凰卫视举办“中国人今天说不”晚会，使业内明确意识到晚会不再是喜庆的专利，严肃、哀伤的情感也能用晚会来表现。山东卫视也为此举办了“我们是黄河，我们是泰山”大型诗歌朗诵会。在这类晚会中，鲜有适合的舞蹈，于是往往朗诵与歌曲的成分较大，舞美灯光的风格也相对凝重。

这一年适逢国庆50周年，中央电视台制作和播出了“祖国颂”“江山如此多娇”“国庆焰火晚会”等大型文艺晚会。尤其是前两台，将新中国的建设成就与文艺成就结合起来，大气恢弘。同时也显示了这一时期电视导演在整体文艺创作队伍中的地位——具有国内大型晚会的最高创作水准。

“祖国颂”大型文艺晚会由中共中央宣传部、中华人民共和国文化部、原国家广播电影电视总局、中国人民解放军总政治部和北京市人民政府联合主办，在人民大会堂公演，江泽民同志亲笔为晚会题名。该晚会总导演是赵安和陈维亚，中央电视台于1999年9月28日在综合频道（CCTV-1）、综艺频道（CCTV-3）、中文国际频道（CCTV-4）现场直播。本次晚会总体构架分为 5 个部分："序幕"表现了人民解放军解放全中国的英勇场面，毛泽东宣布"中国人民从此站起来了"；"意气风发"则以 20 世纪五六十年代广泛流传的《丰收歌》《歌唱二郎山》《咱们工人有力量》等表达建设祖国的豪情；"春潮澎湃"通过《海燕》《春之萌》《在中国大地上》《鲜红的太阳永不落》等歌舞集中反映十一届三中全会以来中国社会发生的深刻变化和城镇乡村的崭新面貌，"世纪风帆"以歌舞《走进新时代》、配乐朗诵《扬帆远航》、内地与港台明星合唱《同一首歌》、京剧《九九归一》、歌曲《为祖国干杯》《爱我中华》等热情赞颂了人民实现祖国统一和民族复兴的期望，尾声在《祖国万岁》中表达中国人民满怀希望奔向新世纪。晚会演员阵容强大，集中了文化部直属院团、部队文艺团体、地方文艺团体等 60 多个单位的演员，场景气势磅礴，力求彰显我国文艺实力和民族自豪感，讴歌三代领导人的领导和各条战线取得的辉煌成就，堪称为继《东方红》《中国革命之歌》后的又一部优秀的音乐舞蹈史诗作品。①

"江山如此多娇"大型文艺晚会在 9 月 30 日 20:00 于中央电视台一号演播大厅举行，导演孟欣从电视综艺晚会的角度来设计节目构架。高秀敏、牛群等的小品《老照片》讲述 50 年来几代人拍结婚照的时刻，折射出新中国的巨变；崔永元在《人名与时代》中和十几个叫"国庆"的人聊一聊他们名字的故事，并与蔡国庆、孙国庆共唱《我和我的祖国》；黄宏借"卖书"之机串联的《群英汇》汇聚了开国大典第一辆坦克的驾驶员、参与研制第一辆解放牌汽车的工程师、中国第一名女拖拉机手、第一批女飞行员代表、第一个签订土地承包责任制的安徽凤阳县小岗村生产队、第一个登上珠穆朗玛峰的少数民族运动员、第一枚奥运金牌的获得者……诸多"第一"谱

---

① 《中国革命之歌》是 1985 年中国人民解放军八一电影制片厂出品的大型音乐舞蹈史诗影片，由王苹、黄宝善导演。该片共有 29 段歌舞，跨越了从 1840 年的鸦片战争、五四运动、中国共产党诞生、南昌起义、中华人民共和国成立、十年动乱、粉碎"四人帮"到十一届三中全会后的各个历史时期，讲述了中国革命历史的光辉历程，场面宏伟壮观，由全国 68 个文艺单位的优秀演员参加演出。

写了共和国崭新的历史；《延安人民热爱毛主席》《我们走在大路上》《翻身农奴把歌唱》《我们新疆好地方》《逛新城》《社会主义好》等一首首广为流传的老歌是时代的回声；董文华与多个民族儿童演唱的《今天是你的生日，我的中国》表现了各族人民对祖国的衷心祝福；刘德华演唱的《中国人》表达了华人的自豪与自强；晚会结尾的《中国进行曲》将伴着人们走向未来。晚会还特别强调内外景结合，如上海市民在高达 88 层的金茂大厦上挂起了对联、内蒙古 2000 名骑士骑上了骏马、广州 500 名厨师完成了 50 层大蛋糕、延安 500 名农民打起了安塞腰鼓，还有邯钢工业、深圳高科技交流会、华西村农民别墅、酒泉发射基地等东西南北中 5 个方位以工业、农业、军事、科技、民族等典型场景的组合，呈现了新中国的伟大建设成就，也使晚会呈现出电视化的特性。

同年 11 月，“大地飞歌”南宁国际民歌节开幕式晚会首次亮相，成为中央电视台导演刘真的代表作。该晚会舞美设计以寓意壮乡的铜鼓和凤凰造型为主体，最大的铜鼓足有 5 层楼高，舞台 4800 余平方米，堪称当时国内最大的舞台。这台晚会的整体设计与“新民歌”的表现方式也非常协调，尤其是大型舞蹈成为创造大型晚会视觉形象的重要元素。随着该活动的连续举行，“大地飞歌”每年都有创新，后来的导演还有张晓海、孟欣等，经常制造视觉奇观，也将该系列晚会打造为广西的著名文化品牌。

第三节　新世纪以来电视晚会的变化

一、晚会板块清晰，市场趋势渐显

2000 年中央电视台春节联欢晚会的主题是“满怀豪情跨世纪，龙腾报春庆振兴”，由赵安、张晓海再度联手执导。本届晚会明确划分了篇章：第一篇章为“笑口常开闹今宵”，开场是章子怡和众舞蹈演员表演的歌舞《把春天迎进来》；第二篇章为“国盛家和万事兴”，有戏曲名流荟萃的《地久天长百年好》、赵本山和宋丹丹的小品《钟点工》、郁钧剑和张也的歌曲《家和万事兴》等，欢乐而温情；第三篇章为“中华儿女团聚情”，有彭丽媛的《天地喜洋洋》、黄宏和凌峰的小品《小站故事》等；第四篇章为“人逢喜事精神爽”，有谢霆锋的歌曲《今生共相伴》、阎维文和殷秀梅的歌曲《举杯吧！朋友》等；第五篇章为“龙禧千年颂新春”，其中还展读了江泽民等领导题写的新春祝福。

从这一年开始，中国金鹰电视艺术节定期在湖南省长沙市举行。该艺术节作为全国性电视艺术节庆活动，由中国文学艺术界联合会、湖南省人民政府、中国电视艺术家协会、湖南省广播电视局联合主办，湖南电广传媒股份有限公司承办。“金鹰节”期间有多个主题活动，还包括了开幕式、明星演唱会、经典音乐会、颁奖晚会等多个专业晚会，这对湖南卫视来说不仅是办了几个节目、评了几个奖，更重要的是给自己一个发展的契机——“金鹰节”成为新的广告招商项目，同时多台节目连续播出，也使电视创作水准很快得到提升。

这一年的杭州西湖博览会开幕式文艺晚会也给观众制造了亮点，不仅是节目紧紧围绕主题，舞美灯光也都颇有创新。T 型晚会舞台面积达 2500 平方米，杭州的保叔塔、三潭等都成为背景。为制造江南特有的烟雨景致，晚会研制了喷雾系统，还有一个直径 9 米的巨大球体在灯光的照射下呈现为璀璨的明珠——山水实景进一步融入舞美，成为主题的主要表现载体。

2001 年中央电视台春节联欢晚会的主题是“喜庆、亲切、昂扬、展望”，由王冼平、王宪生执导。晚会共分为“欢乐篇”“祥和篇”“奋进篇”“团聚篇”“展望篇”5 个篇章。歌曲有彭丽媛领唱的《江山颂》、于文华和郁钧剑的《想起老妈妈》、羽泉的《彩虹》、刘欢的《大家一起来》、蔡琴的《你的眼神》、姜育恒的《盼团圆》、梁朝伟和张曼玉的《花样年华》、李玟的《好心情》等，相声有姜昆、戴志诚的《踩脚》等，赵本山、高秀敏、范伟的小品《卖拐》成为三人组合的代表作，在晚会中最为引人注目。值得一提的是，经过了2000年的反复，从2001年起，晚会大屏幕的载体开始进入LED时代。[①]而2001年春节联欢晚会在视频载体上用的是小屏幕，这也是一次对晚会屏幕载体功能性的探索——小屏幕对称但不规则地镶在舞台背景中，好像一种特殊的灯光设备，屏幕的功能转变为装饰。

这一年在地方电视台的春节联欢晚会中，湖南卫视非常抢眼。这台晚会的确拥有更高的视界，立意高远，使命感强，节目中有祖国东南西北的日出，有老母亲到边疆哨所看望儿子，等等。晚会还将当时湖南卫视的几档品牌栏目，如《今日谈》《有话好好说》《玫瑰之约》等串入晚会，既是特色，也是宣传。制片人汪炳文多年负责《快乐大本营》，具有开放的观念和大胆探索的勇气。

在北京于2001年7月13日晚获得举办2008年奥运会主办权后，中央电视台综合频道（CCTV-1）、中文国际频道（CCTV-4）、体育频道（CCTV-5）、英语国际频道（CCTV-9）立刻并机直播出了在世纪坛举办的长达4小时的“奥林匹克情”庆祝晚会。晚会基本上是简单访谈加歌舞的形态，这是露天场地表演的必然选择。节目中群星云集、红旗漫卷、群情激昂，真切传达了申奥成功的喜悦之情。

同年12月1日，中央电视台综合频道（CCTV-1）播出的中共中央宣传部、中华人民共和国文化部、卫生部、原国家广播电影电视总局等单位主办的“飘动的红丝带”公益晚会，由邹友开亲任导演。该晚会主题鲜明而又深情，整体逻辑结构严谨并层层推进。赵忠祥的解说伴随艾滋病的纪实专题穿插在晚会里，用于引导不同的主题板块，倪萍的现场主持串联起诸多文艺节目和现场访谈部分，节目中还有不少专门创作的新作品——晚会整体是典型的专题晚会形态。

---

① LED，是英语单词 Light-Emitting-Diode 的缩写，中文意思为发光二极管，是一种能够将电能转化为光能的半导体。LED 使舞台的背景不再拘泥于实体，也不再固化。

12 月 12 日，朱镕基同志在全国宗教会议闭幕式上讲他 11 日晚看了中央电视台的《文化视点——节多奖多晚会多并非多多益善》节目，认为该节目有针对性，并说有的地方穷得要命，还拼命在搞形式主义，花钱如流水，要腾出钱来办些党和政府、老百姓真正受益和关心的事……这样的言论，无疑是给一些创作的奢华过度敲了警钟，也立刻影响了晚会的具体数量和规模。

2002 年中央电视台春节联欢晚会的主题是“祖国颂、社会主义颂、改革开放颂”，由陈雨露执导。晚会主要设计了北京的中央电视台一号演播大厅和深圳的华侨城两个表演时空，于是也设计了两地联演的节目。歌曲有彭丽媛的《朋友》、宋祖英的《风景这边独好》、解晓东和孙燕姿的《与世界联网》、陈慧琳的《踏雪寻梅》、田震的《草原之夜》、王力宏等的《美丽新世界》等，相声有姜昆和戴志诚的《妙趣网生》等，赵本山、高秀敏和范伟的小品《卖车》延续上一年的《卖拐》且大受欢迎，杂技《力量》也技巧高超。这届晚会为呼应申奥成功，请到了国际奥委会主席萨马兰奇向中国人民祝贺新年。晚会还设立了与网民的现场交流环节以体现互动元素。

不过，这届晚会“与民同乐”的意义有了深刻改变，广告大户取代了以往的英雄劳模、少数民族和观众代表坐在晚会前排。尽管春节联欢晚会里的广告植入是晚会伊始就有的，但之前一直比较隐晦，多表现在体育服装和片头片尾的广告上，观众的感受并不明显。这一次客户们在画面中缺少热情的面孔令晚会的属性被悄然改变，此后高层领导轻易不会前来，节目的审美和品位更倾向大众。

这一年湖南卫视的中国金鹰电视艺术节可谓声势浩大，其文化带动商机的战略明显取得效果，特别是开幕与闭幕的两台晚会最为引人瞩目。有趣的是这两台晚会在同一场地——湖南国际会展中心举办，在艺术效果上却区别甚远：开幕式投入巨大，大肆运用人海战术，动辄几百个演员在台上，最多时达千人；而闭幕式也是最终的颁奖晚会，构架清晰，主题鲜明，总体效果相对清雅。

此时在市场化趋势下的各种电视晚会中，“歌会”形态的《同一首歌》备受瞩目，在前面栏目一章中曾论及它是栏目化编播的晚会。在2003年1月27日栏目创立3周年时，《同一首歌》在北京工人体育场成功地举办了一场现场晚会。这不由让人联想起1985年在工人体育馆失败的那台春节联欢晚会，该晚会失败的根本原因是节目形态与广大时空的矛盾——越是广大的时空，越需要现场的热情互动、需要歌迷般的观众、需要值得歌迷冒着严寒去追捧的明星、需要声情并茂和荡气回肠的作品，需要大气辉煌的视觉效果。从“歌会”的自身内容编排来说，只有能够产生强烈共鸣的曲目才会有现场观众的热烈响应。当然，反复演唱旧歌不一定是屏幕前观众的需求，所以该栏目也一定不是最优秀的电视文艺节目，而是具有市场属性的文化产品。我们要懂得节目形态还受制于演播环境，而且不同属性的文艺的评价体系也不尽相同。当今激烈的竞争使媒体比以往更强调传播的高效性，随着传播活动中市场、受众的主权地位逐步确立，高效的关键在于是否提供了受众乐于接受的方式及该晚会是否成为最吸引年轻观众眼球的样式。

从中央电视台举办三台不同类型春节联欢晚会到“歌会”的成熟，也正体现了电视文艺分众实践的成功。从市场的角度来看，《同一首歌》根据各地的需求到处巡演，走进校园、工厂、企业、革命老区，赢得了相当高的经济回报。截至2004年上半年时，该节目正式采用制播分离的公司化方式进行市场运作，自负盈亏，随后甚至还走入美国、加拿大，成为电视文艺市场化的成功范例。2009年10月，《同一首歌》停播。

二、室内外形态进一步分立，综艺与专题思路各显

2003年中央电视台春节联欢晚会的主题是“凝聚力、自信心”，由金越、陈临春担任导演。晚会特别强调向全国观众征集作品和一些创意，于是观众创作的《DV今晚》由解晓东和张柏芝演唱，还有观众赵明一家表演的

《让爱住我家》也引人注目。如果说前几届晚会中有了不错的杂技与魔术节目，那么在这届晚会中它们则大放光彩。魔术与歌舞也能够有机结合，不仅有李宁、赵育莹等人的《梦幻天空》《遁人》《魔幻天空》，还有美国魔术师布雷·丹尼斯的表演，主持人李咏也表演了小魔术，最引人注目的节目是肩上芭蕾《化蝶》，将杂技与舞蹈融为一体。歌曲还有彭丽媛的《世纪春雨》、宋祖英的《美丽的心情》、林忆莲的《至少还有你》、郭富城的《动起来》、祖海的《爱在天地间》、田震的《风雨彩虹　铿锵玫瑰》，黑鸭子等的《好人好梦》，舞蹈有王亚彬、张志、王迪等的《狮舞东方》等，效果最热烈的小品是赵本山、范伟、高秀敏的《心病》，相声有王振华和何军的《说广告》等，而核心动情点是"国土汇聚"——将由神州四号飞船于2002年12月30日带入太空的分属全国34个省市自治区及特别行政区的34捧泥土汇聚在晚会现场。

本次晚会与以前导演们所努力进行的时空拓展不同的是，这届晚会没有设分会场，甚至只有极少的插播内容，主背景区不是大屏幕，表演几乎全在现场完成。这表现出导演对文艺本体和晚会现场感、舞台感的充分关注，此后的几届春节联欢晚会场地都立足于演播室现场了。

与此同时，中央电视台新成立的西部频道推出的"西部魅力"晚会也获得高度评价，这是平时该频道的文艺支柱栏目《魅力12》的延伸。与之相应，"西部魅力"晚会以民族文化原生态的纯朴和电视化表现的恰当融合，将浓郁的民族风情展示与文艺表演结合起来。整台晚会由西部过年、西部美食、西部风情、西部歌舞、西部歌会、西部说唱、西部鼓乐等部分组成，每部分又由精心编排的歌舞、民俗展示和话题来组成。晚会把真正的民间艺人、民族歌王请到现场，还有奇人绝技的展示，多个节目的演员从观众区走出，演员与观众、职业与非职业表演者融合。在音乐的处理上，对流传较广的优秀民歌，则在配器、演唱等方面进行时尚化、国际化打造：例如艾斯卡尔的新疆民歌《玛露夏》有拉丁乐的风格；天唱女子组合的《小河淌水》借鉴了爵士布鲁斯风格；而《草原上升起不落的太阳》

有 HIP HOP 的影子；冯晓泉和曾格格的《太阳出来喜洋洋》中竹笛和非洲鼓的运用与美洲的波萨诺瓦十分接近，等等。辅之设计时尚的演播室环境，使晚会显得大气、热情、清新，串联自然、动人，整体显得很有新意和品位。而且，为了照顾西部观众，晚会在 23:00 开始。

2003 年春季，国内很多地区发生了“非典”，在疫情最严重的时候，中央电视台在 5 月 1 日晚播出了“我们众志成城”主题晚会。这台晚会令人不由想到 1998 年以中央电视台的“我们万众一心”为代表的一批抗洪主题的晚会。但有所不同的是，在这个现场互动成为晚会专业化重要特性的时代，这台晚会无法有现场观众的参与。作为一台主题鲜明的晚会，把“万众一心、众志成城、团结奉献、科学求实、克服困难、夺取胜利”作为贯穿始终的指导思想，努力消除人们对“非典”的恐惧，鼓舞士气，坚定人们战胜病魔的信心。在现场“无人喝彩”的特定环境下，节目内容的具体编排就显得尤为重要。节目中插播了一系列抗击“非典”的纪实画面，并配以专家访谈及热线电话，使具体节目与真实事件的发展及发生场景得到有机展示，期间穿插文艺节目或用文艺样式来表现事件：例如郭达和蔡明等编排的小品《采访》，讲述了一名记者到北京普通社区采访百姓对“非典”的认识；田震的老歌《真爱无限》唱出对白衣天使的敬意；濮存昕和北京人民艺术剧院演员朗诵由 3 名专家创作的诗歌《我们众志成城》，等等。典型的专题晚会的形态又再次凸现，在互动手段方面，晚会在直播的同时在央视网开辟论坛，吸引了 7000 余海内外网友的留言。与之呼应，当“非典”过去，“我们一同走过”主题晚会也采用了专题晚会的思路，精心设计实事、实地与艺术样式结合，思想性与艺术性都得到较好体现。

2004 年中央电视台春节联欢晚会的主题是“祝福”，并再次由袁德旺执导。晚会也积极向社会征集创意和作品，而且剧组能够坦然面对媒体，并显示出友好合作的姿态。这一年相声小品数量较多，数量和时间都约占了整台晚会的二分之一：相声有侯耀文、石富宽等的群口相声《十二生肖大拜年》等；小品有冯巩、周涛、朱军的《让一让，生活真美好》，黄宏、程煜的《兄弟》，郭达、郭东临、杨蕾的《好人不打折》，赵本山、范伟、高秀敏的《送水工》等。歌曲有彭丽媛的《江山》、周杰伦的《龙拳》等，晚会还请来了爱尔兰“舞之魂”舞蹈团表演踢踏舞，零点仪式《飞天英雄红旗颂》也是整台晚会的动情点所在——杨利伟带来和他遨游太空的五星红旗，代表全世界华人向祖国祝福、致敬。不过晚会整体编排相对平淡，中央电视台《新闻联播》曾报道观众热情不高。

这一年影响较大的晚会还有由国务院台湾事务办公室、中华人民共和国文化部、中国文联、原国家广播电影电视总局部署发起，中央电视台、中央人民广播电台，以及台湾、香港、澳门等媒体联合举办的“中华情”全球华语优秀原创歌曲大型演唱会。该节目的成功产生了品牌效益，后来的一系列“中华情”的歌会、栏目（《情艺在线》）便是由此延伸而来。

2005 年中央电视台春节联欢晚会的主题是“盛世大联欢”，郎昆再度担任导演。“开门办春晚”的思想不仅具体落实在节目的广泛选择，也表现为“新春使者”——全国电视台主持人们用各自方言引出展现各地风土人情的春联成为晚会的串联线索。歌曲有彭丽媛的《梦圆》、刘德华的《恭喜发财》、房祖名的《要强》、那英的《爱的阳光》、韩红的《天路》等，成龙等带来武术歌舞《壮志凌云》，小品有黄宏等的《装修》、蔡明和郭达的《浪漫的事》等，赵本山和范伟等的《功夫》为《卖拐》《卖车》系列小品画上了圆满的句号，中国残疾人艺术团的舞蹈《千手观音》金碧辉煌，所有聋哑演员的精湛技艺令观众感动。晚会还非常重视与现场观众的互动，如全场观众随着聋哑演员学习手语“爱是我们共同的语言”，在小品《浪漫的事》后主持人提议所有的夫妻牵一牵手并说“我爱你”。在舞美方面，大屏幕的运用进入了更大范围、更高清晰的新阶段。这一年，主舞台的立面几乎都由视频呈现载体组成，彩幕呈拱形，LED 大屏幕几乎横贯舞台两头，以一个巨大的半圆立在舞台上，成为了舞台布景中最重要的部分。

同年中央电视台的“江城月·中华情”中秋双语晚会——在武汉举行，中央电视台中文国际频道（CCTV-4）和英语国际频道（CCTV-9）同时直播。2005年的“秋晚”在黄鹤楼下的主会场与长江游轮上的分会场遥相呼应，各地明星汇聚一堂，现场还通过通讯卫星与台湾进行现场互动连线，引领全球华人共赏江城月，燃起爱国情。本届晚会在2006年4月举办的第39届美国休斯敦国际电影电视节上获得电视文艺最高奖——“白金奖”，颁奖评语称该晚会“体现出杰出的艺术创造力和高超的运用电视技术的能力，创作出了堪与好莱坞大片相媲美的视听效果”。[①] 随后“中华情”中秋双语晚会每年固定举办，与春节联欢晚会即“春晚”相对形成“秋晚”，成为中央电视台户外景观晚会的代表。该晚会系列非常重视舞美整体与现场真实景观的自然和谐，导演郭霁虹明确提出了“景观晚会”的概念，尤其是明确融入水景——明月在天上和水中交相辉映，逐渐确立“团圆”“思念”的主题；其次该晚会与其他歌会最大的不同是可以囊括更多的境外明星，从而显得更加时尚靓丽。

2006年中央电视台春联欢晚会的主题是“团结、奋进”，郎昆蝉联导演。其中，小品有蔡明、郭达等的《马大姐外传》，黄宏、巩汉林等的《邻居》，赵本山、宋丹丹、崔永元的小品《说事儿》延续当年《实话实说——昨天　今天　明天》的角色设计，相声有大兵和赵卫国的《谁让你是优秀》，舞蹈有杨丽萍等表演的技艺高超的《岁寒三友——松、竹、梅》，由唐山市社区老大妈们表演的舞蹈《俏夕阳》借鉴了“皮影”的动作特色，给观众留下深刻印象，歌曲有彭丽媛的《飞雪迎春》等，蒙古族一家演唱的《吉祥三宝》也风趣生动。整台晚会还有三处歌舞组合穿插其中。

这一年地方电视台的晚会依然是湖南卫视的影响最大，其创作组非常重视市场效益和贴近性。如2005年《超级女声》获得空前成功后，该台

---

① “江城月·中华情”获白金大奖 [EB/OL].（2007-03-12）. http://www.cctv.com/program/zhq/20070312/107371.shtml.

在元旦举办了“快乐中国”2005—2006跨年演唱会。《超级女声》的优胜者与各地明星同台演出，不仅吸引了年轻人的眼球，也引领了跨年晚会的新形态。湖南卫视当年的春节联欢晚会主题大气又朴实真挚，晚会还在酒泉卫星发射中心设立了分会场，节目中穿插了7年不能回家团圆的航天城工作人员、带着捡来的妹妹上大学的洪战辉、舍己救人的湖南省模范导游文花枝的感人事迹，“超女”们的表演则活力四射，反映了该年度大众关注的热点。

同年广西卫视的“金花牵出山歌来”春节联欢晚会则立足于频道，不仅是其品牌栏目《寻找金花》和《唱山歌》的强强联合，也为全国绚丽多姿的少数民族歌舞搭建出展示的平台。

此外湖北卫视的“两岸春·华夏情”春节联欢晚会，开创了内地省级电视台与台湾地区电视台合办春节联欢晚会的先例，各地明星艺人同台竞秀，眼界开阔。

2006年的杭州西湖博览会开幕式将“水”这一主题引入文艺晚会——舞台的构思是一个抽象的西湖，湖中搭设了两个舞台，一大一小，一明一暗，通过“岛”间的浅桥、短堤相连，演员们在立体的水景观区进行表演，构思独具匠心。

三、尝试技术创新，冲击视觉极限

2007年中央电视台春节联欢晚会的主题是“欢乐和谐中国年”，金越再度执导。这一届晚会中的节目有不少亮点，不仅超大屏幕成为主体背景引人注目，而且篇章结构编排完整，顺序展现的多个节目在表现主题推进的同时给人留下整体水平比较整齐的印象。例如彭丽媛的歌曲《报答》，李金斗、大兵、赵卫国的相声《免费电话》，中国杂技团的杂技舞蹈《俏花旦·抖空竹》，郭达、蔡明等的小品《送礼》，南京军区前线歌舞团的舞蹈《小城雨巷》，王亚彬及武术冠军们的武术舞蹈《行云流水》，郭冬临、邵峰的小品《回家》，西藏自治区拉孜县农民艺术团的歌舞《飞弦踏春》，东北师范大学的舞蹈《进城》，北京海淀区行知学校民工子弟的朗诵《心里话》，赵本山、牛群、宋丹丹的小品《策划》……和谐的主题非常突出，也让观众的收视热情呈上升趋势，而且与往年比，语言类、舞蹈类节目有较大进步，大屏幕的内容设计更丰富也更精细，极大提升了节目的表现力。

这一年北京卫视的春节联欢晚会面貌也有了很大的改变，整体风格时尚，舞美的景、灯和大屏幕内容做得非常精致。而中央电视台军事农业频道（CCTV-7）的“九亿农民的笑声”已经是第三届农民春晚，到此时有了更广泛的影响，压轴节目是赵本山率领的“刘老根大舞台”的表演团队。湖南卫视的春节联欢晚会以“快乐回家”为主题，“洞穴之光”里感人的孩子、“非洲之旅” 中公路桥梁建设者们的故事等，营造了温馨与感人的氛围。

2007 年 5 月，“中部崛起”第二届中国中部投资贸易博览会文艺晚会在河南郑州体育馆举行。晚会以江西、湖北、安徽、山西、湖南、河南等参加此博览会的省份为界划分出几个篇章。篇章内主题鲜明，精心选取当地最具表现力、最有特色的歌舞节目和场景进行表现，既突出了当地的自然风貌、文化底蕴、人文特点，又表现出其发展进步与现代风貌。这台晚会最大的亮点是运用技术手段打造了视觉盛宴——舞台台口宽 110 米，纵深 80 米，背景墙高达 47.3 米，同时又是容纳 300 名演员的表演台，塑造了当时国内最大、最恢弘的舞台。为此，音响技术上使用了 5.1 环绕立体声音效系统，电脑灯、激光灯、PG 灯与超级大屏交相辉映，舞台可以旋转、升降、移动，再加上 4500 余人的演员阵容，高潮迭起。特别是最后一个节目少林弟子从天而降、鼓乐大震、礼花飞溅时，视听效果极为震撼。该晚会将广场晚会的创作推上了一个新的台阶，也对后面的一系列广场晚会影响极大。

2007 年世界夏季特殊奥林匹克运动会在上海举行，开闭幕式晚会都吸引了巨大的关注。尤其是 10 月 2 日的开幕式有着特殊的导演团队——美国著名导演、电视节目制作人唐·米歇尔被聘请担任本届特奥会开幕式晚会的总导演，联合执导的还有中央电视台文艺中心主任张晓海。[1]毋庸置疑，国际化的团队是要在突出民族性内涵的同时融入国际元素。在“X”型的巨大舞台上，10余位明星和特奥运动员们一起参与到“勇气”“分享”“技能”“欢乐”4个篇章的表演中，群众演员达5000余人，每一个节目都邀请了特奥人士共同参与，整体以“和谐：人类的共同梦想”为主题，体现“一切以智障人士为本”的核心理念。其中的威风锣鼓、金色的巨龙、太极图案、红色长灯笼组成的中国结造型，还有演员身着的汉服、56个民族的服饰、中国功夫和悠扬的古典民乐等，都壮观而震撼。

2008年中央电视台春节联欢晚会的主题是“飞向春天”，由张晓海、陈临春执导。这一年是改革开放30周年，上一年有“嫦娥”探月火箭成功发射等大事，我国还将举办奥运会，观众无形中对节目有较高期望，这就对晚会的表达提出了更高的要求。春节前夕南方遭受冰雪灾害严重，剧组在短时间内创作出了反映抗击冰雪灾害的、由主持人和众影视明星朗诵的《温暖2008》等节目作为晚会的动情点。赵本山与宋丹丹合作的奥运主题小品《火炬手》、在飞天“嫦娥”启发下的广州军区战士文工团的舞蹈《飞天》、普通民工创作并由王宝强领唱的《农民工之歌》等成为晚会的收视热点。歌曲有宋祖英的《田野的春天》、章子怡的《天女散花》，S.H.E的《中国话》、费玉清的《千里之外》、周杰伦的《青花瓷》，杂技有北京杂技团的《激情爬杆》、沈阳军区前进杂技团的《花式篮球》，小品有冯巩等的《公交谐奏曲》、黄宏等的《开锁》、孙涛等的《军嫂上岛》等。零点时还设计了《天地交响》——七位航天英雄迎接天安门国旗班战士带来的国旗，并共祝祖国拥有美好明天，使晚会主题鲜明。

同年5月12日，四川省汶川县等地区发生了特大地震。5月18日，中央电视台综合频道（CCTV-1）、综艺频道（CCTV-3）、中文国际频道（CCTV-4）及央视网并机直播了“爱的奉献”抗震救灾晚会。因为主题的

---

① 唐·米歇尔是国际知名的大型现场活动导演，曾13次荣获美国黄金档节目“艾美奖”，9次获美国导演行业杰出成就奖。他成功策划制作了香港回归庆典晚会、1996亚特兰大奥运会和2002盐湖城冬奥会开幕式等大型活动，具有丰富的经验和国际影响力。

特殊性，绝大部分节目是合唱、朗诵，其间用现场访谈、纪实专题、现场连线等感人的人物、事件、场景来串联。晚会整体起伏跌宕、扣人心弦，有500余名各界名人、明星参加了集体表演，可谓最强阵容全体出动。在场的无论是中央领导还是明星、现场工作人员，纷纷慷慨解囊，也带动了众多企事业单位和社会团体的大笔捐款，共为灾区募得15.14亿元，创下中国慈善晚会募捐之最。针对这样的主题，鼓舞人心的歌曲成为节目的主要构成部分。

2008年北京奥运会给各地电视台也带来了晚会的主题，有更多的广场晚会的转播。同时，2008年也是改革开放30周年，12月18日中央电视台直播了“放歌新时代”歌唱改革开放30周年文艺晚会，内容由30年来观众最熟悉的歌唱家们演唱最经典的歌曲构成，每个作品都有着特殊的意义，连接起来即回顾了改革开放30年的成就，构建出新时代的组歌。晚会呈现出室内歌会的形态，主题鲜明、层次清晰、详略得当、节奏明快。李长春等亲临现场，晚会也实现了政治性与艺术性的高度结合。

2009年中央电视台春节联欢晚会的主题是“中华大联欢”，导演郎昆依然坚持“开门办春晚”和真唱。2008年的抗震救灾、北京奥运、神舟七号、国庆60周年等大事都给内容主题以坚实的支撑。《天地吉祥》等歌舞节目和灾区人民的拜年视频等组成晚会抗震救灾板块，小品《黄豆黄》《北京欢迎你》讲述的是奥运期间普通人的趣事，成龙演唱的《站起来》率领50多名奥运冠军集体亮相并用金牌组成“祖国万岁”4个大字，在新年钟声敲响前，航天英雄们亲临现场表达了中华儿女的自豪和勇敢，赵本山和小沈阳的小品《不差钱》效果热烈，来自台湾的魔术师刘谦的“近景魔术”妙趣横生，等等。本届晚会的视觉亮点还在于别致的舞美设计，陈岩已连续12年担任春节联欢晚会舞美设计师，在此次晚会中特别追求“科技的、科学的舞台”。[1]于是，LED超大屏幕安置满台——131根可以升降的小柱子形成了3道幕，既制造了舞台的立体空间，同时又是投放画面的载体，

① 陈岩．举起舞台的杠杆：2009央视春晚舞美设计[J]. 演艺科技，2009(2).

视频内容空前丰富和重要。

这一年令人印象深刻的晚会还有“5·12周年祭”中央电视台心连心艺术团赴四川地震灾区大型慰问演出。晚会的主会场设在绵竹市二号立交桥板房区，分会场设在北川擂鼓镇和德阳东汽。晚会特别强调“振奋人心”的主题，节目以歌曲为主。中央电视台派出了28位主持人的强大阵容，率领近百位演艺明星，现场观众数量超万，是心连心艺术团慰问演出中规模最大的一届。

2010年中央电视台春节联欢晚会的主题是“虎跃龙腾闹新春”，导演金越非常注重营造现场感。歌舞有宋祖英的《让我们舞起来》、毛阿敏的《微笑》、阎维文的《阳光路上》、孙楠和王力宏的《相亲相爱》、谭晶和陈奕迅的《龙文》等，而王菲的《传奇》是静场大唱，“小虎队”再聚首演唱的歌曲串烧带来怀旧激情，小品有冯巩等的《不能让他走》、郭冬临和牛莉的《一句话的事儿》、黄宏等的《美丽的尴尬》，殷桃和闫妮等的《我心飞翔》表现女飞行员的故事成为核心动情点，刘谦和董卿的近景魔术依然扣人心弦，赵本山等带来的《捐助》成为收视率的强劲支撑点，舞蹈《对弈》继续结合了传统武术，等等。晚会群星云集，张弛有度，舞美设计师依然是陈岩，继续对大屏幕的表现进行更深入的探索。

这一年的湖南卫视春节联欢晚会以“相约”为主题，除了明星表演文艺节目，还邀请了2009年国庆阅兵式的女民兵方阵、坚守山村小学53年的父子教师、留学海外的他乡游子等相约，大气而感人。

2010年农历大年初二，北京卫视推出“牵手世界，欢动五洲”第一届北京卫视环球春晚。晚会上中外明星同台献艺，既展现本土文化，也汇集了异域艺术，为中外文化和艺术交流打造平台，在北京卫视的舞台上展示出多元化、高水准和丰富多彩的艺术形式，具有国际化欢乐庆典的性质，同时也彰显了北京作为中国首都的文化聚合力。

2011年中央电视台春节联欢晚会以“春之歌”为题，导演是陈临春、柳钢和马东。歌曲有宋祖英的《天蓝蓝》、谭晶的《旗帜更鲜艳》、韩红的《众里寻你》等，小品数量众多，有邵峰和李小冉的《午夜电话亭》、海清和黄海波的《美好时代》、黄宏等的《“聪明”丈夫》、冯巩和牛莉等的《还钱》、赵本山和王小利等的《同桌的你》，内容十分贴近生活、体现民意。晚会中组合或板块的设计成为亮点，例如有欢快热烈的民族歌舞组合、普通百姓表演的“我要上春晚”大板块等，还有明星表演的“新民乐歌组合”和年轻流行歌手的“新势力歌组合”。尤其是“我要上春晚”大板块特别突出了平民参与，一批具有代表性的普通人在节目中表达自己的愿望，如地铁通道里卖艺的“西单女孩”演唱《想家》、农民工组合“旭日阳刚”演唱《春天里》、深圳民工街舞团的舞蹈《咱们工人有力量》，成为晚会收视的核心拉动点，晚会以贴近性取胜。

同年的湖南卫视小年夜春节联欢晚会的主题是“快乐一家人”，用天南海北的不同阶层的“快乐一家人”小专题作为线索，串起各种文艺表演。除了邀请赵本山等明星加盟、宣传“超女快男”等自己培养的艺人外，还特别展现了国际化视野，邀请了加拿大太阳马戏团、加拿大铜管乐团、朝鲜平壤杂技团和英国的著名女高音歌手莎拉·布莱曼等人前来表演，具有较强的收视拉动力。

2012 年中央电视台春节联欢晚会由哈文担任导演，这是她首次执导该晚会，从而也带来了不一样的面貌。晚会以“回家过大年”的主题，用“龙年”“家”“春晚三十年”“天下一家”4 个板块串联起所有的节目。晚会整体照顾到大众品位和年轻人的视角，尽管依然有明星的演出，但“混搭”“反串”“草根上春晚”的理念给人留下较深的印象。例如开场是歌手们和家人的联唱，又如歌唱家说起了相声。在本次晚会中，舞美设计师陈岩设计的“360 度全背景”成为极大创新点，每一个节目都可以被视频全方位包围，整个舞台直接向观众席延伸成巨大的“T”型台，地面、顶棚、舞台正面及两侧为全息 LED 屏幕，4 层背景墙，灯光“天幕”与演员脚下的 LED 地面内容相互呼应，有的节目还加上了在线虚拟技术，在屏幕上形成 3D 效果。现场观众围坐在舞台两边的圆桌旁，整个中央电视台一号演播大厅是一个“巨大舞台 + 茶座”。这台晚会视频设备投入高，视频画面制作量大，表演与视频的配合也时有亮点，如杨丽萍的舞蹈《雀之恋》结尾，“开屏”的舞姿与的视频中孔雀尾的开屏配合，效果完美，而萨顶顶演唱歌曲《万物生》时，现场成为奇异的热带雨林景观。其他令人印象深刻的节目还有王力宏的《龙的传人》、王菲和陈奕迅演唱的《因为爱情》，以及宋祖英、谭晶、刘欢的歌曲等，小品和相声新人较多，还有了些“无厘头”和“穿越”，郭德纲登上了春节联欢晚会的舞台。“我要上春晚”的特别板块“直通春晚”，集结各卫视歌唱比赛节目的优秀选手选拔出 3 个名额。不过，赵本山和他的团队没有参加本次春节联欢晚会，以往“我最喜爱的中央电视台春节联欢晚会节目评选”也取消。在观众的要求下，节目里也没有了植入广告。

2013 年地方电视台的跨年晚会竞争空前激烈，江苏、湖南、浙江、上海东方四大卫视表现突出。如江苏卫视请来了大批一线明星助阵晚会，零点跨年部分是张学友和周杰伦联袂。不惜重金邀请国内外明星成为了卫视之间最主要的竞争手段，而且都是用成型的歌曲进行堆砌的形态，以明星效应吸引年轻观众、吸引高额的晚会冠名和广告为目的，故大多数晚会的核心竞争力不足。

同年 2 月 1 日，国家新闻出版广电总局发布了《关于节俭安全办节目的通知》。[①] 中央电视台春节联欢晚会剧组也立刻表示，“节俭办春晚”是中央电视台多年来一直秉承的原则。[②]

2013 年中央电视台春节联欢晚会依然由哈文执导，基本沿袭了上一届的理念，大量运用年轻演员，整体编排比上一年更流畅。例如开场的 48 位中央电视台主持人的大联唱《欢歌贺新春》带来了热烈的气氛，随后是“凤

① 2013 年 2 月 1 日，国家新闻出版广电总局发布《关于节俭安全办节目的通知》，要求包括春节联欢晚会在内的节日广播电视节目不要讲排场、比阔气、拼明星，并对电视晚会实施控制总量、错时播出、切实节俭等措施，防止其过多过滥。

② 广电总局发布“节俭令” 2013 央视春晚积极响应 [EB/OL].（2013-02-04）. http://media.people.com.cn/n/2013/0204/c40606-20419861.html.

凰传奇”、王力宏等支撑着看点。本届晚会依然是“全背景”的视觉效果，并更多使用虚拟、3D 等技术，那英的《春暖花开》、李健和孙俪的《风吹麦浪》等视觉设计新奇，而雅尼和常静的《琴筝和鸣》、宋祖英和席琳·迪翁的《茉莉花》、于魁智和托马斯的《迎来春色换人间》则体现了中西文化的碰撞与交融，而李玉刚的歌曲《嫦娥》引出了“神九”的航天员。节目的设计还讲求复合性，如刘谦、李云迪的《魔琴》（魔术与钢琴），郎朗、侯宏澜《指尖与足尖》（钢琴与芭蕾）。此外，地方电视台歌唱选秀节目的选手、一些农民工歌手、《梦想合唱团》冠军宁波队的代表新人和群众进行表演。

《关于节俭安全办节目的通知》下达后，地方电视台的春节联欢晚会创作也将更多的精力集中在内容编排上。例如江苏卫视春节联欢晚会以“幸福团聚”为主题，将 F4 团聚、《新白娘子传奇》三主演团聚、林子祥和叶倩文的团聚等作为重点的主题段落，并没有大量邀请一线明星，赵本山的登台也是因为其电视剧是与江苏卫视战略合作的一部分。湖南卫视春节联欢晚会的舞台则直接沿用跨年演唱会的舞美，在内容上则大量使用本台节目《百变大咖秀》的内容和演员。深圳卫视春节联欢晚会所邀请表演嘉宾全来自本台节目《年代秀》，如赵雅芝、郑少秋、欧弟等。北京卫视春节联欢晚会表现最为突出。2013 年北京卫视春节联欢晚会围绕“爱在北京，幸福共享”的主题，导演孙仝在节目的创新性、编排的逻辑性、视觉效果的奇特性等方面都非常用心。例如从普通市民 30 年的父女照片到京剧“谭派”一家三代事业的传承，“航母 Style”动作第一人沈意和来自全国各地的中航基层员工这样的集体，用“从小家到大家”的递进式情感线索串联展现出家国情怀，同时宋祖英、谭晶、童安格、费玉清、崔健、汪峰、降央卓玛、林志玲等众星的节目精彩纷呈，在一系列“草根”百姓的节目中来自门头沟的《淤白村的大河之舞》感动全场，等等。视觉特效方面，从人屏互动、建筑投影到裸眼 3D 竭尽所能，亮点频出。

2013 年 6 月 8 日，时任中共中央宣传部部长的刘奇葆到中央电视台调研春节联欢晚会筹备工作。他强调，要以改革创新精神办春晚，探索新思路、开门办春晚，把春节联欢晚会真正办成全民大联欢，引领时代新风尚，传递社会正能量。

2014 年中央电视台春节联欢晚会的导演首次任用了台外人员——电影导演冯小刚，赵本山任副导演。于是晚会整体风格和视听语言有了一定改变，一些节目也有着较为明显的“冯氏”风格。例如晚会用短片《春晚是什么》开头，陈道明、成龙、姚明、葛优、李雪健、马云等名人以及普通百姓在其中讲述对“春晚”的理解——将晚会创作的目的和难点告诉观众。演员张国立加入主持阵容并任艺术顾问，节目不分板块而是用了不少串词，还有更多的电影演员参与表演。印象较深的歌曲有霍尊的《卷珠帘》、王铮亮的《时间都去哪儿了》、苏菲·玛索和刘欢的《玫瑰人生》、零点时姚贝娜演唱的《天耀中华》，舞蹈有《万马奔腾》《小马欢腾》和成龙等的《剑心书韵》等。语言类节目较少，小品有蔡明的《扰民了你》、开心麻花团队的《扶不扶》等。冯小刚还用芭蕾和歌曲重点打造了《红色娘子军》段落。

在地方电视台，孙仝继续执导的 2014 年北京卫视春节联欢晚会表现突出。该晚会以“欢乐北京中国梦”为主题，整体面貌青春时尚而又充满温情，节目质量高而且视觉效果好。例如晚会的舞美创意来自从观众中征集的盲童的作品，5 岁的小朋友为此演唱的《你是我的眼》成为核心动情点。该晚会也有《红色娘子军》段落，请来三代主演并表演了表现“军民鱼水情”的欢快段落。同时，其他地方电视台收视较高的还有上海东方卫视、辽宁卫视的春节联欢晚会。这一年各类晚会明显开始减少，江苏卫视干脆停办春节联欢晚会，其他各种晚会的舞美设计也更加简洁。

2015 年中央电视台春节联欢晚会再次由哈文执导，也延续了该团队的创作理念。晚会主题为“家和万事兴”，以“吉祥过大年”“团圆话家常”“家和万事兴”“中华全家福”4 个板块进行编排。刘德华的《回家的路》、莫文蔚的《当你老了》、刘欢等的《从前慢》等温情的歌曲使整台晚会更加温馨，语言类节目多取材于热播综艺节目和热门话题，如贾玲和沙溢的《喜乐街》，岳云鹏和孙越的《我忍不了》、冯巩的《小棉袄》、开心麻花团队的《投其所好》等。晚会还特意设计了“丝路”“非遗”等题材的作品表现时代主题，《新闻联播》的康辉也加入了主持阵容，此次晚会还与微信“摇一摇”合作，向观众派发过年红包。

2015 年地方电视台的晚会创作也更加丰富多彩。湖南卫视小年夜春节联欢晚会以情侣档、好友档、闺蜜档等参与方式诠释“在一起喜洋洋”的团聚主题，沿用品牌节目与春节联欢晚会紧密结合的风格，让《一年级》《爸爸去哪儿》《我是歌手》中的明星嘉宾悉数亮相，同时请到人气组合 TFBOYS 吸引大批年轻观众。在技术上，本台晚会开启多屏全视角网络互动直播，推出全景、左右特写、明星必经通道、后台游机机位 5 路直播机位，观众可通过芒果 TV 的 PC 端、移动客户端、互联网电视和湖南 IPTV 观赏台前幕后的所有内容。农历正月初一晚，湖南卫视又继续推出“文化中国·四海同春”2015 全球华侨华人春节大联欢，延续小年夜的主持阵容，同时采用“发弹幕，摇一摇”的互动形式。

北京卫视春节联欢晚会继续由孙仝执导，以“和美北京中国梦”为主题，新创及改编节目占 90%。由舞蹈家杨丽萍编导、集合两代“孔雀公主”的舞蹈《莲花心》成为晚会原创节目重头戏，晚会还将京剧界两个传承百年的世家传人请到现场——谭鑫培的谭家和梅兰芳的梅家，现场合作《坐宫》，不仅绵延两家情谊，更传承国粹精华，语言类节目较前两年明显增长，包含了在“2014 北京喜剧幽默大赛”中荣获一等奖的作品《开会请关手机》，歌舞类节目以“混搭”出彩，喜剧演员范明和美声花腔女高音歌唱家幺红合作了《羊年说羊》，由李光曦、刘秉义、杨洪基三位老歌唱家组成的老顽童组合继续挑战摇滚歌曲《花房姑娘》，这台晚会成为农历大年初一当天的全国收视冠军。

辽宁卫视春节联欢晚会主题为“让世界看见”。晚会集结了潘长江、巩汉林、郭冬临等小品演员，也邀请喜剧新锐开心麻花团队加入，同时聚集了王菲、那英等明星，显示了一定的气魄和胸襟。

上海东方卫视的“春满东方”2015羊年新春群星大联欢主打“跨界”，南北文化的交流，中西艺术的交融，国内外明星嘉宾以不同组合形式出现，彰显国际化视野。如费玉清搭档蔡明共唱《亲密爱人》，舒悦搭档侯耀华带来《谁骗谁》，名嘴崔永元与黄西带来另类脱口秀，蔡国庆联手SNH48带来说唱表演，等等。晚会中，70年代风靡全香港实力组合温拿乐队再聚首也引发相当大的话题关注度。

2016年中央电视台春节联欢晚会的主题是“你我中国梦,全面建小康”，由吕逸涛执导。本届晚会重新启动了以中央电视台一号演播大厅为主会场，在西安、广州、泉州和呼伦贝尔设立分会场的多地联动形式，也为此采用了地域性较强的节目，如西安分会场的《盛世鼓舞》、呼伦贝尔分会场的《在你伟大的怀抱里》等。同时，晚会风格更加注重政治性，主持词和节目都直抒胸臆，在2016年“十三五规划”开局之年唱响了时代的主旋律。晚会还通过公益片《父亲的旅程》引出歌曲《父子》，而小品《将军与士兵》结合“世界反法西斯战争胜利70周年大阅兵”演绎军人情怀。

同年北京卫视春节联欢晚会依然由孙仝导演，晚会以“家家好，国家好”为主题，整体上追求温馨而深情的风格。针对即将到来的猴年，晚会请来了与多个《西游记》版本有关的表演者，如六小龄童、罗家英、黄渤等。其中裘继戎的表演颇有新意，晚会在舞美上也融入了天宫元素。为表现京味儿文化，晚会还特地展现了“燕京八绝”的精工制作。现场的百位平凡而幸福的百岁老人，更体现了“家”的核心。诸多中外节目共同打造喜庆团圆的氛围，尤其是温馨而美好的节目观感更有别于其他春节联欢晚会。

辽宁卫视春节联欢晚会依然主打语言类节目的特色，以宋小宝《吃面》为代表的小品实力强劲。同时该晚会在传统与经典的融合上也做了不少尝试，如周华健的《有没有那么一首歌》配合皮影戏进行演绎，还有六小龄童与全息技术的精彩配合，实现了观众缅怀《西游记》的期待。

江苏卫视春节联欢晚会延续情感路线，以“我们更幸福”为主题，多处采用了怀旧元素。例如邀请《戏说乾隆》的主演郑少秋和赵雅芝献唱主题曲，重温80年代出道的草蜢乐队金曲等。同时，晚会请到承载国民体育精神的几代中国女排的代表，如第一代老女排的“铁榔头”郎平、“白银一代”孙玥、“黄金一代”赵蕊蕊和当今女排的惠若琪、张常宁，引发各年龄段观众的集体记忆和梦想。

上海东方卫视春节联欢晚会主题为“春满东方”，延续“海派”风格，邀请了邓紫棋、郭达、郭德纲、于谦，以及迈克学摇滚等国外明星团体，整体风格时尚而大气。

湖南卫视小年夜春节联欢晚会的主题为“合家欢，更青春”，不仅主持串联更加灵活风趣，话语表达也更加时尚，节目编排内容设计和嘉宾选择上也都更加年轻化。晚会还邀请了张柏芝上演冰上电视首秀，打造冰雪嘉年华，多个节目在冰上的互动也成为本次晚会的核心创意点。在农历大年初一，推出了“文化中国·四海同春”2016全球华侨华人春节大联欢。

第四节　产业化背景下电视晚会的常见形态

一、综艺晚会

（一）综艺晚会的基本特性

综艺晚会是最常见也是数量最大的晚会形态。其“综艺”在于一台晚会中包容了多种文艺样式，即相对于电视文艺专题、电视剧、电视音乐、电视舞蹈等较为单一的电视文艺节目而言，是综合性最强的形态。例如中央电视台春节联欢晚会里，就有歌曲、舞蹈、相声、小品、戏曲、杂技、游戏等品种。

正由于品种的丰富多样，晚会就容易具有活泼的氛围和视觉效果，例如曾有春节联欢晚会节目“三大支柱”的说法——歌舞、相声、小品，尤其是相声和小品，成为喜剧效果的直接出口。综艺晚会一般会追求喜庆、隆重、欢乐的效果，制作手段相对复杂、色调变化丰富、场景五彩缤纷、明星荟萃、表演者众多，对于时间较长的晚会，表现主题也相对丰富。由此，晚会的受众就会特别广泛，内容的多样性正是为了满足不同行业、性别、年龄段的受众的爱好，这样的晚会也特别适合家庭性或群体性的收看方式。

就节目容量来看，时间比较长的晚会也会采取综艺的形态。这种晚会往往成为重大时刻的首选形态，亦可根据其重大程度，选择格调亲切或高雅。相对亲切的，可以有游戏的加入，主持人表达更活泼随意，具体节目更喜庆欢快，互动性更强，更贴近大众；相对高雅的，可偏向音乐舞蹈史诗风格，内容技艺更精尖，艺术性更强，结构更严谨，整体语言风格大气审慎。

（二）综艺晚会的市场化延伸

在市场化趋势下，综艺晚会的“看点”被更加重视，如更讲究如何吸引眼球，即场景华丽、明星云集、加入互动元素。目前，音乐舞蹈史诗类的晚会通常适用于更为严肃重大的政治背景，而更多的综艺晚会适用于表现庆祝、欢乐、相聚，甚至是一种集体狂欢，娱乐功能得到极大延伸。一段时间以来也正由于综艺晚会对内容和受众的包容性，不少电视媒体将其作为主要的创收工具。

无论媒体还是政府，都充分利用重大的节庆和重大活动打造综艺晚会，以制造巨大的商机，或为活动宣传制造轰动效应，甚至直接植入广告，还用“红包”拉动收视，如春节联欢晚会、大型文艺晚会等。而平时的一些巡演式的栏目化晚会，其主题则是地域宣传——根据不同地域的政治经济特点进行设置，而文艺表演也与之有一定关联，同时为当地民众提供一次与明星欢聚的机会，如《中华情》《同一首歌》《欢乐中国行》《乡村大世界》等。当市场化程度越深，晚会的视觉效果就越华丽，变化越多，明星也越多，也可能主题就越难以集中和深刻；而且场面越大，晚会性质就越偏向歌会。

二、专业晚会

专业晚会是相对于综艺的晚会形态。“专业”指所包容的文艺品种或形式相对单一，如以诗歌朗诵为主的诗会，以歌曲演唱为主的歌会，以语言类节目为主的相声、小品晚会，以音乐、歌舞为主的歌舞晚会，以各类戏曲为主的戏曲晚会等。

由于专业晚会的主题、风格表现比较深入或专业，观众可能会因个人兴趣爱好不同而进行选择性收看。因此，这类晚会的内容一定要考虑知音型受众的需求，把握好专业表现的深度。同时，也要适度照顾对此类节目内容感兴趣但又不够深入了解的观众。还有的晚会选择的专业形态是被主题所限定的，一些主题严肃甚至悲伤的晚会就不适合大量采用歌舞、歌伴舞的方式，如赈灾晚会之类就应以诗歌朗诵、歌曲演唱为主，而且更多采用群诵、合唱，以集体力量表达战胜困难、争取胜利的决心，的确能够造就庞大的气势。

专业晚会中目前最具市场效应的是歌会。市场化对晚会的最大启发就是尽可能降低成本并追求最大回报，这就是歌会生存和发展的最充分理由。由于歌会样式以唱歌为主，整体创作相对简单，而且往往是把市场上已经流行的、现成的歌曲找来让具有市场感召力的明星演唱，动用的技术手段也相对简单。由于歌会所对应的观众层面比较单一，年轻人较多而且都具有共同的爱好：听音乐、追歌星，并不像综艺晚会观众那么爱看热闹，因此对晚会的视觉效果并没有太多要求，能有一个深入观众席的舞台最为重要。所以，《同一首歌》的舞美设计可以很简单，而且因为节目里有明星，收视效应也不会差。

当然，一个栏目化的晚会由于播出周期很短，形象也不可能有极大的变化，环节也不能太过复杂。当舞美以一个大屏幕为主时，其形象根据主题、地域进行的变化就显得更加容易。同时，为了增加可看性，许多歌会将伴舞引入或逐渐演变为歌舞晚会。

近年来随着竞争的日益激烈，各电视台和频道纷纷意识到歌会的市场潜力，不断开发新的主题，如已经有十几个电视台在新年加入了跨年晚会比拼的行列，尤其对传统文艺创作综合实力不强的频道来说，歌会也更容易操控。

一段时间以来歌会的市场化，是来自地方政府或行业的宣传推广需求。例如《同一首歌》走入厂矿企业，《欢乐中国行》去往地市景区，《中华情》的“山庄月”“江城月”之类，既是节目又是广告，尤其是当地景观的引入，使地域性在视觉上也得到表现。就形态的构成角度来说，因为语言类节目不适合大场地传播，这就直接导致几乎所有在大广场上表演的晚会都具有歌会的性质。正因为其表演场所的广大，有的能够具有较大经济投入的大型歌会又与景观晚会紧密联系起来，同时打造视觉奇观。

三、专题晚会

晚会的形态与主题表达有最直接关系的是专题晚会。“专题”即独特、专门的主题，所以有时也被称为“主题晚会”。

专题晚会的主题可能会显得比较特殊，但并不是说其他晚会没有主题，例如综艺晚会也需要明确的主题来衔接节目，但专题晚会的主题更加突出、更加重大，或是专门为某个专业主题或突发事件而制作，而且往往是时效性极强的晚会。因此不会频繁、随意地编播，其具体形态的呈现可以是综艺性的，也可以是某些专业样式突出的，因此可能与综艺晚会、歌会的形态有重合。

换句话说，专题晚会的思想性、实用性更为突出，往往都有一定的纪实成分，文艺表演与纪实片段紧密结合，形成夹叙夹议的构架或形态，传达更深入、更具体的思想意义。如纪念建党 70 周年大型文艺晚会、庆祝北京申奥成功文艺晚会、救灾赈灾晚会、宣传艾滋病防治的晚会等。最重要的是，当这类晚会的思辨性和功能性极强时，文艺节目的数量或成分就会减弱，而成为一种串联、调剂、点缀手段或主题转折的契机，晚会的核心是对人物事件的分析和介绍。正如专门维护消费者利益的“3·15”晚会、感动中国人物颁奖晚会等，所有的文艺节目都和主题直接关联，如歌曲《雾里看花》就是为“3·15”晚会的打假主题而创作。

在专题晚会的创作中，纪实与艺术的结合是否恰当成为创作的关键，而且观众收看时会更多去体会主题是否深刻。换句话说，对于主题的设置和明确表达正是专题晚会所擅长的。在综艺晚会泛滥的环境下，这类晚会以特色和功能取胜，当然也可能受众面相对较窄，同时纪实片段的插播和现场访谈段落可能削弱气氛，特别是大场景本就不适合传播语言类段落。另一方面，因其思想性、专业性不如单纯的专题节目表现得直接和深刻，这种节目不太容易获得现场的热烈响应，所以不会是晚会的主流形态。

近年来比较常见的专题晚会主要有节庆纪念、颁奖、行业纪念等，继而也呈现出相应的模式化倾向。

（一）节庆专题晚会

节庆专题晚会一般是为节日、纪念日和可预期的重大活动创作的晚会，无论是国家性、民族性、民俗性的节日还是纪念在历史上产生深远影响的人物、活动、事件，主题必然是围绕节庆的内涵做文章。大型的节庆晚会因为主题重大、篇幅较长，于是会经常表现为综艺形态，就像“十一”“七一”晚会，都会追求喜庆、热烈、夺目，也因其主题内涵的丰富更常表现为综艺晚会。而相对严肃或小的节日或纪念日，如清明节、重阳节、世界艾滋病日、“3·15”等，需要传达较为集中、鲜明、特定的思想性，篇幅也较小，往往呈现出具体事件或人物故事（新闻）与文艺表演的结合，而被划入专题晚会。

在这类晚会中，现成可用的文艺节目有限，往往要为具体事件或人物进行创作，甚至有的真实的人和事需要改编成小品，然后用歌或舞抒情，需要在前期进行深入细致的采访。

（二）颁奖晚会

颁奖晚会和评选、评比有着直接关系，是赛事的最后结果，也往往是赛事的主要宣传手段，有不少竞赛只有颁奖晚会获得播出，晚会也自然都要承载着对赛事的解释和介绍功能。

颁奖晚会因为赛事而获得了结构的逻辑——决赛或颁奖流程是晚会内容构架的基础，尤其是一些颁奖和决赛同场次进行的晚会，可以造就一定的悬念感，即颁什么奖、谁获奖等。所以，悬念的制造和解决是晚会进程的驱动力。在颁奖晚会中穿插的文艺表演应该不仅要表现主题，还要调剂节奏和协助具体进程，如统计分数（票数）的完成，填补现场空白，并创造现场热烈气氛。

这类晚会的整体设计特别注重仪式感，例如有的晚会十分重视嘉宾入场或走红毯，而且舞美的设计也应该着力于突出奖项的尊贵和崇高——要对颁奖者、获奖者、开奖者上下场路径进行规范。尤其是非娱乐类的颁奖，由于观众不熟悉参与者，要特别注重设计多方人物上下场行动的视觉效果，让观众尽快看懂他们的功能。就音乐、影视类的颁奖晚会来说，本身就具有较强的娱乐性，明星嘉宾的到场和表演的节目都是看点，其收视效应往往较好。同时还要考虑明星和观众的互动，这是拓展收视颇有实效的角度。

（三）行业晚会

行业晚会指主题与某行业的专业性或业绩有关，经常会展示行业成就，也往往要歌颂其中的英雄或优秀人物，如公安部晚会、教师节晚会、“三农”晚会等。当然，这类晚会有大有小，如公安部晚会，在主题突出的同时，基本上也是一个大型综艺晚会。这类晚会创作的关键也在于要把握好行业特性与文艺表演间的关系，设计真实事件或人物与节目的衔接，总体上是要追求喜庆又感人的效果。

实际上，这类晚会的市场意义与行业广告、宣传推广是难以分割的，从而具有较强的市场宣传属性。不过近年来由于电视台对各类软广告的控制，纯针对具体行业进行商业宣传的晚会越来越少，很多具有公益性且与人物颁奖融合，有的和一些特别纪念日的晚会重合，还有的转而邀请歌会到当地，将需要宣传的内容植入其中的互动或插播环节。

回首晚会的发展历程，可谓经历了风风雨雨。例如1985年中央电视台春节联欢晚会曾引来激烈的批评；1998年前后也因投入越来越高、规模越来越大，中央电视台率先控制了数量。新世纪来临时，随着电视整体变革速度加快和创作观念的不断变化，晚会的数量又逐渐增多，并呈现出主题化、专业化的发展趋势。待到文化整体被引至产业化趋势时，因其良好的收视效应而又出现日常化的趋势，不仅一些栏目的特别节目是晚会形态，连栏目本身也是晚会，还有一些栏目的特别节目逐步发展成大型晚会，如中央电视台军事农业频道（CCTV-7）的《乡村大世界》连续多年播出针对全国农民的春节联欢晚会。

与此同时还应看到，在国家特别注重经济建设并努力拉动国内生产总值（GDP）的同时，社会并不富裕，从而对文艺创作投入严重不足，导致不少电视节目为了填补播出空白仓促完成，很难给人留下深刻印象；而另一方面由于“抢眼”成为重要指标，少数作品在技术创新上投入巨大，后面的一些晚会场面越来越大，大屏幕的视频制作内容也越来越多，甚至一些晚会中关于人的设计和具体节目内容创作大幅度退化或被人为弱化，导致视听效果震撼耳目，却不一定能打动心灵。

在投入与回报的问题上，近年来一些其他演出活动也对电视晚会有较大影响。例如张艺谋等执导的2008年北京奥运会开幕式，尽管不是我国编导团队担任主创，仍然在行业内引起了强烈震动。建筑面积达25.8万平方米、能有8万个固定座位的奥运比赛场地“鸟巢”，至今无疑是国内最大的表演场地，其中的创作尤其是国家级、世界级的创作定会为所有广场表演提供经验。该场地动辄一个节目的表演人数超过 2000，高空有焰火，地面乃至“碗边”（场馆顶部边缘）都有视频配合，演员也是天上地下多角度进出。此后，还有张艺谋 2009 年执导的国庆 60 周年大阅兵、张继刚 2009 年执导的“复兴之路”大型音乐舞蹈史诗、陈维亚 2011 年执导的“我们的旗帜”纪念建党 90 周年大型文艺晚会等，都是值得整个文艺界认真研究的案例。

实际上，晚会从 2013 年开始骤然“降温”，与 2012 年 12 月 4 日中共中央政治局召开会议确定的《关于改进工作作风、密切联系群众的八项规定》有着直接的关系。随后全国的政治和日常生活风气都有了极大转变，晚会这样的高投入节目形态只有在重大时刻及节庆日举办，并且出现了“中国梦”系列。晚会逐渐成为一种稀缺的品种，相关创作队伍任务大减，而一些相关资本转移到了真人秀等综艺节目形态。

第五章　电视文艺专题

文艺专题是电视文艺发展过程中的一个重要部分。早在黄一鹤的《介绍小提琴协奏曲〈梁山伯与祝英台〉》（1961）中，导演就在具体创作时深入运用或加入了自己对电视特性的理解，使文艺本体进入电视后进行电视化的处理——夹叙夹议的结构、插入电影画面、让乐队表演式演奏、有机选择拍摄机位与角度、镜头切换与音乐发展相呼应，从而形成前所未有的电视文艺节目形态。

第一节　电视文艺专题的概念及基本形态

一、电视文艺专题的概念

在实践中，我们经常使用“专题”一词，而且“专题”往往与别的词构成词组，从而形成不同的含义，如“专题节目”“专题片”“专题文艺”“专题晚会”“文艺专题”等。但何谓“专题”？在理论研究和实践中概念都比较混乱。

“专”本是独、特，对应于综、多、泛，常联系“专门”“专业”。当一个节目不能确定其类别与形态时，往往是因其特殊性或专业性被称为“专题”，即所有为某一特殊主题创作的节目都可称为“专题”，甚至是某一个独特的形态——内容形式为主题表达服务。早期的《介绍小提琴协奏曲〈梁山伯与祝英台〉》节目样式无法界定，就被称为专题。

所以，专题既可以是一个独立的形态，也可以进入栏目，还可以落实为综艺晚会。最为核心的是这类节目能够突出表达思想性与艺术观，会对现实进行高度提炼和概括，绝大部分节目的最终构架往往是夹叙夹议的。

从风格上看，专题有纪实性的，也有非纪实性的。曾经有很长一段时期，作为纪实性的专题，业内很难划分它与纪录片之间的界限。当纪实性的节目进一步发展并呈现一定规模时，专题片与纪录片的区别逐步凸现出来，表现在如下方面：专题片更注重围绕主题表达一定的思想性，而纪录片更注重尊重史实；专题片可以跨越时空，挑选有利于表达主题的事件，把史实当作创作素材，而纪录片应尽力遵循客观时空发展顺序，忠实展现事实本身；专题片的结构是史实与观点交融，夹叙夹议，而纪录片是以史实说话，即使有观点，也要寓于史实中。当然，二者的界限有时并不是十分分明，也有介于二者之间的作品存在。

二、电视文艺专题的形态

作为“专题文艺”，实践中定义也比较复杂，大概呈现出三种形态。

一是以文艺为题材，推介、评论、记录艺术人物和作品及事件的节目，如在早期的《文化生活》（1961）中就常见一些文化人物的专访、文化现象的反映、对文艺活动的纪实等。由于被反映对象的艺术特质，节目编导在结构、声画结合等方面往往精心设计，特别强调抒情与纪实的有机结合，这类作品数量较多。

二是因某个主题将文艺与纪实手法结合，或较多运用文艺样式抒发情感、纪实与文艺形成夹叙夹议的关系的节目。如以刘郎编导的《西藏的诱惑》（1990）为代表的一批作品，还有前面提到的中央电视台的《周末文艺》（1984）播出的《人与人》系列（1988），当时就称为专题文艺节目。节目经常先搬演从现实生活中提炼出的小品，然后现场观众参与评论是非曲直，最后当红歌手现场演唱一首相关主题的歌曲作为节目的结束。1989年中央电视台春节联欢晚会中就完全地搬演了一回：聂卫平的姐姐聂姗姗为患白血病的小保姆治病，在一段对事实的访谈之后，韦唯唱起了歌曲《爱的奉献》。其实在诸多中央电视台春节联欢晚会中经常有这样的“四不像”，并经常用于创造出动情点的段落，如1986年老山战士的婚礼和战斗英雄献诗，1995年的《看看母亲河》，1998年的纪实访谈《母亲河》，2003年的《国土的汇聚》，等等。如果这样的段落较多，文艺表演又比较少的，则构成专题晚会形态，如“3·15”晚会、各种颁奖晚会等。

三是文艺作品的电视化处理，即将文艺作品改造为与电视手段相适应的形态，或进行文艺本体的“电视化”“影像化”的深入探索。例如诗、音乐、舞蹈等文艺样式的电视化的作品——早期的《介绍小提琴协奏曲〈梁山伯与祝英台〉》（1961）、《墨舞》（1986）、《杨丽萍的舞蹈艺术》（1989），后来的音乐电视、散文电视等。这样的作品结构相对简单，篇幅也不长。

综上所述，当文艺类的专题成为一种节目样式时，意味着对主题的深入表达或专注于艺术本体的电视化表现，而且狭义的专题形态可能是一种单独成篇的节目形态，与栏目、晚会等其他节目的制作有较大区别。这类节目往往采取录播的方式，不带现场观众，有较为复杂的后期剪辑。换句话说，当专题作为一种节目形态被提及，则往往针对综艺等较为复杂的形态。

事实上，电视对文艺本体的电视化来说一直有两种状况：一是依托于本体，往往根据现有的一些作品来进行电视化处理，例如先有文学文本然后构思制作声音画面、依据现成歌曲设计并拍摄画面，给舞蹈配设计背景、给相声配画面等；二是没有现成的文艺本体作为依据，而是编导直接构思并创作声画俱备的作品。

在电视实行栏目化之前，作为具有一定长度的节目形态，专题是非常重要的节目形态，曾经有着丰富的成果。

第二节　电视文艺专题的成长与萎缩

在我国电视发展的早期，除了《介绍小提琴协奏曲〈梁山伯与祝英台〉》那样的转播或在演播室里录制的专题节目之外，由于创作观念和技术条件所限，声音创作往往很少采用现场同期声，而更多在后期制作解说和配乐，导演的主观创造得到极大发挥，从而呈现出独特的艺术气质。例如陈汉元编导的《收租院》（1966）中大量使用解说词，这种纪实的作品以解说词的创作为先导，从而呈现出独特的风貌。

20 世纪 80 年初至 90 年代初，随着电视表达手段的发展和成熟，以及文艺本体的发展，编导的电视思维逐渐形成，文艺专题的内容形态开始发生较大改变，产生了一批具有影响力的作品。

一、人物专题

在常规的栏目里，艺术人物的专访大多是访谈加艺术作品的介绍，形态比较单一。1989 年郑鸣编导的《杨丽萍的舞蹈艺术》带来全新的视听享受，该片长 20 分钟，其实是编导视角对杨丽萍舞蹈的重构，包含了《雀之灵》《雨丝》《月光》《火》4 个舞蹈的片段，充分体现其个人特质及其舞蹈神韵。其间还穿插了杨丽萍独自练习、编排舞蹈的镜头，声音则以日本喜多郎的电子音乐贯穿全篇，配以简短的字幕，剪辑上大量采用叠化、慢动作。该片不仅是对人物的介绍，还有对舞蹈的重新架构，使舞蹈远远超脱于舞蹈本体和舞台——艺术本体成为电视创作的素材或元素，从而诞生了带有强烈电视导演思维特色的作品，同时成就了当时将文艺本体进行电视化创作的代表作。

此阶段地方电视台的优秀人物专题还有贵州的《刻刀下的黑与白》（1986）、吉林的《朝阳与夕阳的对话》（1990）、山东的《方荣翔》（1992）等。《刻刀下的黑与白》介绍了版画家董克俊的生活和创作，而且从他青年时代身患重病到最终找到艺术作为生命的依托，揭示了艺术与人的生命之间的关系。《朝阳与夕阳的对话》讲述了作曲家雷振邦、雷蕾父女的故事，而且在声音、语言方面采用旁白、画外音、音乐和音响交织的手法进行表达，优美而抒情。《方荣翔》一片在主人公已逝世3年的情况下，对有限的影像资料进行整合，表现京剧表演艺术家方荣翔“清清白白做人，认认真真演戏”的高尚情操，在画面、声音的处理上，编导特别注重节奏的处理。例如“包龙图打坐在开封府”这句唱腔用了3次，每次都对情绪起到较大的推动作用。

二、文学专题

电视文学专题则反映了文学创作传统对电视创作的深刻影响，而且这类节目创意往往来源于先有的文学作品（在一段时间内不少电视台的文艺部里设立了文学组，中央电视台同时还设有歌舞组、戏曲组、综艺组）。从早期的文学专题来看，是电视赋予文学以生动具体的画面，后来由于电视剧等形态越发清晰，发展为电视散文节目形态。这不仅满足了不同层次观众的需要，也使文学更贴近大众。

例如，中央电视台拍摄了《文学宝库》系列（1978），有鲁迅的《故乡》和《孔乙己》、安徒生的《卖火柴的小女孩》等；电视报告文学《雕塑家刘焕章》（1982）、《岳安林和他的妻子》（1984）；电视专题片《早起的北京人》（1983）。中国电视剧制作中心拍摄了电视报告文学《小木屋》（1984）等。

除了中央电视台，江浙一带的电视台相关创作相对发达，如江苏在1984—1986年间有电视小说《最后一片叶子》（1984）、《小巷通向大街》（1984）、《看不见的珍藏》（1984），电视诗体小说《零点归来》（1984），电视诗《门槛》（1984）、《古诗三百首》（1984），诗体报告文学《生·爱·死》（1984），电视散文《街声》《女儿的责问》《荷塘月色》（1984），电视文学小品《眼睛》（1993），电视报告文学《大路岁月》，电视文学片《梦故乡》《落花生精神的倡导者——记“五四”时期著名作家许地山》《月是故乡明》，等等。1987 年 11 月，北京和江苏的文艺评论家曾聚集南京，就电视小说的文学特性和文学节目在电视中的地位、作用和发展方向进行了热烈讨论，并肯定了该电视台的探索。

三、音乐专题

电视文艺专题中与音乐有关的节目数量很大且形态多样，有的被称为“交响音画”“音诗画”，还有就是将音乐作品电视化。各电视台纷纷推出佳作，同时体现出音乐、电视与文学的融合。

例如，中央电视台的《啊，草原》（1982）和《松花湖的金秋》（1984），上海的《森林日记》（1982），安徽的《将军的摇篮》（1983），云南的《祝福你孔雀之乡》（1986），江苏的《阳关三叠》，青海的《梦界》（1987）、《天驹》（1990）、《西藏的诱惑》，等等。山西的成就尤其突出，编导李保彤、张成田、潘大为等从 1986 年开始创作了《走西口》《好大的风》《歌从黄河来》《太阳之子》《路的记忆》等作品，连年在全国获奖。

《西藏的诱惑》以三代宗教僧侣虔诚跋涉在朝圣之途为经线，以四位著名艺术家的创作活动为纬线，精心编织了西藏的“诱惑”——一种博大雄浑的境界，即“人人心中有真神”的朝圣精神和“世上人人都洗浴，未必都在水之中；忏悔是心灵的洗浴，省悟是血肉的再生”的人生哲理。画面、解说词、音乐、歌曲都倾注着浓厚的感情色彩，自然景观被表现得宁静、从容，解说词和音乐却都是激情充沛。

此时还有其他艺术门类的专题，例如中央电视台编导余琳创作的《墨舞》（1986），将书法与舞蹈进行创造性的融合，利用电视手段创造出新的艺术境界。

在1989年中央电视台举办的国庆40周年专题文艺节目展播中，地方电视台选送的节目内容与样式都非常丰富。例如安徽的《土地、人、乐园》将新闻事实与文艺演出结合，湖南的《一方水土养一方人》将歌舞和民俗相结合，辽宁的《播种理想的土地》将歌曲、辽河油田生产与风光结合。

不过，当栏目成为电视常态节目的播出格式之后，极大制约了文艺专题的发展。到20世纪80年代末，诸多专题片已经被放在栏目的主要板块中播出，如中央电视台的《百花园》《花信风》《地方台30分》等栏目就推出了地方电视台的一大批电视文艺专题片。进入90年代初，《旋转舞台》（1985）栏目也一度成为中央电视台电视文艺专题播出的重要窗口，如歌颂老一辈革命家和反映革命老区新面貌的音乐专题片《大山的奉献》（1990）、集合反映新北京风貌的歌舞专题片《飘荡在京华大地上的旋律》（1991）、集合多首曲艺单曲的《九曲》（1990）、歌颂化纤纺织企业成就的歌舞专题《银色的依恋》（1991）、表现舞蹈家刘敏作品的专辑《梦——舞蹈家刘敏艺术撷英》（1992）、反映青年舞者于晓雪的艺术追求的《雪落心灵——一个舞者的独白》（1993），等等。此时长春电视台的编导孟欣也连续创作了《长春春常在》《东北风》《中国风》等作品，都显示出文艺专题题材、风格的多样。

随着栏目化的深入，专题的形式和内容充分融合与栏目的模块化有着极大的矛盾，而且由于较短的节目更容易放入栏目中，专题在篇幅上也受到很大局限。为了与栏目化的播出方式相适应，也曾因为MTV，“××TV”成为诸多艺术形态电视化处理的代名词。

狭义的文艺专题片一度逐步演变细化为音乐电视（MTV）、文学电视（散文TV、诗歌TV）、曲艺电视（相声TV）、舞蹈电视（舞蹈TV）等新形态，篇幅短小的音乐电视最先凸现出来。

第三节　电视文艺专题的分化

一、音乐电视的发展

有不少人因为 MTV（Music Television）是外来的，认为音乐电视的节目样式也是从国外引进的。“MTV”一词本来是于 1981 年 8 月 1 日开播的美国音乐电视频道的名称。20 世纪 80 年代末，当我们能看到 MTV 中文频道时，它的宣传语“MTV 就是音乐电视”脍炙人口，于是我们的音乐电视节目借用了这一称呼，很快被人们争相传诵，成为“电视化地表现音乐作品”这一节目类型的代称。

国内音乐电视的发展基础深厚，在 1990 年中央电视台出版的《电视业务》上，时任中央电视台文艺部副主任胡恩就撰文《浅谈歌曲的电视化处理》，对当时歌曲在电视中的处理手法进行了全面总结，这对于今天的音乐电视创作来说，也仍然具有实践意义。

1. 舞台记录式

舞台记录式，即“依靠导演现场对歌曲作品的理解和风格的把握，通过电视镜头在景别、角度、节奏上的变化，使歌曲节目取得比现场演出更好的效果”。编导对歌曲进行现场录制，忠实于舞台演出，有强烈的现场效果，这种方法简便易行，成本低廉，在当时的电视界普遍采用。

2. 画面拼接式

“编导按照预先的总体构思，在歌曲的艺术处理中，分段插入或全部采用与歌曲相关或相离的画面，帮助观众完整地实现歌曲欣赏这一艺术过程。所谓相关或相离者，又可称之为‘对位’组接或‘错位’组接。这种拍摄可能是内景，也可能是外景的。”

3. 情节化处理式

这种方式显然是受到电影的影响，它指编导“按照歌曲所表达故事脉络或意境，进行情节化构思、处理，使观众在情节矛盾的冲突发展中加深对歌曲的理解和欣赏，从而完成娱乐和审美的功能”。

4. 舞蹈化处理式

为歌曲伴舞通常有两种方式：一种更注意烘托气氛，创造视觉效果；另一种是舞蹈的编创根据歌曲内容进行创造，歌与舞相辅相成，既烘托气氛又升华主题。

5. 电视特技处理式

指对电视歌曲进行后期的特技“包装”处理，或在创作构思时就考虑特技制作效果，先期拍摄的内容是后期特技处理的素材。

从这五种处理形式中我们可以看到，当时创作实践的状况已经构成了音乐电视的形态和创作理念，音乐电视的发展有多方面的基础。

一是电视音乐节目对电视化的探索。这更集中在文艺专题节目的创作中。若说起我国早期具有典型音乐电视意味的作品，其实北京电视台的编导马戎早在1986年就创作了汇集郭峰作品的电视文艺专题《让世界充满爱》，但因当时处于不宣传个人的氛围而未得到普遍认可。前面提到的中央电视台的《大山的奉献》《飘荡在京华大地上的旋律》《银色的依恋》《九曲》等，都可视为音乐电视专辑。

二是电影电视作品中的歌舞片。电影在发展过程中有着大量的歌舞片，有的是对文艺节目表演的记录，如《东方红》《长征组歌》等；有的是歌舞与故事结合，如一大批少数民族题材的作品，如《刘三姐》《阿诗玛》《冰山上的来客》《五朵金花》等；还有一些故事片中的插曲，如《地道战》中的《主席的思想照四方》，《上甘岭》中的《我的祖国》，《甜蜜的生活》中的《我们的生活充满阳光》，等等。这些歌舞片往往用于人物抒情，或调剂整体节奏，内容经常可以相对脱离原片故事情节、相对抽象，有时是该片典型画面的聚合或优美场景的展现，而且都是外景拍摄。

三是音乐作品的强大创作基础推动了音乐电视的发展。在电视文艺繁荣的初期，各电视台都举办了许多文艺类竞赛节目，而中央电视台于1984年开播的两年一届的“全国青年歌手电视大奖赛”是最典型的代表。大赛中不仅推出了许多新人新作（参加比赛的大都是新歌手，而且参赛歌手自选的作品中必须有一首新歌），还为繁荣歌曲创作做出了巨大的贡献。获奖的无论是通俗、民族、美声，还是作词、作曲、演唱者，后来都纷纷成为歌坛的风云人物。为适应在电视这一主流媒体上的发展要求，许多词曲作者纷纷为歌手量身定做电视作品：歌曲长短在5分钟以内，歌曲演唱者只有一人，而且充分考虑到演唱者自身条件——音高、音域、音色、表达方式等。可以说这种做法是音乐电视对歌手进行“包装”的开始，也为音乐电视的创作提供了大量素材，地处北京、上海尤其是广州的一些音像公司也成为强有力的创作力量。一时间，音乐电视作品无疑起到了最主要的宣传作用，也带来了良好的经济效益。

四是外来电视音乐节目的影响。从20世纪80年代起，一些外来电视节目影响广泛，在音乐电视方面主要有类似MTV中文频道的节目，以及来自香港、台湾地区的一些流行音乐节目。特别是1990年初中央电视台编播了当时台湾最受欢迎的节目《潮——来自台湾的歌》，台湾的流行音乐、歌手和主持人的特殊风格被集中展现，在广大观众和电视编导中激起了强烈的反响，这对当时音乐电视节目的创作无疑是一种提醒。不久之后开播的《正大综艺》中的“名歌金曲”板块也介绍了一些国外的作品。

不可否认，我们的音乐电视在发展过程中受到不少外来作品的启发，而且在早期，外来作品的创作出发点和我们原有的音乐电视作品有所不同。我们更强调音乐作品的思想性、艺术性，而创作的初衷与产品的商业利益是没有关系的，特别是在对作品和演唱者的形象宣传和商业推广方面，外来作品的创作与音乐产品的市场营销有着直接关系——促进音像磁带的销售。

1993年，音乐电视节目成为电视创作的一大亮点。前身是《百花园》的《东西南北中》在整合播出地方电视台文艺节目的同时，也成为容纳音乐电视作品的名牌栏目，在年底还举办了首届音乐电视大赛——1993 年中国音乐电视大赛。考虑到各音像公司以经济效益为创作出发点的情况，中央电视台还筹集力量拍摄了一系列以艺术效益为首要出发点的内容健康、风格多样的音乐电视作品，例如《长城长》《我的梦》《轮椅上的梦》《流浪的燕子》《牵手》等获奖作品，都显示出音乐电视作品的创作风格。1993 年 8 月，第四届全国电视音乐交流会也在昆明举行。

在此我们还必须提到另一个对音乐电视发展起到明显推动作用的节目——1993 年 5 月 1 日正式开播的大型杂志性栏目《东方时空》中的“东方时空金曲榜”板块。“东方时空金曲榜”本着新歌、名家的主旨，着重推出原创流行音乐，特别注重对作品的严格挑选和制作的精良，在音乐电视崛起的早期功不可没。但后来由于此板块与栏目本身的新闻特性不吻合而取消。

1994 年 4 月 1 日，中央电视台又开办了《中国音乐电视》栏目。开播初期，每两周播出一次，之后应观众要求每周播出一次，每期 30 分钟。栏目内容以国内最新的音乐电视精品为主，同时兼顾热心观众点播和海外创作动态，并设立曲目排行榜。该栏目不断推出新作，并在全国选拔优秀节目参加一年一度的中国音乐电视大赛，以促进我国文艺节目电视化的发展。1994 年中国音乐电视（MTV）大赛参赛作品的数量也有了极大的提高，从 1993 年的 100 首增加到 1994 年的 300 多首，《我们就是黄河泰山》《祝你平安》《二泉吟》《为你朝思暮想》等堪称精品。

在艺术发展市场化的机制中，音乐电视无疑成为一种商业包装和推广手段，这也正是音像公司、音乐制作人的创作目标，所以许多拍摄成影像的音乐作品往往是音乐专辑中的主打作品。这样的做法很快被接受并盛行开来。例如 1995 年音乐专辑《阿姐鼓》发行，同时音乐电视作品《阿姐鼓》广泛传播——这正是音乐专辑中最具代表性的作品。而且《阿姐鼓》在当时后期特技盛行的情况下采用实景拍摄，以壮美的西藏风情传达歌曲情感，显得大气、厚重，同时也带动了一批以西藏为题材和场景的作品。这一年的优秀音乐电视作品还有《同一首歌》《霸王别姬》《黄河源头》等。《黄河源头》在罗马尼亚举行的“金鹿杯”国际流行音乐节上荣获音乐电视奖第一名。

时任中央电视台台长的杨伟光指出：“要加快发展音乐电视，更快地建立起具有中国特色的音乐电视体系，就要注意以下几方面，首先必须把握好创作方向：中国音乐电视要走民族化的道路，而不能硬搬外国模式，盲目追求西方蹦蹦跳跳、缠缠绵绵、爱情至上、无病呻吟的格调，要根据中国人的审美情趣，发挥中华文化的优良传统，把现有脍炙人口的优秀民族歌曲拍成音乐电视系列，并不断地创作出一批又一批新的民族歌曲，拍出具有民族特色、人民喜闻乐见的音乐电视作品；音乐电视作品的题材要广泛，内容要丰富多彩，品种要多样；音乐电视的形式要生动，制作要精美；要不断提高音乐电视创作队伍的素质。其次要有精品意识……”①

1995 年 11 月 30 日，中央电视台戏曲·音乐频道（CCTV-3）开播，不仅更促进了音乐电视节目创作的专业化，同时也为音乐电视的创作和展示提供了更加广阔的空间，还标志着音乐电视已成为电视中音乐节目的基本形态，并步入成熟时期。1996 年 5 月 25 日，《中国音乐电视》又改版为《音乐电视城》。

音乐电视节目的成就不仅仅体现在这一节目自身的发展和完善，更有意义的是由于它充分体现了电视化、个性化与可看性，而且制作精良，促进了整个电视节目制作行业对节目的声音和画面都进行高质量的追求，促进了节目的电视化向纵深发展。例如在这一时期，电视台盛行节目的“包装”，不仅包装水平大大提高，还推动了对电视摄影、剪辑技巧的探索和发展。

1997 年 6 月，中央电视台文艺中心戏曲音乐部组织来自内地和香港的近百名歌手，在清华大学举行了“97 恋曲”迎香港回归大型演唱会，《公元 1997》等一大批佳作在观众中引起了强烈的震动并推广到海外。这一年

① 杨伟光主编 . 中国音乐电视：MTV 1995 [M]. 广州：岭南美术出版社，1995.

还举办了首届全国儿童音乐电视大赛，《小船》等10部作品荣获金奖。《音乐电视城》《中国音乐电视60分》等栏目成为了推出音乐电视的重要渠道。

1998年中国音乐电视大赛中，“高扬主旋律，同唱时代歌”成为当年的创作特点。总政歌舞团的《抗洪大军歌》、深圳自来水公司的《献出你的爱心》、中央电视台与中国吉利集团的《公仆心》、北京长城艺术公司视听工作室的《白盖头，黑眼睛》、中央电视台与二炮政治部文工团的《军歌声声》、正大国际音乐创作中心的《懂你》、中国歌舞团的《水上花》，以及中央电视台的《相约一九九八》、《健康歌》和《让世界充满爱》荣获金奖。本次大赛还首次设立了“海外及港台地区特别奖”，充分体现了海内外华人华语音乐电视、流行音乐相互推动的成果。

1999年是国庆50周年，同时澳门回归祖国。为迎接澳门回归，中央电视台举办了澳门回归大型群众联欢、迎澳门回归大型音乐会活动，制作了10首以“庆回归”为主题的音乐电视作品，为澳门回归营造了很好的宣传氛围。这一年，在《相逢2000年》的24小时直播节目中，还成功推出了“迎接新千年”文艺晚会，录制了10首反映新千年的音乐电视作品，播出后受到广泛好评。跨入新世纪，音乐电视已成为日常的节目形态而普遍存在，并在年轻观众中保持一定的热情。同时卡拉OK的普及，还丰富了人民的业余文化生活，拉近了普通大众与艺术、与电视的距离，促使电视文艺走向平民百姓。

而就业内的音乐电视专业创作来说，也继续产生一些颇有创新意识的作品，如2001年大连电视台王永福等创作的《图瓦老人》颇有新意。该片的声音部分是将一种古老的植物乐器“梦吾尔”的音响效果发展为音乐，并融入了一些精心选择的同期纪实音响、民歌片段等，画面是仙境一般的新疆喀纳斯地区的自然面貌和当地的人文风情——草原、阳光、炊烟袅袅、崇山峻岭、湖水、奔马、暮归的畜群、马背上的迁徙者、湖边年轻女人的背影、绽放的野花、图瓦人宁静而安详的生活……整个作品近10分钟，编导以虚实结合的手法表现了丰富的内涵，使真实的声音和场景成为意境的展现，同时表现出对生活、对人生的感悟和留恋。该作品在全国第四届百家电视台电视音乐节目展评中荣获音乐创作奖，还在中国电视“星光奖”中获音乐电视一等奖。

2004 年 3 月 29 日，中央电视台音乐频道（CCTV-15）开播，其频道定位是在欣赏性的基础上加大普及音乐知识的分量，引导和提高国民音乐素质和欣赏水平。于是该频道以中外古典音乐和世界各民族音乐为主要内容，并在集中展示中外优秀音乐作品的同时大力弘扬中国民族音乐，旨在传播人类音乐文化精品，加大普及音乐知识力度，提高国民音乐素质和欣赏水平，为电视观众搭建一个了解、欣赏、认知音乐的平台。该频道共设 15 个栏目，其中欣赏类的节目以《CCTV · 音乐厅》《经典》《民歌 · 中国》《影视留声机》《世界音乐广场》《风华国乐》《星光舞台》《每日一歌》《每周一曲》《音乐人生》等组成；知识普及类的节目以《音乐告诉你》《感受交响乐》《音乐 · 故事》等组成；观众参与类节目和资讯类节目以《周末音乐平台》《音乐在线》等组成，每天播出 18 个小时。[①] 诸多节目搭建出一个全面、系统的电视音乐展示构架。

在这样的趋势下，音乐电视的个体效应逐渐减弱，观众逐渐将眼光从单个节目上升到频道——电视竞争也从节目竞争发展到频道竞争。此时作为一种节目形态的音乐电视的称谓，也逐渐被 MV（Music Video）替代，2004 年中国音乐电视大赛被称为“第七届中央电视台音乐电视大赛”。

二、其他电视文艺专题的发展及演变

由于在较长一段时间以来，一切充满想象力的艺术本体被逐步排斥在以具象化为基本表达特性的电视门外，目前的电视文学节目在总量上并没有形成规模，而且已经发生了很大变化。例如较大篇幅的电视小说、电视

① 中央电视台音乐频道（CCTV-15）介绍 [EB/OL]. http://www.CCTV.com/homepage/profile/16/index.shtml.

报告文学已基本与电视剧融合，电视论证片往往被称作专题片等。电视文学的形态较为集中地体现在电视诗歌、电视散文（可能涵盖了篇幅很短的电视小说）和用于直接表达文学本体的栏目。

早在1993年中央电视台就举办了首届全国电视散文大赛，其中《夏天的羡慕》在11家电视台的15部作品中荣获一等奖和最佳编导奖。1994年上海东方卫视又牵头召开了全国电视散文展映评奖和研讨会。此后一大批优秀散文经过电视工作者的电视化处理，受到观众的高度评价，后来在全国范围内还成功举办了多届电视散文展映及比赛。

从电视散文节目本身来看，它来源于文学形式，电视赋予其生动具体的画面的内涵，满足了不同层次观众的需要，也使文学更贴近大众。不过由于题材表达方式的局限性，选题上往往集中于感伤怀旧、感怀人生的题材，并多为抒情小品，尤其江苏、浙江一带的创作最为集中，而江南水乡的人、事、景、情又成为最适合的表达元素，如金华电视台2000年创作的《船娘》就是非常具有代表性的作品。

《船娘》讲述了一位嘉兴南湖的摇船女为“客商”张先生摇了5年船，张先生临别时留下一个手镯。而等待多年后，“我”将亲手为张先生做的一双双布鞋放入水中漂去，后来人们才知道张先生是韩国的政治家金九。凄婉的爱情和江南的水乡、烟雨非常契合，成就了该片的深情、忧郁的气质。

电视诗歌经常由于作品时长太短而难以引人注目，创作也有一定难度，在评奖时往往与电视散文一起被并称电视诗文。例如深圳罗湖电视制作中心2000年创作的《红树林》，诗句不多，但整部作品长达5分钟，是音、诗、画的有机组合。这类作品的创作核心在于表现文学作品的意境。

在全国众多的电视频道和电视节目中，中央电视台的《电视诗歌散文》栏目是最具影响力的品牌，其宗旨是“表现天地人、音诗画、真善美，通过电视语言和文学语言的双重表达和有机结合，再现以至升华文学作品中那至纯的真情、至美的意境，至善的心灵。无论是名家名作，还是新人新作，都力求达到选材独到、个性鲜明、制作精良，实现其通过电视艺术手段达到对人类命运终极关怀的目标”。[①] 该栏目的创作采取了主题系列化的趋势，例如散文有《城之眼——中国名湖》《中国世界文化·自然遗产》《印象中国》《丽江印象》《铁军》《24 节气暨传统节日》《怀念过往·清明特辑》《岁寒三友》等系列，诗歌有《春之歌》《青春之歌·毕业了》等系列，还有一些特别节目，如《不能忘却的长征》系列等。

相声电视曾在《曲苑杂坛》栏目中经常播出，但往往由于语言艺术的想象力被具象的画面所损害，这类作品的创作也有很大局限性。而后出现的《快乐驿站》栏目将一系列相声或小品用动画（Flash）的形式表现出来，因其不是对演出现场的复制，而是将充满想象力的部分具象化，进而获得了良好的收视效果。

舞蹈电视经常因为歌舞本身的融合，常常与音乐电视难以分离，同时也因为舞蹈本身就由形象构成，其电视化表达反而不易获得表现空间。为了鼓励这类作品的创作，中央电视台也举办了全国性的电视舞蹈展映及比赛，逐步有了一定的作品积累。在这类作品中，时空的自由变换、舞蹈与音乐的高度融合、舞蹈表演本身的电视化转变，诸多处理都体现出电视境界，从而使电视文艺专题节目的内涵得到拓展和丰富。

当 2001 年 7 月 9 日中央电视台戏曲频道（CCTV-11）开播时，原有的戏曲·音乐频道调整为综艺频道（CCTV-3）——实际上是以播出音乐、歌舞等文艺节目为主的专业频道。其中曾播出过一些电视化的节目，如 2002 年的舞蹈电视作品《扇舞丹青》尤为引人注目，将一个本在舞台上展示的舞蹈通过抠像技术放置于水墨画风格的四季景色中，将舞蹈与绘画直接联系起来。

① 《电视诗歌散文》栏目介绍 [EB/OL]. http://www.CCTV.com/entertainment/shigesanwen/jieshao/jieshao.html.

三、纪实类电视文艺专题的发展

现在当我们说到“文艺专题片”这一样式时，往往是指内容主题相对集中、夹叙夹议、特别注重音乐与画面之美、节目时间相对长一些的电视文艺作品。不过目前这类作品越来越少，或已经融入栏目板块，或成为其中段落，或随着专题片自身形式的发展而发生很大变化。例如原青海卫视编导刘郎调入浙江卫视后创作了《江南》《苏园六纪》《苏州水》等专题片，尤其是系列专题片《苏园六纪》，题材、画面都取材于现实，而构架与解说都是散文风格，从而造就了强烈的文学气质。

1998 年，由湖北卫视和武汉新田公司联合摄制的电视纪录片《舟舟的世界》获得国家级奖项“奋进文明进步奖”的唯一电视大奖，并且获得“中国电视纪录片学术奖”的长篇学术大奖和编导单项奖和中国电视“金鹰奖”的特别奖。尽管该片所获奖项为纪录片类，但导演张以庆在片中对音乐的独到运用、对画面的细腻处理、非写实的结构和浓郁的抒情性，使该片具有强烈的主观表达色彩和艺术气质。1999 年张以庆的另一部作品《英和白》更进一步运用音乐和真实音响的结合，在看似客观写实的手法中表达了导演强烈的主观感受和价值观，可以说这绝不是以传统的纪录片的概念可以界定的。

《英和白》以武汉杂技团的熊猫英和有着一半意大利血统的女驯养师白的日常生活为主线，串联起主要由伴随他们的电视节目所反映出来的 1999 年全年的一些大事——两条线索看似随意地交织在一起，人物的生活环境始终与社会事件看似无关，不同的生命有着各自的空间和情感表现方式，实际上导演将人与动物进行互相对比、互相衬托，力求揭示同是作为动物的生命的生活方式与意义。该片没有一句解说词，而是以精心剪辑的真实的声音和极为简单的字幕来配合画面，在看似客观的视听氛围中表现了极为丰富的内涵，韵味十足。该片获得当年中国四川电视节国际纪录片

“金熊猫奖”的最佳长纪录片奖、最佳导演奖、最佳创意奖、最佳音效奖，中国电视“金鹰奖”的纪录片最佳编导奖。

值得一提的是，2012 年中央电视台播出的《舌尖上的中国》以表现中国各地美食生态为主要内容，通过中华美食的多个侧面来展现食物给中国人生活带来的仪式、伦理等方面的文化。作为国内第一次使用高清设备拍摄的大型美食类纪录片，片中镜头语言精美考究，解说词娓娓道来，引发了全社会极大的反响和赞誉。随后该节目又以“季”的方式继续制作和播出。

作为文艺专题片的主要类型，关于文艺界著名人物的专题创作一直在继续，而且在对艺术规律的揭示、对艺术创作的表现、对艺术家的理解和评价方面都体现了深刻的思想性。例如 1999 年中央电视台、杭州电视台、桐乡电视台合作的《缘缘人生——丰子恺》和中央电视台的《中国之悲鸿》等，颇为引人注目。而后来在中央电视台《东方时空》曾经创作的《记忆》系列、中央电视台科教频道（CCTV-10）开办的《人物》栏目都有所体现。特别是《人物》中还介绍了大量的国外艺术家和他们的作品。而《艺术人生》栏目的诞生，也是建立了人物专题的新样态。

近年来，一些电视文艺专题片的创作还出现了不同于以往的方式。以往的创作都把画面作为导演创作的重点，如电视文学作品是先有文字后有画面，音乐电视是先有音乐后有画面，此时的创作开始出现画面与其他元素创作并行甚至先行的状况。如前面提到过的《图瓦老人》，前期录制的声音素材在剪辑的后期才做成音乐，这些也说明导演队伍创作能力的增强和领域的拓展。2004 年荣获中国电视“星光奖”一等奖的《高原随想》是北京电影学院导演罗登和重庆作家李钢首次合作的作品，其创作也跳出了以往电视散文的创作模式，他们拍摄完毕 3 天后写成了《高原随想》的文字稿，最终画面的节奏、音乐、同期声和后期特技编辑等方面精心交织，使该片显示出浓郁的艺术气质。

文艺专题片乃至整体专题片的逐步减少并与其他品种的融合，是电视栏目化和自身发展的必然结果。实际上，电视自身的完善和成熟的标志，正是节目内容样式的相互融合或不断拓展，是电视多种功能和本性的完全体现。在下一步的发展中，与国家政策和时代状况相应，电视创作正进行更深入的社会化和产业化调整，从而也促进电视文艺内容形式的变化。

第六章　电视文艺节目的社会化与活动化

第一节　电视文艺社会化与活动化节目的出现

一、电视文艺社会化与活动化的概念

“社会化”有两个方面的内涵：一是指电视节目内容的社会化——具体创作紧密联系社会现实，深入及时反映社会需求，配合或发起社会活动；二是指创作机制的社会化——创作队伍更多汲取和依赖社会创作力量，并影响节目的发展。

电视节目内容的社会化也主要体现在两个方面：一是出于责任和完成宣传任务，建立起文化交流的平台或配合政府的工作，传播社会先进文化和推动全球文化的交流与发展，这历来是主流媒体活动的重要组成部分，也是电视作为宣传工具的职责，意在建立媒体公信力，追求社会效益，在此不赘述；二是为了获取更多的经济和收视回报，电视台主动发起一些活动，同时形成更丰富多彩的电视节目，这种做法在改革开放后逐渐增多，并获得了丰硕的回报。本章将以后者节目为重点讨论对象。

创作机制的社会化是就目前电视创作队伍的状况而论的。早在电视初创期，诸多节目都直接来源或依赖于社会创作，甚至电视是社会创作的宣传和展现平台。自 20 世纪六七十年代起，由于“文化大革命”的干扰破

坏和“政治第一”的高压，同时也由于其技术手段的专业性，节目播出量也相对较少，创作队伍基本形成专业“圈子”。待到后来电视台和频道大幅度增加、电视节目播出量激增之后，电视台的专业队伍已不能满足创作要求，优秀人才匮乏。同时，20 世纪 90 年代以来的所谓政策层面的一些电视产业化整合措施也是电视机制改革的强劲“催化剂”，无论是出于电视媒体的自收自支政策还是成本控制的因素，电视创作机制很快出现社会化趋势——制播分离，这是也在当今世界范围内诸多经济发达国家经常实行的媒体运作和管理模式。

仅就制播分离来看，制作公司往往以获取利益为基本诉求，会更多考虑节目的市场竞争力，会尽力降低成本争取最大回报，于是节目的大众化程度更高，节目形态会直接受到投入的影响。

随即电视的社会化也与节目的活动化有着必然关系。节目活动化指的是节目本身成为一项大型活动——制造有一定时间跨度的事件，吸引较多受众参与或关注，最终能够在社会上激起广泛的反响。

这种节目很快在 21 世纪成为电视品牌频道和节目建设的重要手段，而且活动越大，需要动用的资源越多，组织管理维护的难度就越大。很多大型的活动由于电视台原有的力量不足和机制有限难以完成，就会借助社会上的相关创作力量，一些媒体干脆直接成立相关企业或公司。例如湖南广播影视集团下属的天娱传媒公司就以电视节目创作、影视剧创作、艺人发掘与经营为三大支柱业务，涵盖唱片发行、娱乐活动策划、各类演出策划、版权交易等领域，自 2004 年以来以“超女快男”活动为核心展开各类业务。[①] 同时，上海文化广播影视集团与环球唱片公司合资成立的上海上腾娱乐公司也经营着“我型我秀”的品牌及相关业务。

电视活动的频繁也会促进产业链的健全，使媒体和各种社会机构之间产生互动以补充电视制作环节的不足，最终推动电视制作机构的公司化。

① 天娱传媒公司介绍 [EB/OL]. http://www.eemedia.cn/inc.aspx?sort_1=1&sort_2=1.

二、电视文艺社会化与活动化节目的成长

毋庸置疑，引导和反映社会重大活动、建立文化交流平台是电视媒体应尽的责任，而电视文艺是最具亲和力的宣传手段。改革开放后，有更多的重大时刻的活动在电视上表现为晚会或特别节目，以示庆祝、纪念、总结或宣扬，而这些节目也常由于内容的重大性、独特性、一次性、非日常性而具有良好的收视效果。

对电视台来说，早先做这类节目在主观上相对比较被动，而随着竞争的激烈，电视媒体越发意识到活动对媒体形象塑造的重要性，社会也开始给予更大的投入，相关活动和节目就越发频繁了。

实际上不少与活动有关的节目形态已在前面章节谈及，在此只简单列举部分类型。

（一）配合时政事件进行宣传

电视文艺社会化与活动化节目的首要来源是配合各类宣传，有对国家和政府项目、政策的宣传，如亚运会与奥运会、特奥会、世博会、全运会，以及建国、建党、建军、一些少数民族自治区建立的大型晚会和特别节目；有对地方政府经济的宣传，如中部博览会、西湖博览会、国际民歌节等节目；还有对具体政策宣传的艾滋病日、教师节、世界环境日、国际消费者权益日等节目。其中，有些是公共公益活动，如抗震救灾、抗洪救灾、抗击“非典”等，有的活动无形中对节目形态的建立起到了推动作用，而有的形态特征则直接来源于活动。

1990 年，围绕亚运会在中国北京举办，各电视台有不少节目进行宣传，中央电视台文艺部派出了由邓在军率领的阵容强大的队伍和国家体育运动委员会密切配合，圆满完成了开闭幕式的转播任务，而由陈临春具体负责的片头《同一首歌》也成为经典之作。

1991 年，中央电视台现场直播的“风雨同舟·情暖人间”华东水灾赈灾义演大型晚会产生了极好的社会效益，也开拓了晚会直播的新模式——

人们可以在晚会播出期间赶赴现场参与演出和捐赠。

1996 年 5 月，遵照江泽民同志“文化下乡，深入基层”的批示精神，根据丁关根“中央电视台要成立心连心艺术团”的倡议，中央电视台于 8 月 26 日在延安体育场向革命老区 3 万多名观众献上“延安颂”大型文艺演出。而后在诸多重大事件中，心连心艺术团深入到革命老区、工厂、学校、部队等地进行文艺演出，产生了很好的社会效益。演出基本上都在白天，显得更质朴和平易近人，与晚上的晚会形成较大差异。

1998 年，我国多省市遭遇特大洪水，各电视台的抗洪赈灾晚会直播声势浩大，这一晚会形态成熟。

1999 年适逢国庆 50 周年，中央电视台和地方电视台都有丰富的庆祝和宣传节目。这一年，广西开办了“大地飞歌”南宁国际民歌节，搭建室外最大舞台，随后引出一系列广场晚会和地方政府活动的广泛兴起。

2000 年，中国金鹰电视艺术节永久落户长沙，这是媒体和政府的共同行为，湖南卫视举办每届“金鹰节”期间都会有多台晚会，并从中获得极大商业回报。

2003 年，各电视台举办了与“非典”相关的晚会或特别节目，中央电视台的室内专题晚会引人瞩目。

2006 年是纪念红军长征胜利 60 周年，各电视台都有相关的节目予以配合。中央电视台主办并直播了“长征颂”纪念红军长征胜利 70 周年大型演唱会。在大会堂的大舞台上，大型合唱有了视觉上的拓展——舞美、舞台调度、人物造型都设计了较为丰富的变化。

2008 年汶川地震后，各电视台创作了相关节目，捐资最多的是中央电视台的“爱的奉献”赈灾晚会。之后为配合北京奥运会，各电视台也有不少晚会类的节目。2008 年也是改革开放 30 周年，中央电视台直播了“放歌新时代”歌唱改革开放 30 周年文艺晚会，用歌曲构建时代面貌。

2009 年适逢国庆 60 周年，各电视台庆祝节目空前繁荣，纷纷举办晚会。中央电视台除了直播“祖国万岁”庆祝中华人民共和国成立 60 周年大型文艺晚会，还编排了连续多天的“为祖国喝彩”大型文艺行动——连续直播地方电视台制作的具有地方特色的文艺表演，转播了在人民大会堂演出的“复兴之路”大型音乐舞蹈史诗、在天安门举行的国庆晚会等，一个个盛大的演出场面对电视转播来说也是一种考验。中央电视台综艺频道（CCTV-3）还推出“歌声飘过60年”献给祖国的歌系列专场歌会，形成宣传节目的集群，效力强大。

2010年，第41届世界博览会（EXPO 2010）于5月1日—10月31日在上海成功举行，其间举办了一系列的晚会和音乐会，其中最有影响力的是开、闭幕式的晚会。两台晚会在总导演滕俊杰的带领下都非常注重表现国际化和民族化的融合——中外艺术家汇聚一堂，中国的民歌、戏曲和国外的芭蕾舞、民歌、美声同台演出，和谐而美好。

2011年是建党90周年，各电视台纷纷播出庆祝的节目。中央电视台在6月29日晚转播了在人民大会堂举行的“我们的旗帜”庆祝晚会。该晚会在“历史的选择”“人民的心声”“难忘的岁月”“民族的脊梁”“我们的旗帜”5部分中都以经典的文艺作品来再现中国共产党90年的光辉历程，同时生动地表现各时期革命者的激情与精神风貌。与其他史诗性作品相比，本台“热烈、欢快、人民的节日”的定位使晚会更轻松、浪漫和欢快，而且与绝大多数大会堂晚会不一样的是，这次灯光舞美及人物造型的色调、用光与电视制作技术的匹配更加完美。

（二）促进文化艺术繁荣和业务交流

改革开放早期，曾经有大量的各类演出可以转播，但随着演出业的市场化，电视的文化交流节目更多由自身组织或推进，同时也带来了制作观念和手段的更新。

1986年6月，中央电视台首次应邀参加意大利电视台举办的“至夏世界音乐之夜”国际音乐电视节目联播。同年，上海电视台举办了首届国际电视节。类似的活动逐渐发展为具有综合功能的、多角度的电视交流平台。

1987年，中央电视台播出“维也纳新年音乐会”的录像。1989年开始用卫星同步直播（1990年除外），逐步带动了国内同类音乐会的兴起。同年，中央电视台还和德国电视一台联合录制了“北京—波恩之夜”晚会，两国艺术家同台献艺，令人耳目一新。

1990年，中央电视台与台湾鑫凯传播联合制作了综艺节目《远山含笑》。1991年，中央电视台与台湾电视公司（台视）、香港无线电视台联合举办“神州一片月”中秋晚会。

1992年，中央电视台与日本广播协会（NHK）在北京劳动人民文化宫举办“中日歌星演唱会”。实际上形成了一种竞赛形态，同时这也是音乐领域的专业交流方式。后来到1999年时中央电视台和韩国广播公司（KBS）也联合推出了“中韩歌会”。

1993年中央电视台春节联欢晚会的部分内容与香港卫星电视中文台、中华电视公司（华视）、新加坡广播局共同完成。同年中央电视台举办的“北京国际京剧票友大赛”，有来自14个国家和地区的691人参赛，还有“20世纪华人音乐经典”是世界各地华人音乐家共同参与的文化盛典。中央电视台还与河北卫视直播了“中国吴桥国际杂技艺术节”闭幕式晚会。上海东方卫视首次转播了“第65届奥斯卡金像奖颁奖仪式”，主办了“上海国际魔术节”，还转播了“韩国国立艺术团访华演出”“哈萨克斯坦马戏团访华演出”“美国百老汇舞蹈团访华演出”等，并推出开、闭幕式大型文艺晚会——“东方神韵”和“灿烂星空”。

1995年底，中央电视台的第一台海外春节联欢晚会——“洛杉矶华人华侨春节联欢晚会”在美国举办，广东卫视的“跨越大洋庆虎年”大型春节联欢晚会也在洛杉矶举行。

1996年4月，上海东方卫视和日本广播协会（NHK）联合举办“亚洲歌坛实况传送”，通过国际通信卫星和中日海底光缆跨国界双向卫星直播。这一年德国电视一台还开始播出中央电视台与奥地利国家电视台在北京故宫门前联合制作的《音乐家舞台》节目。

1999 年 12 月 31 日 17 点—2000 年 1 月 1 日 17 点，中央电视台圆满完成了连续 24 小时的“相逢 2000 年”特别直播，世界上 50 多个国家和地区的 78 家电视机构参与了这次世界联播。

2000 年 2 月，上海东方卫视通过电信光缆和卫星双向传送了“上海—悉尼 2000 年的跨越”音乐会，由中澳艺术家分别在悉尼歌剧院和上海大剧院同时登台演出。2001 年继续举办了“跨越”系列的“上海—巴黎 2001 年的跨越”音乐会和“APEC 会议”大型文艺晚会。中央电视台在同年 6 月 23 日直播了世界三大著名男高音歌唱家多明戈、帕瓦罗蒂、卡雷拉斯在故宫午门举行的音乐会，盛况空前。

纵观地方电视台的对外节目，作为国内最具有国际大都市氛围的上海无疑更具有交流的实力和信心。上海东方卫视立足于国际化视野，主动肩负起传播中国文化和树立新时代民族形象的责任，不断推出相关节目，呈现出清新高雅的面貌。例如 2002 年的“中日邦交 30 周年”大型文艺晚会，2002 年的“中国申办 2010 年世博会成功全球多点卫星传递”大型文艺晚会，2003 年在法国巴黎举行的“凡尔赛宫中国文化之夜”大型晚会，2005 年的“48 届世界乒乓球锦标赛”开幕式大型晚会，2006 年的“和谐礼赞”上海合作组织成立 5 周年大型晚会，2007 年 4 月在日本东京国立剧场开幕的“中日文化体育交流年”的演出“守望家园”中国非物质文化遗产专场晚会，2007 年“第九届亚洲艺术节”开幕式晚会，2007 年的世界夏季特殊奥林匹克运动会开、闭幕式，等等。上海东方卫视的滕俊杰担任了以上绝大部分晚会的导演，贡献突出。

随着文化交流的产业化，有的栏目也直接打造跨国演出，如《同一首歌》2005 年春节走进美国、加拿大等地，《中华情》在维也纳金色大厅和瑞士卢塞恩文化和会议中心举办 2005、2006 年的海外新年音乐会，还于 2005 年 7 月在澳大利亚悉尼歌剧院举办“中华情 · 不朽的旋律”纪念中国人民抗日战争暨世界反法西斯战争胜利 60 周年晚会。2007 年，湖南卫视也在美国拉斯维加斯举办了“海外春节双语演唱会”。

（三）各类电视文艺大赛的兴起

在电视文艺发展早期，各类竞赛无疑是社会化和活动化最具有感召力的形态。因为它可以广泛招募选手，这是吸引社会关注的最直接有效的手段，同时它带来悬念——竞赛本身能带动观众的情感和行为参与，天然具有较强的收视吸引力。

当然，能吸引受众的绝不仅仅是文艺领域的竞赛，曾经有各种电视比赛尝试涉及社会生活的方方面面，但最终还是文艺的比赛，尤其是歌唱比赛更加容易受到关注，也相对更容易操作。

1984 年 5 月在北京举行的全国电视文艺座谈会上，中央电视台与全国 29 个地方电视台联合倡议每隔一年共同举办“全国青年歌手电视大奖赛”。同年 11 月，第一届大赛及结果在北京揭晓，之后大赛迅速成长为全国最具影响力的歌唱比赛。该比赛不断完善赛制和竞赛内容，例如逐渐将歌唱方式划分为美声、通俗、原生态三类，考试难度逐渐增加并越来越专业，还为了趣味性增加文化知识考题等。社会影响力广泛，以至于观众也非常熟悉赛制和评委。该比赛还为从业者呈现了一条如何成功之路，从而对音乐行业的发展也产生了深远的影响。这绝不仅仅是一个节目形态，也一定是一个实实在在的事业，这就是一个优秀电视活动的意义。

随后，中央电视台还陆续主办或与地方电视台合办了多种电视文艺大赛。例如 1985 年推出“桃李杯舞蹈电视大赛”，1986 年推出“全国相声电视大赛”，1987 年推出“全国戏剧小品电视比赛”，1990 年和全国总工会、中国职工文学艺术基金会举办了“全国职工戏剧小品比赛”，1992 年起举办“梅兰芳金奖大赛”，还有 1993 年起举办的“音乐电视大赛”，2000 年举办“电视舞蹈大赛”，等等。各地方电视台也量力而行，如 1988 年上海推出“外国人唱中国歌比赛”“沪剧中年演员声屏大奖赛”“越剧折子戏三新奖（新剧目、新形象、新唱腔）比赛”，四川推出“川剧大奖赛”，甘肃举办“秦腔大赛”，河北举办“中年戏曲演员电视大赛”，等等。

当然，电视作为一种最强势载体和传播工具连续举办各种活动，在丰富人民文化生活、带动国内相关专业创作、开拓电视文艺表现领域等方面都起到了极大的作用，也使活动本身具有最广泛的影响力。而电视文艺与社会文艺资源融合时，也导致社会文艺内容形式本身的变化。同时，很多活动直接得到了社会经济投入的支持，这是电视文艺走向市场的标志——诸多大赛几乎都有广告冠名，电视竞赛很快成为市场化节目的最典型的形态。而且，随着这些大赛的不断举办，从比赛活动策划、报名到比赛、评比、颁奖，都有社会机构和专业人士参与工作。

由于具有极强的趣味性，竞赛节目对20世纪90年代后期兴盛的娱乐游戏、益智节目的创作也大有启发。"竞赛"成为娱乐的重要元素并被普遍运用，有的日常文艺栏目就将竞赛文艺技能作为节目的主要内容，很多综艺节目也都不断换作各种比赛，还有栏目甚至将全年的内容进程都改成竞赛。例如，河南卫视于1994年开办的《梨园春》在1999年3月改版为《戏迷擂台赛》后收视竞争力大增；2004年10月开播的《星光大道》在中央电视台收视率一直仅次于《新闻联播》。

第二节　"赛季"与"真人秀"的兴起

一、"赛季"与"真人秀"概念

在赛事与电视融合的过程中，有别于日常栏目的、相对比较特别的"赛季"节目形态逐步形成并兴起。与同为常态节目的栏目不同的是，赛季节目不定期举行，并经常以竞赛作为推进节目环节的动力。但与真正的竞赛又不同的是，这类节目的竞赛是为电视而制作的，其最终目的是获取收视率，其电视商品属性更加鲜明——应受众的收视需求而办。如果受众欢迎，节目就有可能在同一个品牌名称下继续办，每届节目的主题、内容、形态既有延续，又有新的拓展，一旦收视率下降就改进或停办。

最先在体育节目之外以赛季方式编播并呈现出明显形态特征的节目类型是真人秀，而且从这类节目的发展中可以看到当今电视发展全球化的鲜明特征——一旦有新的节目获得成功，便会以极快的速度风靡全球。实际上，并不是所有的真人秀都与文艺有关，而更多是从群众性的游戏中兴起的，普遍具有较强的娱乐性。

“真人秀”作为一种节目样式，也被称为“真实电视”（“REALITY TV”或“REALITY SHOW”）等。这来源于1998年的美国电影《楚门的世界》（*The Truman show*）的直译，也许该片的内容更能说明这类节目的实质。[①]孤儿楚门（Truman）自打降生就是一个电视节目的追踪拍摄对象，该节目全面设计了他的生长环境，甚至父母、朋友，工作、初吻。制作人将海岛建成了一个摄影棚，演员们扮演楚门的亲人、朋友、情人。节目似乎是对他成长历程的记录，但为了使这个记录让电视机前的观众看起来更加有趣，制作单位会不断制造事端，如在他年幼时设计让他父亲消失，多年后又出现。终有一天，楚门发现了这一切，最终拒绝继续出演。影片中的节目全天24小时滚动播出。该片寓意深刻，表现人物对命运的抗争，也表现了一种崭新的电视节目内容样式——中文直译为“真人秀”。

当真人秀作为一种风靡世界的节目形态出现时，其核心是以竞赛为切入点，记录在人为规则下的参与者的真实表现。

在此还需澄清的是，真人秀节目不能等同于所有真人参与的节目。真人参与节目的范围更广，泛指一切参与者以真实身份参加的节目，也可称为“真人节目”。真人秀最核心的目标是要对人性进行解释和揭示，换句话说，是要反映人在特殊条件和环境下的非常表现，甚至将具体个人的“非常”状态揭示出来，有的节目就会有“审丑”或“揭露隐私”的动机或效果。因此，这类节目的创作核心在于竞赛规则的制定——经常会有巨额大奖诱

① 《*The Truman Show*》是1998年由美国导演彼得·威尔执导、金·凯瑞等主演的电影。

惑选手展示自己，经常会为利益而拼搏。

真人秀的节目形态最早大概分为室内与室外两种类型：室外真人秀的典型如2000年美国哥伦比亚广播公司（CBS）的《幸存者》[①]，该节目在本国取得巨大成功之后，又在多国电视台播放，而且内容样式很快被模仿；室内真人秀的典型起源于1999年荷兰的《老大哥》[②]，随后也在多国被翻版，二者都刺激了国内游戏娱乐节目的转变。

国内真人秀节目的产生几乎与国外同步。早在2000年广东卫视就与北京维汉文化传播公司制作并播出了《生存大挑战》（该系列至今已播出6季），该公司后来还与四川等20多家地方电视台共同制作《走入香格里拉》，上海纪实频道和上海东方卫视联合制作《走通黄浦江》，中央电视台财经频道（CCTV-2）在2000年开始推出“五一”假日特别节目《欢乐英雄》系列（2005年截止），2002年北京维汉文化传播公司与湖南经视联合制作《完美假期》，等等，这些都是赛季形态的真人秀节目。

与国外的状况相比，国内的真人秀节目绝大多数是野外生存式的，与体育竞技有更直接的关系。而且总体上看，由于节目的赛季制作方式与国情不符——我们的参与者不能长时间放弃工作参加节目，针对成人的真人秀节目都很快走了下坡路，类似的游戏转到了不占太多时间的日常栏目里，例如《城市之间》《智勇大冲关》之类就是在室外真人秀逐渐冷落以后开始兴起的。

如果说以上的节目都为真人秀在中国的发展铺平了道路的话，2005年上半年，作为赛季形态的湖南卫视的《超级女声》第二季把中国的真人秀发展推到一个新境界。

---

① 《幸存者》（*Survivor*）是美国哥伦比亚广播公司（CBS）推出的野外生存式真人秀节目，即每季有10几个选手被送到无人的地带（岛屿或野外），依靠竞技、游戏、生存能力等进行角逐，争夺最终100万美元的奖金。节目推出后取得巨大成功，被许多国家模仿。

② 《老大哥》（*Big Brother*）是荷兰电视台推出的室内真人秀节目，与野外生存式真人秀相对——召集10几位年轻男女，把他们放到一个布满摄像头的公寓里，隔绝电话、电视等与外界联系的方式，让他们自己开始竞争，观众可以场外投票，3个月期间不断有人出局，坚持到最后的第一名获得房子和巨额奖金。

二、产业化驱使选秀节目风行——歌唱类引领新热潮

（一）《超级女声》的成功

《超级女声》是2004年湖南卫视在《美国偶像》的启发下推出的一档选秀节目，所有16岁以上的女性都可以参加歌唱比赛。湖南卫视还与一些地区的电视台共同举办区域淘汰赛，胜出者再到长沙参加决赛，其间观众可参与投票，决定选手去留，电视台直播决赛过程。

《超级女声》第一季报名人数就超过3万，这已经超过了以往任何电视大赛开赛时的人数。而2005年的第二季，报名人数多达15万，尤令观众感到新鲜刺激的是，在决赛播出期间的每周五，观众、评委、选手代表共同投票决定选手的去留，选手和选手之间还要有残酷的“PK”。在选手比赛唱歌的同时，节目还会不断展示她们的生活环境、家人、经历，以及她们之间的故事，这才是这个节目成为真人秀形态的关键。尤其是2005年举办的第二季，在观众短信的支持下，进入决赛的三个人中唱功突出的张靓颖只获得第三名，第一名是个性独立干脆但唱功偏弱的李宇春，乐感极好而可爱的周笔畅获得第二名。这是普通大众的意愿和审美在节目中的体现，更是未来歌手市场潜力的直接表现。节目引起广泛争议的同时，收视率随着比赛进程一路追高，总决赛收视率更是冲到11.65%，赢得29.54%的市场份额，位居同时段首位，湖南卫视获得了后续成功的最主要支点——市场。

随着《超级女声》等选秀节目的异军突起，“节目活动化”与“活动节目化”作为电视的运作模式开始明确发展起来。一场场活动不仅成为节目的内容，也成为电视节目自我营销和推广的重要手段，更为重要的是，电视由此具有良好的经济效益，这才是各媒体乐此不疲的真正动因。

实际上，《超级女声》也为行业整合出了一个相对完善的产业链。该节目获得蒙牛的冠名费，节目名称和图片印在包装盒上随着产品的售卖而广泛传播，蒙牛产品随着节目的进行销售量直线上升，短信也成为节目收

入的重要来源。随着选手成为旗下签约艺人，广告、演唱会、节目资源和各种相关产品为主办方带来持续不断的收入，而且“超女”成为本台各节目争相挖掘的题材，最终湖南卫视借助这个节目盘活了整个频道的节目。天娱传媒公司成为具体运作机构，保证了这个节目资源的来源和提升，保证了整个“超女产业链”的有效性和有序性。

2004年上海东方卫视推出了为唱片公司挖掘新星的《我型我秀》，2005年中央电视台也推出了《梦想中国》，都在全国具有较大的影响。但是这些节目在真人秀形态的完整性上都做得不够，不关注节目外的培训和打造选手环节，把更多的设计放在才艺竞赛上，更不是刻意揭示人性，这也是国情和民情决定的。随后，国内的娱乐节目就都把发展重点放在了最容易表现的“选秀”上。

（二）“选秀”节目的盛行

进入2006年，诸多电视台和制作机构已经把“选秀”作为日常节目抢占收视先机的首选形态，在栏目中也加大这一元素的比重和深度。最直接的表现是“海选”的泛滥，形成“一方未唱罢，一方又登场”的局面。

仅在中央电视台，最先造出声势的是1月启动的《开心辞典》特别节目——《魅力新搭档》和《全家总动员》。前者借原男主持人离开节目之机给女主持人选新搭档，后者在全球华人范围内寻找和选拔和谐又健康的开心家庭，这既是对品牌的延伸和推广，也是新节目的打造。3月《梦想中国》在全国启动，“中央电视台综艺节目主持人全国选拔活动”即《挑战主持人》和《全国青年歌手电视大奖赛》于4月启动（有的地区赛采用了“海选”的方式）。

在地方电视台，山东的《天使行动》、上海的《加油！好男儿》于2月启动，4月湖南的《超级女声》（2006）、上海的《我型我秀》（2006）也全面开动，7月重庆的《第一次心动》海选启动，8—10月之间，江西借着日益升温的红色旅游和纪念红军长征胜利70周年开创了《中国红歌会》——开始是打造“红歌榜”，随即发展为以“红歌”为演唱题材的歌唱类选秀节目，在唱红色革命歌曲的同时讲述英雄故事，很快也成为电视文艺活动品牌，北京也在8月启动了长达10个月、覆盖全国10大赛区的《红楼梦中人》。

诸多节目无论是否号称属于真人秀，海选的方式必然带来真人秀的元素。同时不采用海选方式的选秀节目有上海东方卫视1月推出的《民星大行动》，2月开播借鉴美国《与明星一起跳舞》的《舞林大会》（名人与专业舞蹈者搭档竞赛舞蹈，2月开播第一季，10月开播第二季，该节目收视率创上海2000年以来的新高达17%），湖南卫视也推出《名声大振》，与《舞林大会》性质相同，各路明星与专业演唱者搭档竞赛唱歌。

不过最终诸多节目都没有《超级女声》的影响力大，主要是因为产业链不完整，宣传推广不得力，尤其是选手发展方向不明。

而在赛季形态的带动下，其他一些节目的续集概念也逐步呈现出“季”的意味，如电视剧的后续部集目前也采用“季”的说法。

（三）重拳之下的“选秀”节目

待到2007年，各类竞赛节目的感召力有所减弱，但诸多电视台都在努力延续品牌节目的效应。湖南卫视又延续《超级女声》的效应推出了《快乐男声》，带起了新一轮的收视竞争，而有的节目开始出现为追求收视率不择手段的倾向。

同年的7月，针对重庆卫视选秀节目《第一次心动》第二季的道德失衡、过分炒作，“评委选择、比赛环节、评委表现、歌曲内容、策划管理和播出监管等方面都出现了重大失误问题”，原国家广播电影电视总局下发了专文勒令其停播。[①] 之后的9月，原国家广播电影电视总局又出台了进一步的具体管理措施和细则，要求各级举办群众参与的选拔类活动要向上级报批，而且各省级、副省级电视台上星频道举办这类节目“原则上每

① 广电总局全国通报重庆电视台《第一次心动》严重违规行为 [EB/OL].（2007-08-16）. http://news.xinhuanet.com/politics/2007-08/16/content_6539752.htm.

年不超过一项，每项活动播出时间不超过两个月，播出场次不超过 10 场，每场播出时间不超过 90 分钟”。“决赛的最后一场可以采用现场直播方式，并至少延时 1 分钟播出，确保不出问题。分赛区活动不得在各省级、副省级电视台上星频道播出。自 2007 年 10 月 1 日起，各省级、副省级电视台上星频道所有群众参与的选拔类活动不得在 19:30—22:30 时段播出。举办群众参与的选拔类活动的后续巡演等各类活动，不得在各级电视台上星频道播出”，以及“不得采用手机投票、电话投票、网络投票等任何场外投票方式……”① 如此严苛的规定，无疑使之前处于发展高峰的选秀节目受到重创，而且本来真人秀节目需要一定的长度和时间才能较充分地展示真人的真相，管理部门对赛程的一系列限定也是对真人秀形态内涵的切实打压。

随后的 2008 年，选秀节目纷纷改弦易辙，有的则以综艺类节目的形态出现，如上海东方卫视的《我型我秀》，还有的已拿到通行证的选秀节目（如北京电视台的《龙的传人》）遭遇了因汶川地震中途停播、续播又遇上北京奥运会档期的命运，上海东方卫视还将《加油！好男儿》改为《加油 2008》，节目内容为争夺到现场观看奥运会的资格。

2009 年，湖南卫视的《超级女声》改名《快乐女声》，江苏卫视的《绝对唱响》、上海东方卫视的《加油！东方天使》等节目也都大肆进行宣传推广，还有《舞林大会》《民歌大会》等以前的赛季节目貌似卷土重来。不过，在原国家广播电影电视总局之前相关规定的限制下，整体这类节目的气势难以真正张扬，一些主办方则千方百计找机会延伸活动。例如《快乐女声》的很多前期活动都改在网络上举行，设立网络赛区并联合 6 大门户网站举办，最终节目依然拔得收视头筹。

2010 年，尽管总局限令依然在，诸多电视台在暑假期间又开始选秀大战，并尽可能有所改革。例如湖南卫视的《快乐男声》在赛制上引入了

① 广电总局进一步加强群众参与的选拔类广播电视活动和节目的管理 [EB/OL].（2007-09-21）. http://www.gov.cn/zfjg/content_757330.htm.

“踢馆”的概念——在进入300强的淘汰选手中，最终确定7个选手组成“快乐天团8090”进行“踢馆”，并增加了由观众的意向来直接决定选手的形式，力图在取消短信投票后做到最大限度与观众互动。江苏卫视的《名师高徒》将《非诚勿扰》的“配对”元素融入音乐选秀中，不过其声称无评委、无“PK”、无淘汰的做法也违背了选秀的规律。浙江卫视的《非同凡响》节目提出“高端选秀”，即选手由演唱表演机构、唱片公司等非常专业的机构来推荐，而且“制作人”的概念替代了“评委”的概念——制作人只能评论别人团队的选手，制作人之间也开始出现竞争局面。

这一阶段最吸引人的节目是《中国达人秀》，由上海东方卫视购买了《英国达人》[①]版权于2010年7月推出的季播节目，旨在实现身怀绝技的普通人的梦想。节目一经推出就引起了广泛的关注，各种能人、怪人、强人都吸引了观众的注意，尤其是他们的感人的故事也常令评委热泪盈眶，这正是与原版节目最大的区别所在。节目全球化带来的本土化，即本地特色的表达，使这个节目成为最值得研究的案例。

此外，这一年江西卫视的《红歌会》更加成熟，而青海卫视的《花儿朵朵》也欲通过大型选秀活动来提升影响力和关注度——以青海民歌“花儿”命名，以此来寓意把绿色、原生态等民族特色带进流行选秀，因而具有独特的意义。

为庆祝建党90周年，中央电视台于2010年7月启动了“唱响中国”群众最喜爱的新创作歌曲征集评选活动。最终《走向复兴》《相亲相爱》《迎风飘扬的旗》等36首歌曲进入终评，于2011年5月31日播出了10首获奖歌曲的颁奖盛典。

2011年地方电视台的选秀活动不仅延续了上一年的品牌，又推出了一

① 《英国达人》(*Britain's Got Talent*)，英国独立电视台（ITV）制作的选秀节目。该节目第一季从2007年6月9日起每天播放录像，直至同月17日直播总决赛，旨在发掘英国业余表演人才。优胜者不但获得10万英镑奖金，还可以在利物浦帝国剧院举行的英国皇室综艺节目和女皇伊莉沙白二世和皇室成员面前表演。由于极好的市场效应和亲民性，节目至今已播出多季，并在全世界迅速推广（因节目制作方与某评委矛盾，节目晚于《美国达人》播出）。《中国达人秀》不仅购买其版权，还在英方FremantleMedia制作公司的具体指导下进行工作，以保证版本的完整性。

些新项目。《快乐女声》在培训阶段采取网络专区直播，还将晋级比赛变为大型演唱会，而最后的决赛有明星助阵。《中国达人秀》在年初开始宣传，“达人招募站”从前一年的11个增加到20个，选手来源扩大导致故事精彩且才艺多样，直至年底还有“达人”春节联欢晚会。

这一年四川卫视举办了两季《天籁之音中国藏歌会》，第一季在春节期间播出，第二季于6—10月每周五晚上的选秀时段播出，面向全国展开藏歌演唱的角逐，定位独特。春节期间还有相关的特别节目，即3集藏歌手和明星一起的拉歌会——《春天里的天籁之音》。

辽宁卫视买下了英国FremantleMedia制作公司顶级音乐选秀节目《未知元素》① 的版权推出《激情唱响》，对现有“选秀”节目中的赛制进行了重大改革：选手分3组（18—25岁、25岁以上、组合），晋级主要由现场大众评审团投票决定，评委与3个组的选手绑定，要全程为选手提供全面的专业指导和保驾护航，并在每场比赛中淘汰选手，保证了该比赛的专业性。其他选秀节目还有浙江卫视的《中国梦想秀》、福建东南卫视的《欢乐合唱团》等，都是引进国外版权。

2011年底至2012年初，中央电视台也启动了《梦想合唱团》，这是继福建东南卫视《欢乐合唱团》之后对英国广播公司（BBC）引进的《超级合唱团》② 的再次翻版，这一次中央电视台将“公益”的口号喊得更响，明星组建合唱团通过训练参加比赛，赢取为公益捐赠的机会。

由于季播方式的选秀节目对应了观众的最现实、最普遍的需求，同时极具可看性，已经成为日常节目中最引人注目的形态，但也往往因为创新性强、没有经验可借鉴而屡屡突破过往的规定，还有的因为高度的经济利益回报不惜铤而走险，从而引起管理层的高度重视，最终下达重重限令。

① 《未知元素》（*The X Factor*）是英国Syco TV制作公司的选秀节目，由Simon Cowell担任监制。选手是由公开海选选出的流行歌手，他们分组对抗，最终节目奖励是唱片合约。

② 《超级合唱团》（*Last Choir Standing*）是英国广播公司（BBC）的节目，从各地选拔选手组成合唱团进行训练并相互竞赛，最后成功者参加电视台最高级别的演出，专业性和可视性俱佳。福建东南卫视于2011年翻版为来自各地的合唱团比赛，最终胜利者获得公益资助，冠军队为家乡修建水渠。

正如2011年的《快乐女声》播出超时，无疑是年底“限娱令”的直接导火索，而且“限娱令”在一次次的节目负面影响中越发具体，使国内综艺节目的创作和发展在整体上被遏制。[①]

2012年7月13日，浙江卫视开始播出其联合星空传媒旗下灿星制作打造的《中国好声音》，版权源自荷兰著名节目《荷兰之声》（*The Voice of Holland*）。该节目的基本构架是几位导师争选学员，最终组建战队进行比拼，同时该节目实现了中国电视历史上真正意义的制播分离，也掀起了音乐竞赛节目收视的新高潮。

2013年1月18日，湖南卫视开始播出从韩国文化广播公司（MBC）引进版权推出的歌唱“真人秀”节目《我是歌手》（*I am a Singer*），邀请7位已经成名的歌手进行比拼。该节目还将音乐电视节目制作的专业性提升到较高的水准。

这两档节目的成功，让业界深入认识到歌唱类音乐竞赛节目的竞争力，也显示了国内这类节目的制作新高度。

纵观所有的社会化和活动化节目的发展，我们可以清晰地看到中国电视娱乐节目市场化的终极节目形态——电视选秀节目的面貌和生存环境的状况，从出现到大肆风行、最终被打压、再延续，无不显示出我们的内容和创作能力还存在较大的问题，整个媒体市场也很不健全。同时我们还应看到，赛季（季播）的播出方式和节目内容、结构、样式有着直接的关系——成熟形态的构成绝不仅仅是外观，一定还有内容的独特性予以支撑。鉴于这样的播出方式，节目进行公司化运作也更为便捷，由此业界应该更加重视研究节目形态所具备的意义。

① “限娱令”具体指的是原国家广播电影电视总局2011年出台《广电总局将加强电视上星综合节目管理》文件及国家新闻出版广电总局2013年出台的《关于做好2014年电视上星综合频道节目编排和备案工作的通知》文件。“限娱令”要求各地方电视台从2011年7月起，在17:00—22:00黄金时段，娱乐节目每周播出不得超过三次。

附录1：典型电视文艺节目案例分析

一、《中央电视台春节联欢晚会》

节目版权：中央电视台

播出频道：综合频道（CCTV-1）、中文国际频道（CCTV-4）

播出时间：每年除夕 20:00

开播日期：1983 年

节目类型：综艺晚会

节目时长：4 小时 15 分—4 小时 30 分

模本分析：《2007 年中央电视台春节联欢晚会》

（一）节目概况

中央电视台春节联欢晚会模式始于 1983 年除夕之夜，如今已经成为中国新的文化现象和民俗习惯——“春晚”已成为春节期间的一种民俗，也有如一年一度全民族的庆典。就节目自身来说，形成了某些固定环节或模式，如节目中的“零点钟声”已成为固定环节和一种仪式。

1.《中央电视台春节联欢晚会》的发展

本书在正文中已对历年中央电视台春节联欢晚会的状况有较多描述，故在此简要论述其发展特征。

1983、1984 年，春节联欢晚会都采用了“茶座式”这一基本模式，并探索主持人、与民同乐、观众热线电话参与的方式，奠定了该节目的地位。

1985年，春节联欢晚会现场搬到北京工人体育场，以探索大场面的表现，但对困难估计不足导致整体效果不好。1986年又回到了演播室。之后的春节联欢晚会导演多在节目内容和编排方面下功夫。

1989年，春节联欢晚会特别设计了大剧院和演播室两个场景，节目交替展现，视觉效果丰富。随后的几届春节联欢晚会也经常探索时空的变化，如1993年海内外节目对传、1996年三地节目联演等，而且演播室变大使节目内容形式也得到拓展，晚会的地位也相当稳固。1998年，春节联欢晚会在整体结构、节目编排、内容形式上都达到一定的高度，成为春节联欢晚会的代表作。

进入新世纪后，电视行业竞争加剧，诸多新媒体也飞速发展，受众选择增多，春节联欢晚会的地位受到一定冲击。同时，因国家发展重点放在经济建设上，节目创作受到影响，春节联欢晚会的效力大不如以往。相比之下，2007年春节联欢晚会较为突出。

从春节联欢晚会的整体节目质量来看，基本上代表了中国电视综艺晚会的最高水准。在历年的节目评比中，几乎每届都获得最高奖，这是中央电视台作为国家大台的地位和实力所决定的。

2.《中央电视台春节联欢晚会》的特点

（1）定位

春节联欢晚会的定位首先要体现春节文化的核心，要具有世俗性、仪式性和庆典性。

世俗性指春节联欢晚会是一台通俗的、全民参与的晚会，同时它是我们合家团圆守岁习俗的一部分。1983年，春节联欢晚会诞生时采用的观众电话参与就充分体现了这一点，后来的多届晚会将此进行延伸，逐步采取了向基层和全国人民征集作品、环节、创意等举措。同时，电视文化的主体是大众文化，尤其是市场化、产业化的背景，使电视更加贴近普通观众生活，电视文艺也被要求以最广大的普通观众的审美趣味为着眼点。而就春节作为传统文化中的喜庆节日属性，春节联欢晚会也必须能够表达欢乐、热烈的气氛，符合传统节日议程，并给人以对美好未来的信心。

在娱乐的同时，春节联欢晚会要肩负传播优秀文化和寓教于乐的责任，这是国情和民情所决定的。我们的民众广泛缺乏艺术教育和道德教育，与发达国家相比，文化水平已难以满足经济现代化发展的需求。春节联欢晚会作为一个在特殊时刻播放的节目，应该自觉承担弘扬优秀传统文化、高水准艺术和先进文化观念的责任，导演也必须具备对这些内容的掌控和协调能力。

（2）主题

春节联欢晚会的主题是在找到节目定位、目标的基础上形成的，历史性（民族性）与时代性是主体的必然属性。所谓历史性就是民族文化的主题内涵，所以历届春节联欢晚会都把“团圆”“联欢”“和平”“喜庆”等作为重要主题。所谓时代性，就是要把握当今时代的精神，有利于人类、国家、民族的发展——与时俱进。例如，1999 年香港、澳门都已回归，春节联欢晚会对应提出主题为“九九归一大中国”；2000 年展望新世纪，人民生活水平提高，春节联欢晚会提出“千禧盛会，与民同乐”；2002 年顺应经济发展的形势，春节联欢晚会提出“普天同庆，祥和向上”，等等。

（3）内容形式特点

① 综合性

节目品种的多样性，是春节联欢晚会作为面对全国各层次观众的晚会所必备的，这也是其与春节音乐歌舞、戏曲晚会的根本区别。而在各品种、类型的节目中，歌舞、小品、相声曾被业内称为春节联欢晚会的“三大支柱”，特别适合表现喜庆、热烈的氛围，而且还不断有新的节目形态出现。就一个长达 4 个小时左右的晚会来说，也必然包容不同层次、地域观众的审美需求，故节目总体上要“雅俗共赏”“老少皆宜”。

② 时代性与民族性结合

每一年春节联欢晚会的内容创新要紧紧依托于时代性，吸纳最新的形式、人才，表现人们关注的热点。同时它也一定是具有中国特色的，能够展示中国传统艺术精髓的，展现民族特色的节目必不可少。

③ 视觉性

为了渲染春节的氛围，春节联欢晚会要明星荟萃，色彩缤纷。不仅要有一流的演出阵容，代表最高文艺水准的节目，还要有诸多技术手段加以辅助，制造最亮丽的视觉效果。

④ 整体性

一台晚会是由多个节目串联而成的，但每个节目最终都要为一个目的而服务——把一台晚会打造成一个完整的节目。春节联欢晚会的每一个节目都有着独特的功用——不仅仅是一个个品质优良的节目，还要完成各自的任务：有的是核心、有的是铺垫、有的是高潮、有的只是过场……为此导演必须用全局的眼光来选择、编排节目，紧紧围绕晚会主题并逐步递进，将几十个节目编排为一个整体，起伏跌宕、张弛有度。

（二）模本分析：《2007 年中央电视台春节联欢晚会》[①]

2007 年春节联欢晚会在中央电视台综合频道（CCTV-1）、中文国际频道（CCTV-4）和英语、西班牙语、法语频道，以及央视网、手机频道播出。

1. 晚会主题鲜明

2007 年春节联欢晚会的主题是“传世盛典，活力中国”，具体体现在以下三个方面。

（1）尊重传统——晚会衔接历史的纵向结构

对中华传统美德的继承和弘扬，是 2006 年政治文化的主旋律和重要的时代文化特征，是建立民族自信的重要途径，也是 2007 年春节联欢晚会的历史性内涵。

（2）和谐发展——晚会辐射今天的横向纽带

和谐本是中华民族的生活传统和精神主题，和谐发展是当今中华民族自身定位的核心价值，这是晚会与时俱进的文化内涵和精神主线。

① 该模本分析参考了 2007 年中央电视台春节联欢晚会方案，表格亦出自该方案。

（3）自信创新——晚会创作理念的多维追求

自信创新体现在运作方式、节目资源、样式、手段等方面，落实为开门办春晚、全民办春晚，广开节目来源、鼓励新人新作，充分运用最新技术和手段、提高管理水平，等等。

2. 节目编排有致

2007 年春节联欢晚会从多方面设计了主题的具体展现：

在思想性逻辑表达方面，以和谐发展为主题化编排线索，建立和谐家庭、和谐社会、和谐世界三大主题层次；在满足观众收视需求方面，建立了家庭收视、大众收视、青年收视三大目标层次；在节目内容安排方面，以民间绝技展现为骨架，建立氛围表演、趣味表演、奇观表演三大戏剧层次；在情感表达方面，以春节民俗为仪式化编排线索，建立祝福亲人、祝福祖国、祝福天下三大仪式层次。

图表 1　2007 年春节联欢晚会总体框架

	20:00—20:20	20:20—21:30	21:30—22:30	22:30—23:30	23:30—00:30
	唱响晚会主题，营造春节节日和庆典的气氛	家庭收视特征	大众收视特征	青年收视特征	零点收视特征
		民族风	民俗风	世界风	中国风
主题线	和谐发展	和谐家庭	和谐社会	和谐世界	
戏剧线	氛围表演	趣味表演		奇观表演	
仪式线		祝福亲人	祝福祖国		祝福天下

与之相适应，晚会节目最终大致分为五段，每一段都围绕着相应的主题，要承载一定的功能，甚至完成一定的任务。

第一段：歌舞《花开中国年》《欢乐和谐·民族情》、相声《咱村的事儿》《欢乐和谐·流行色·壹》《免费电话》、歌曲《和谐乐章》、杂技《俏花旦》、小品《送礼》《欢乐和谐·家乡美》、贺电，等等；

第二段：舞蹈《小城雨巷》、小品《将爱情进行到底》、歌曲《老婆老公我爱你》《欢乐和谐·四季风》、春联、小品《考验》、歌曲《在那遥远的地方》、歌舞联唱《阳光下的花朵》《欢乐和谐·流行色·贰》、贺电等；

第三段：武术《行云流水》、小品《回家》、歌舞《飞弦踏春》、相声《我惯着他》《欢乐和谐·军旅魂》、舞蹈《进城》、朗诵《要问我是谁》、歌曲《万家灯火》、贺电等；

第四段：小品《策划》、歌曲《报答》、小品《假话真情》、歌曲《孝敬父母》等；

第五段：戏曲《天上人间共吉祥》《欢乐和谐·闹新春》、历届春节联欢晚会歌曲联唱、结束歌舞《难忘今宵》等。

从中我们可以看到，过去一年受百姓关注的热点话题在节目中体现得亲切、自然。例如，相声《免费电话》讽刺了无孔不入的广告；武术《行云流水》借太极表现“和谐”的核心；歌舞《飞弦踏春》以激昂的歌声、有力的舞步，抒发了西藏人民对青藏铁路通车的喜悦；舞蹈《进城》和农民工子弟的朗诵等表现了农民工的喜怒哀乐与对未来的憧憬；小品《假话真情》关注了空巢老人的社会现象，等等。这些也是内容方面与时俱进的体现。

节目整体风格从时尚、年轻到相对深沉、稳重，动情点在第三段，随后又是深情、欢乐，最后热烈、喜庆，前面四段都由贺电间隔，中间还有春联的揭示。晚会从头至尾，主题层层推进，情绪起伏跌宕，核心优秀节目点缀其中，最终构建起晚会整体的较高品质。

实践中我们必须承认观众“追星”的现实，甚至还传有“赵本山挽救了春晚”的说法。尽管观点有些过激，但足以表达明星大腕在其中的作用。

导演对演员的出场进行了精心安排，就像彭丽媛、赵本山都被放置在晚会后部，对增强晚会分量和提升收视率起到了极大的作用。

2007 年春节联欢晚会立足于演播室，没有采用分会场等手段，而是给大屏幕更多的展示空间——背景是一块超大屏幕，以往更多时候起到舞美布景的效果，而本届晚会使用率极高，几乎每个节目都有活动画面配合，以进行时空拓展、舞美装饰和内容的丰富，充分夺人眼球。

3. 精品节目频出

节目的质量是晚会整体质量的根本所在，任何一台晚会引人注目，一定是和优秀节目相对集中有着直接关系。

2007 年春节联欢晚会首先以开放的姿态广泛集纳优秀节目，无论是当年舞台上的优秀作品还是原生态之作。例如，杂技《俏花旦》是在国外杂技节获奖的作品，它除了高难度的抖空竹技巧让人惊叹外，在动作编排、服饰、音乐上与中国传统戏曲的刀马旦特色相结合，令人耳目一新；而舞蹈《小城雨巷》取材于诗人戴望舒的《雨巷》——江南雨巷中，执伞而行的少女如同一枝枝空谷幽兰，纯净、典雅且充盈着诗情画意，引出人们对美好青春的遐想，再加上水墨画般的场景，节目在晚会中如同一股沁人心脾的清泉；还有由西藏日喀则拉孜县农牧民们表演的原生态歌舞《飞弦踏春》和来自青藏高原上的藏舞《堆谐》，表演者自弹自唱，欢快跳跃，他们发自内心的快乐深深感染了观众。另外，在“全国青年歌手电视大奖赛”上广受欢迎的原生态歌手李怀秀、李怀福、卞英花、“朵蝶朵阿组合”等，也给人们带来了浓郁的民族气息。

在新节目的打造方面，最具艺术特质的舞蹈《行云流水》是晚会主题表现的重头节目。导演避开了以往春节联欢晚会武术节目以打技或场面取胜的模式，邀请武术冠军和舞蹈家同台表演，将太极和舞蹈融为一体，欲以太极的阴阳关系表现“和谐”的理念。武术冠军们将太极中极具代表性的杨氏太极和陈氏太极动作加以演化，与持扇起舞的舞蹈家王亚彬的表演相辅相成，时而飘逸、时而凌厉、时而轻盈，转承流畅、刚柔并济、若即若离，整体节目气韵生动、意境高远。

引来收视高点的小品《策划》是赵本山、宋丹丹、牛群延伸采访“白云”“黑土”老两口的故事，以讽刺社会上的虚假炒作现象，同时充分利用了老品牌的优势制造晚会的看点和高潮。

4. 充分重视观众需求和晚会宣传

与往年相比，2007 年春节联欢晚会更加关注普通百姓，体现民情、民意，这也是“开门办春晚”的重要举措。剧组通过来信、座谈会、网络、报纸等渠道，广泛听取各界人士对春节联欢晚会的建议和意见。导演奔赴全国多地选拔、邀请来自专业团体、民间原生态甚至非专业团体的节目。节目组还与央视网联合众多知名网站组成网络联盟，建立了“春晚百问”“春晚搜星”“春晚明星墙”“春晚大家谈”“春晚朋友圈”“春晚大拜年”等交流渠道，并最终在节目中对观众关心的热点、事件、现象进行表现。有的节目内容直接采用观众建议，如《欢乐和谐·家乡美》的联唱中，马玉涛、李光曦、才旦卓玛、胡松华等一批老艺术家的出现，也正是众望所归。

当然，各种沟通渠道也同时成为宣传渠道，使晚会在播出前就已经得到较充分的预热。而且在当天晚会正式开演前，电视直播镜头就对准了为春节联欢晚会做准备的人们，观众可以通过现场采访感受到春节联欢晚会直播前的紧张气氛，更增加了他们对演出的期待。

5. 晚会的不足

2007 年春节联欢晚会最明显的问题是“零点钟声”环节，主持人出现了对错春联、抢词的现象。在节目的编排逻辑上也显得主题不够集中、情绪衔接不够流畅；有的舞蹈舞台化痕迹较重，电视表现就有困难；同时大屏幕视频的内容设计也还不够细致、到位，反而伤害表演的原有意境。

（谢盼盼、侯倩）

二、《全国青年歌手电视大奖赛》

节目版权：中央电视台

播出频道：综艺频道（CCTV-3）

播出时间：每两年一届，“五一”假日结束前

节目类型：音乐才艺竞赛

模本分析：《第十二届全国青年歌手电视大奖赛》

（一）节目概况

1.《全国青年歌手电视大奖赛》的发展

诞生于 1984 年的全国青年歌手电视大奖赛经过多年的发展，已成为国内电视上历史最悠久、影响最广泛、最权威、最具美誉度和公信力的声乐赛事，也成为广大声乐从习者展示自己并走向专业艺术道路的重要途径。全国青年歌手电视大奖赛的发展，可以按照其赛制和特点分为四个阶段：创办期、平稳发展期、改革过渡期和持续改革期。

（1）创办期

创办期是从 1984—1986 年的 4 年间，这个时期的阶段特征是赛制逐步建立并完善，品牌性不断增强，受众接受度和认可度逐年增高，推新人能力不断增强，影响力不断增大，初步建立起在电视声乐比赛领域不可替代的权威性和专业性。

图表 2　全国青年歌手电视大奖赛创办期概况

年份	赛制及播出形式	特点与意义	选手代表
1984 年第一届	不分专业、业余组，不分唱法，评委主要由音乐界和电视界的专家组成，不少参赛者是全国最优秀的青年歌手。节目录像播出。	当时的内地乐坛特别是流行乐坛正处在快速发展、风起云涌的时期，中央电视台作为媒体龙头在第一时间做出了反应，足以看出“青歌赛”在其诞生初期就具备了市场与权威的双重特征。对中国音	彭丽媛、关牧村、殷秀梅、范竞马

续表

年份	赛制及播出形式	特点与意义	选手代表
1984年第一届		乐和中国电视文艺的发展具有重要意义，而且节目在当时样式新颖独特。	
1986年第二届	按专业和业余划分组别，同时首次划分美声、民族、通俗3种唱法，现场直播，且6场决赛都通过电视播出，评委们当场亮分决定选手命运，过程引人入胜。	确立了“青歌赛”的基本格局和样式，一直沿用到第十一届。3种唱法的划分，改变了中国声乐赛事的历史，甚至直接影响到了全国声乐教育及发展，同时确立了“通俗唱法”这一称谓。	彭丽媛、韦唯、毛阿敏、魏松、顾欣、巴哈尔古丽

（2）平稳发展期

第三—七届全国青年歌手电视大奖赛的赛制和包装形式没有明显创新和发展，处于平稳发展阶段。

图表3　全国青年歌手电视大奖赛平稳发展期概况

年份	特点与意义	选手代表
1988年第三届	《思念》《我多想唱》等原创歌曲得到了迅速的传播，并推动了当时“西北风”的盛行。	阎维文、杭天琪、陈汝佳、屠洪刚
1990年第四届	影响力进一步扩大，推新人能力增强，观众认可度上升。	万山红、蔡国庆、张咪、朱哲琴、宋祖英、解晓东、幺红、蔡红虹
1992年第五届	影响力非常大，成为推出新人新作的重要途径，创造了很高的收视率，出现了很多歌手并列的局面，通俗唱法的三等奖就有5位歌手同时获得。	吕继宏、江涛、陈红、毛宁、孙悦、林萍
1994年第六届	专业组的一等奖均由少数民族歌手获得，推出一批脍炙人口的好歌，如《透过开满鲜花的月亮》《大哥，你好吗》《中华民谣》《楼兰姑娘》。	林依轮、陈明、甘萍、孙浩、张迈、爱新觉罗·启迪
1996年第七届	相对沉寂，推出的新人较前几届有所减少，影响力也有所降低。	戴玉强

（3）改革过渡期

经历了从创办之初到家喻户晓再到低迷的波折之后，全国青年歌手电视大奖赛于 1998 年迈出了突破性改革的第一步，并且在 2000 年的第九届更进一步，这两届也可以被称为是全国青年歌手电视大奖赛历史上的改革过渡时期，打开了新的局面。

1998 年第七届全国青年歌手电视大奖赛有了重大调整。首先，一改过去由各代表队送录音带参加初赛的旧制，歌手以团体组队方式直接进京参赛，并且增设团体赛，3 种唱法的 3 场个人比赛和由观众投票产生的“特别奖”。其次，在演唱形式上也打破以往独唱的单一方式，增加了对唱、重唱和合唱等形式。此外，大赛还强调歌手的文化修养，增设了综合素质考核，反映了观众、行业对选手的要求并成为收视的一大亮点。这一届推出的歌手有李琼、祖海和谭学胜等。①

2000 年第九届全国青年歌手电视大奖赛伴随新世纪的到来展现出全新的面貌：在评委人选上突出了新生代音乐人、歌唱家和港台音乐人，具有不同风格、流派、地域的代表性；每种唱法评委 12 人，另外还有文化素质评委 2 人，现场评委名单向社会公开，以增大评判的透明度并利用传媒予以宣传；增设了 5 人组成的监审组，对评分进行现场监督并有权要求评委进行现场解答；节目还开通了热线电话，观众可通过热线电话参与节目；同时高科技手段如彩幕、LED 大屏幕的运用也大大丰富了画面，令人赏心悦目。这届大赛推出了王宏伟、谭晶、容中尔甲等歌手。

总体来说，这两届的改革非常成功，使全国青年歌手电视大奖赛真正成为中央电视台的品牌节目，具有空前的地位。不过，也出现了一些问题，如改革的内容仅限于赛制和包装，但在对选手本身潜力的挖掘和对于新星的塑造方面则没有太大改进，尤其是当随后一系列选秀节目愈演愈烈时，令人不得不思考该赛事的根本性质和目标——全国青年歌手电视大奖赛创办时，国内电视荧屏在声乐比赛和选秀节目领域一片空白，所以该赛

① 大赛简介 [EB/OL].（2006-07-06）. http://www.cctv.com/qgds/20060706/102041.shtml.

事能独占先机。而电视文艺发展到新世纪，国外以及港台各类节目使得“娱乐”“明星”等词逐渐深入人心，该赛事在接近性、娱乐性、造星等方面便显出一定劣势了。

（4）持续完善期

2002—2008年可以被称为全国青年歌手电视大奖赛的持续完善时期——大赛的主要赛制基本稳定，但每一届会有一定调整。

2002年第十届全国青年歌手电视大奖赛尝试增加声乐技巧考核，整个比赛过程分为4个阶段：业余组和专业组的初赛、决赛、“观众最喜爱的歌手”大赛和颁奖晚会。“特别奖”转为“观众最喜爱的歌手奖”，让荣获民族、美声、通俗3种唱法金、银奖的9名歌手进行再次决赛，专家评委与电视观众共同投票产生评选结果，来自西藏的牧羊姑娘索朗旺姆一举夺冠，同时还推出了朝鲜族的阿里郎组合等。大赛共有26场直播，创中央电视台现场直播场次之最。

2004年第十一届全国青年歌手电视大奖赛一改过去的“专业组”和“非专业组”为“职业组”和“非职业组”（目前不从事与音乐专业相关的学习和工作的，都可以非职业歌手身份报名参赛）；其次，大赛还以加分方式提倡新歌创作；此外，在个人单项决赛中大赛采用3轮淘汰制，增加演唱曲目以避免综合素质考核在比赛中喧宾夺主。一批来自少数民族的歌手大放异彩，组合的演唱方式尤为引人瞩目，例如分别来自湖北和云南的“西兰卡普组合”和“太阳女组合”后来也成为地方文化艺术的标志。

2006年第十二届全国青年歌手电视大奖赛从当年4月开始到8月结束，跨越时间之长、比赛场次之多、参赛人数和选手覆盖面之广都创了历届大赛之最。这届比赛打破了职业组和非职业组的限制，所有选手同台竞争，并且应时增设了组合和原生态两个类别。经过几个月的激烈角逐，刘和刚、师鹏、薛皓垠、蝌蚪合唱团和李怀秀、李怀福姐弟分获民族、通俗、美声、组合、原生态五类唱法的一等奖，而且原生态唱法获得高度关注，使歌唱艺术与技巧回归自然，并紧密联系历史和社会文化背景。文化素质考查环节也成为收视一大亮点。

2008 年第十三届全国青年歌手电视大奖赛因北京将举办奥运会而提前在 3 月 16 日开始举行决赛。实际上，各分赛区已在 2007 年 11 月底就开始报名，并于 12 月开赛。最新增设的合唱比赛引人注目，每个合唱队至少在 30 人以上，也使得进京参赛的人数一跃升至 2600 人，创造了历史新高。场面的浩大，无疑给大赛增加了可看性。正如中国音乐家协会副主席徐沛东所说，“合唱事业方兴未艾，加进‘青歌赛’是必要的，因为它是当今社会文化急需的一个项目，是真正的群众文化，也是提高全民音乐素养的有效方式。”[①] 同时，为与国际音乐接轨，“通俗唱法”改为“流行唱法”。至此，第十三届全国青年歌手电视大奖赛将正式划分美声、流行音乐、民族、原生态、合唱 5 种唱法进行比赛。此外，军区不再具备单独组队的资格，而是参与军区所在地的地方电视台选拔。

2.《全国青年歌手电视大奖赛》的内容形式特点

（1）努力打造最具专业性与权威性的大赛

从全国青年歌手电视大奖赛发展中可以看出，与其他选秀类节目相比，该赛事最显著的特点在于专业性的定位，制造权威性的评价标准。“繁荣音乐创作、推出歌坛新人、丰富电视荧屏”是全国青年歌手电视大奖赛一贯遵循的宗旨，为国家选拔声乐人才是其主要目的和任务。[②] 同时，节目也努力制造看点，以吸引最广泛的收视人群和打造市场感召力。而大赛的专业性与权威性具体落实在以下几个方面：

① 选手与评委构成

权威性和专业性的落实首先表现在选手和评委构成方面。例如历届参赛者中，来自各专业院校、歌舞团、文工团的专业选手占了大多数，这部分人代表了该行业目前的专业水平和发展走向。同时，从以往的大赛结果

① 郑娜，陈振华．引领大众娱乐，“青歌赛”成为中国文化亮丽景观 [N]. 人民日报（海外版），2008-04-21.

② 第十二届 CCTV 青年歌手电视大奖赛比赛细则 [EB/OL].（2005-12-07）. http://www.cctv.com/music/20051207/101149.shtml.

看，优秀选手往往获得更好的专业发展机会，业余的可以走向专业，专业的得以调入更高水准的团体，从而获得较为长久的艺术生命和更广泛的支持。而且在评价标准上，不同专业也有不同的评委成员，也是为了维护其专业性。

② 赛制与评判标准

作为一项赛事，选拔标准向来是关注的焦点所在，而往往最能体现比赛性质的定位。全国青年歌手电视大奖赛首先特别注重强调选拔方式的有效性和专业性，选手一般由具备一定资质的单位组团参赛，这使选拔具有严肃性。

在竞赛项目上，选手的成绩由演唱和综合素质测试两部分组成：演唱分占99%，综合素质占1%。整个评定标准绝大部分基于选手的专业素养，综合素质分基本不影响专业成绩，因此选手的选拔、排名也体现出选手的专业实力。而且竞赛非常尊重专业深度，将民族、美声、流行、原生态等唱法分开，从而尽可能建立起合理的竞赛标准。

竞赛要体现出公开、公平、公正，评委的构成和评定起了最重要甚至是决定性的作用。正因为实际上评委的评判标准难免有一定差异，于是评委人数较多，评定结果还要去掉最高分和最低分后按平均分计算，且打分过程透明公开，评委现场亮分，当场出成绩——整个过程也体现了比赛的严谨性。

虽然这些年的比赛引入了观众参与，最后要评选出最受观众欢迎的歌手，但是观众参与不影响选手的专业分数。这不仅是维护了竞赛的专业水准，无形中对传统艺术也起到了一定的尊重和保护作用。因为在最广大的受众群中，更多人接受通俗唱法，因此如果观众更多参与打分，则势必会让通俗歌手占优势。

③ 目标受众定位

有了准确的目标受众定位，才能使赛事有的放矢、有章可循。全国青年歌手电视大奖赛发展到今天，一方面是努力扩大受众群，另一方面更是紧紧抓住最主要的目标受众。

全国青年歌手电视大奖赛专业定位较高，其核心受众是具有较高艺术修养、对艺术有一定的了解或了解该艺术创作规律的群体。例如全国的专业院校师生和专业团体人员，再加上热爱这门艺术的受众。这样的受众定位，使得大赛本身的专业性质得到呼应、大赛权威性得到保证。而且反过来，在运作过程中把握好专业水准与权威性，才是抓住这类目标受众的关键。

④ 选手的出路

比赛结束后，除了一些选手可以进入更高水准的专业团体外，“青歌赛 + 春晚”也是重要的造星手段。多年来在全国青年歌手电视大奖赛胜出的选手都陆续在春节联欢晚会等节目中亮相。

当然给选手机会的不仅仅是春节联欢晚会，实际上每年比赛一结束，优秀歌手就可以参加中央电视台的各类文艺节目。这样的途径并没有被大肆宣传，而且基本上都会给选手特别留出机会，可以参与联唱、共同领唱甚至独唱。

（2）电视化的声乐大赛

全国青年歌手电视大奖赛，以及所谓诸多电视大赛其实都不仅仅是竞赛，也应该是具有可看性的电视节目。

① 即时性

作为一个电视节目，全国青年歌手电视大奖赛是视听结合的竞赛，而其跨时间较长的直播也带来及时性、纪实性，迅速、快捷地把比赛景象传递到千家万户，观众可以即时感受到现场的比赛环境、气氛和景象，与选手产生更多共鸣，达到更好的互动。

② 大众性

从全国青年歌手电视大奖赛的整体发展来看，明显有着娱乐化的趋势，逐步注重收视率和普通观众的认可度，以对应近年来电视节目大众化的本质。例如，对选手综合素质的考查；有的赛区采用海选形式、取消职业与非职业的划分，无形中降低了比赛的门槛，使节目具有了真人秀的元素；

加入观众短信提问和观众评选最受欢迎选手的环节，是在加大与受众的互动……这些也都是为了提高收视率和吸引更多广告。

③综合性

当全国青年歌手电视大奖赛成为视听结合的节目，导演必然要注重画面内容的表现，于是要认真设计舞美、灯光，要进行画面包装，甚至评委和观众都会将选手的形象作为竞赛因素，选手的表现也非常注重表情、动作、服饰，等等。以第十三届全国青年歌手电视大奖赛的合唱比赛和原生态比赛为例，辽宁代表队将京剧中的表演元素融入到合唱的曲目中；湖北的原生态组合个个能歌善舞，表演性极强；云南的纳西姐妹把少数民族地区的哭嫁等活动搬到了舞台上。这些元素的加入既新颖独特，增加了节目的可看性，又将声乐与其他艺术形式相融合，具有深远的文化传播意义。

同时，全国青年歌手电视大奖赛作为一项多种唱法、多省市团体、多民族共同参与的大赛，其专业包容性在声乐比赛中也是难得一见的。参赛者来源于各个省市、各个艺术团体、各民族，受教育程度、文化风俗习惯、风格流派各不相同，应该说囊括了中国几乎所有有能力的声乐从习者和爱好者。图表4的数据是根据2008年全国青年歌手电视大奖赛报名情况进行统计归纳的，以此来说明报名选手的广泛程度。

图表4 选手文化层次表

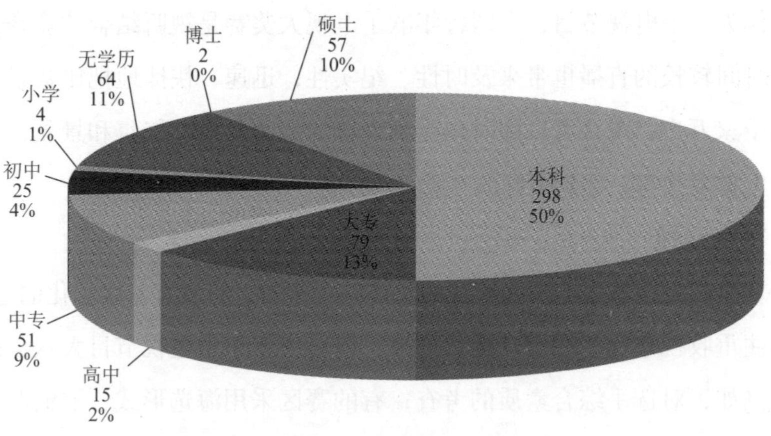

3. 存在的问题

（1）唱法之争

1986 年全国青年歌手电视大奖赛将比赛分为美声、民族、通俗 3 种唱法进行比赛，2006 年应时增加了原生态和组合两类，2008 年改通俗为流行，并取消组合。可见唱法作为规则的基础一直引起争议，尤其是集中在民族唱法、原生态唱法的定位和评判标准上。本来民族唱法是由我国各族人民按照自己的习惯和爱好创造并发展起来的唱法，其内在构成较为复杂，大概包括“戏曲唱法”“说唱唱法”“民间歌曲唱法”“民族新唱法”4 种唱法。而其中的各种唱法可能有更详细的划分，如“戏曲唱法”会因剧种不同而表现出差异，“民间歌曲唱法”也包括了各少数民族根据自己的生理结构和文化特色发展出来的不同的唱法。

多年来，我们在大赛中看到的民族唱法主要是“民族新唱法”，是在继承我国民族传统唱法的基础上主要融合了美声唱法的发声特点，既有民族唱法吐字清晰、声音甜美、气息灵活的特点，又有美声唱法的音域宽广、声音传得远的优势，后来也融合了流行歌曲的唱法，更贴近大众。随着一些传统的民间节目开始复苏，出现了类似李琼和阿幼朵这样的选手无法给自己明确分组定位的情况。例如曾两次参赛的李琼，分别参加了通俗组和民族组，却都没有得到真正认可，最终获得“特别奖”，于是传统的“民间歌曲唱法”为与“民族新唱法”区别而被称为“原生态唱法”，但数量很少。总的说来，各种唱法的发展和改革还依赖于我国声乐专业教育的状况，目前的各大音乐学院仍然是按照“美、民、通”三分的方式进行声乐教育，这势必会限制从业者的发展。在“原生态唱法”方面，随着城镇化趋势在逐步消亡，要靠政府和业内的努力扶持，而且短时间内已呈现出刻意雕琢的面貌。例如一些歌手穿着精美的民族服饰，发声和唱腔却明显经过训练或汉化修改，更有些歌手为避免其他组别的竞争而改唱原生态，这必然会误导受众。同时还由于“原生态唱法”内部形态复杂，例如在蒙古族长调与羌族多声部、侗族大歌之间很难分出高低优劣，评定标准争议极大，在大赛中也只好忽略竞赛性而注重展示性。

（2）人才挖掘、培养和后续推广不足

在市场化的背景下，全国青年歌手电视大奖赛要想保有其生命力，就必须重视人才的持续挖掘和培养，于是各地选送选手的标准与竞赛方式、后续发展就显得尤为重要。

大赛每年有几十支代表队，由各电视台和文艺团体共同担负选送选手的任务，而由于各方资质内涵不同，人才选拔标准也有差异。例如，电视台的重心在电视节目的运作上，有的地区有多个选送单位的局面造成选手的水准不均，更有选手反复参赛，一是选手为了成名，再是每个代表队都有获奖的任务压力，成熟歌手自然让代表队省力省心，这便有可能压制新人的选拔与成长。

特别是其他选秀类节目不断涌现，各类演艺经纪机构兴起，使获奖者的未来发展也成为节目成功的关键。全国青年歌手电视大奖赛的选手自然会有各电视台和文艺团体的帮助，但总体上绝大部分人上镜率不高，再加上获奖选手雷同并缺乏市场竞争力，观众就感觉不到他们的进步和影响力。而相比之下，湖南卫视的“超女快男”更重视后续效应，从而使节目品牌具有更实质性的感召力。

（3）娱乐性、贴近性不足的同时专业性也不足

前文曾提到全国青年歌手电视大奖赛在努力打造最具专业性和权威性的大赛，于是在大众化语境和市场化背景下，娱乐性、贴近性不足的问题也日益明显。具体表现如整个节目进程和直播都处于严密控制中，经常发言的人只有主持人和少数嘉宾和评委，绝大部分选手和评委的言行都被严格限制，除了谈论专业和表演，几乎没有其他的表现机会；而相对于其他选秀节目来说，他们在镜头上表现的时间也很少，甚至反而变得呆板、紧张，因此节目看点相对单一；同时赛制缺少变化、赛程过于集中和冗长，如2008年就是连续45场，每天3小时的直播，易使观众疲劳，而相比于其他选秀类节目周播来说，制作也显得粗糙；另外创作者对整体节目的宣

传不够重视，仅限于利用传统的平面媒体发稿和央视网配合做同步论坛、设立选手人气榜等，媒体宣传平台少且规模小；节目包装方面也是一贯的风格，片头、片尾、片花、主题音乐、舞台背景、主持人等都与往届没有太大差异。

当然，专业性、权威性与娱乐性、贴近性有一定矛盾，在实际操作中顾此必然失彼。但反过来看，全国青年歌手电视大奖赛的专业性与其他大赛比也缺少内在支撑。例如恰恰因为选手“一曲定音”、绝大部分评委埋头打分不讲解评判理由、最高分与最低分相差甚远，观众就会觉得缺乏客观标准，甚至有时怀疑评委集体舞弊。其实像“超女快男”的选手有多次比赛机会，评委经常给选手多方面的建议甚至争论打分标准，评委能与选手更直接地交流，其他大众评委公开投票……反更能让观众理解分数的来由，同时彰显专业性和权威性。

在未来的市场竞争中，全国青年歌手电视大奖赛的发展应该注重巩固品牌的原有优势，尤其要研究其他选秀节目的成功经验，加强专业性的内在支撑，认真思考“赛”与“人”的关系，更加明确目标受众。同时，中央电视台应真诚与地方电视台合作，加大宣传力度、增强可看性，以拓展新的受众群。

（二）模本分析：《第十二届全国青年歌手电视大奖赛》

2006 年，中央电视台的第十二届全国青年歌手电视大奖赛与《超级女声》《加油！好男儿》《我型我秀》《梦想中国》等全国性大型选秀活动基本同步进行，从而展现出鲜明的特色。

1.《第十二届全国青年歌手电视大奖赛》的规则简析

多年来，全国青年歌手电视大奖赛作为国家电视台赛事而显示出的高档次、高水准和标杆性、引领性，正是本赛事同国内其他同类赛事的区别所在，其规则也往往为其他电视大赛树立了标尺。本届大赛还以严肃认真的态度对规则进行了完善和创新。

（1）机构、评委与组队

沿袭往届经验，第十二届全国青年歌手电视大奖赛仍在由中央电视台相关负责人组成的组委会的指导下进行，下设办公室负责具体工作，其下还设有编导组、联络组、宣传组、制片组等，分别承担相应工作。

大赛评委会由声乐教育、演唱、理论、评论、创作、音乐指挥、电视艺术和文化学术界的权威专家组成并分为4组，分别担任美声唱法、民族唱法、通俗唱法和综合素质考核的评判工作，其中民族唱法评委兼评原生态唱法、通俗唱法评委兼评组合演唱形式。3组演唱评委每组12人，如美声唱法组有戴玉强、孟卫东、佟铁鑫等，民族唱法组有郭兰英、李谷一、赵季平、蒋大为等，还有综合素质评委徐沛东、余秋雨、赵易山。同时，大赛设监审组对大赛规程和评委评判进行全程监督，成员有阎肃、金铁霖、李双江，都是业界一流专业人士，直接铸造了节目的权威性与信任度。

本届大赛组队首次采用不分职业歌手和非职业歌手的混合组队方式，力求使大赛更具有专业标准和国家水准，逐渐与国际接轨。具体组队可以省、自治区、直辖市和计划单列市电视台为单位组队，还可以国家部委及国资委所属大型国有企业为单位，可以部属文艺团体、部属音像唱片公司和教育部直属专业艺术院校单独组队，上述单位以外的个人参加北京卫视选拔。军队以解放军总政治部、总参谋部、总后勤部、总装备部、海军政治部、空军政治部、第二炮兵政治部、武警总部、各大军区（包括所属文艺团体）和总政直属艺术学院等为单位组队。香港、澳门和台湾地区及海外华人、华侨可单独组队或联合组队。

（2）赛程与竞赛内容的设置

从2005年开始，各地方电视台及具有组队资格的各团体就开始进行第十二届全国青年歌手电视大奖赛选拔活动，赛程大致分初赛、复赛和决赛三个阶段进行。①

① 第十二届CCTV青年歌手电视大奖赛比赛细则[EB/OL].（2005-12-07）. http://www.cctv.com/music/20051207/ 101149.shtml.

初赛即选拔赛，由各代表队在本地或本单位进行，于 2006 年 3 月 31 日前完成。复赛和决赛在北京举行，从 2006 年 4 月中下旬一直持续到 8 月上旬。

凡符合组队条件的，均可报名参加复赛（名额不限），从中评选出 20 个代表队参加团体决赛。同时，在未进入团体决赛的代表队中，每种演唱形式按歌手得分各产生出 20 名歌手，另组成 10 个队参加团体决赛，其成绩不计团体名次，只作为进入单项决赛的依据。

决赛分为团体决赛和个人单项决赛。其中，团体赛是从 5 月 1 日—20 日，个人决赛从 7 月 12 日—8 月 9 日。

团体决赛是从复赛中评选出 20 个团体队进入决赛，另外从未进入团体决赛的美声、民族、通俗、原生态、组合演唱 5 种演唱形式的选手中按分数出 20 名、5 种、共 100 名选手，组成 10 组个人参赛队（其成绩不参加团体排名，只作为进入个人单项决赛的排名依据），与 20 个团体队共同参加决赛。

每位（组）歌手复赛时演唱两首曲目，决赛时演唱一首；曲目长度规定在 4 分钟以内，超长扣分，新歌仍然加分（凡创作于 2004 年 8 月 1 日即第十一届全国青年歌手电视大奖赛以后的声乐作品为新歌）；所选曲目要求内容健康、形式多样、风格新颖、时代感强，贴近实际、贴近生活、贴近群众、旋律优美、易于传唱。

进入决赛的歌手还要进行综合素质考核口试，考核范围包括文化修养和音乐知识两个方面：文化修养内容限定在基础教育范围之内，音乐知识包括基础乐理和音乐素质。一般要回答的是两道题，有时是一道文字加一道音乐题（或者是听音乐后答曲名、作者等，或者是视唱练耳），有时是一道文字题加一个命题即兴演唱。

个人单项决赛——经过团体决赛，美声、民族、通俗、原生态和组合演唱 5 种演唱形式根据得分各选出 30 名选手，再经过 3 轮 4 场比赛，决出比赛结果。其程序为：第一轮有两场比赛，每场即从每种形式的 30 名选手（节目）中分出两组各 15 名选手（节目），各决出 10 名进入第二轮比赛；第二轮是从每种唱法进入第二轮的 20 名选手（节目）中，决出 10 名；第三轮是从每种唱法进入第三轮的 10 名选手（节目）中，决出最后的比赛名次。

以上比赛的选手成绩按百分制计分，总分 100 分。演唱占 99 分，现场评委按序号现场亮分，选手演唱成绩是去掉最低分与最高分后的平均值（曲目质量占 20 分、演唱技巧占 50 分、台风表演占 20 分、形象包装占 9 分），综合素质 1 分（两个评委的打分之和）。

随后是“观众最喜爱歌手奖”决赛——5 种演唱形式单项决赛金奖获得者参与争夺，胜出者获得“观众最喜爱歌手奖”。观众通过央视网、央视公众资讯公司声讯电话、手机短信等形式当场投票评出并揭晓。

当团体决赛和个人单项决赛结束后，会分别举行颁奖晚会。荣获团体一、二、三等奖的各团体队全体歌手和荣获 5 种演唱形式的金、银、铜奖歌手参加颁奖晚会。

第十二届全国青年歌手电视大奖赛有 20 余万人参与了各地区、团体的选拔，共 77 支代表队、967 人进京参加复赛，包括 4 支海外代表队和 38 支地方电视台代表队。其中有 209 组美声唱法、244 组民族唱法、210 组通俗唱法、60 组原生态唱法、47 组组合演唱形式。奖项共有 81 个：团体奖 20 个（一等奖 1 个、二等奖 2 个、三等奖 3 个、优秀奖 14 个），单项奖 60 个（美声、民族、通俗唱法、原生态、组合演唱 5 种演唱形式各设金奖 1 个，银奖 2 个，铜奖 3 个，优秀奖 6 个），还有“观众最喜爱歌手奖”1 个。中央电视台综艺频道（CCTV-3）在黄金时段对 41 场比赛和 2 场颁奖晚会均进行了直播。由于要完成一定的竞赛程序，每期节目播出时长均超过 3 小时。

2.《第十二届全国青年歌手电视大奖赛》的节目特性分析

随着电视文艺整体的不断发展，全国青年歌手电视大奖赛也要不断改革，而且多年来的改革也都是为了建立起更科学的评价体系。而实际上，该赛事的整体创作是和规则的改变、电视理念的拓展一致的。

本届大赛的特殊举措主要体现在以下几点：

（1）注重赛制上的继续创新

从中央电视台 2003 年的西部民歌电视大赛到 2006 年的中国民族民间歌舞盛典，其间纯正的民歌演绎曾使观众感受到传统民歌的独特魅力，于是也促使2006年的比赛新增了“原生态唱法”。当然，这个概念不是很准确，但能够起到发扬传统和推动民间艺术发展的作用，而此时新增的演唱类型还有“组合演唱”，这也是对应了近年来演唱方式出现的新现象。

同时，鉴于多年来非职业选手水平的逐步提高，第十二届全国青年歌手电视大奖赛还打破了以往职业与非职业的划分，让所有选手在同一起跑线上进行竞争，使该赛事更具有专业性和国家水准，这也表明了我国选手整体演唱水平的提高。

尽管赛制有所改变，但在根本上还要与近年来兴起的各类具有真人秀元素的选秀类节目形成差异。而且作为中央电视台，还要维护国家电视台赛事的高档次、高雅风格，这也正是本届赛事所追求的目标之一。所以，本届大赛从整体设置上看比较严肃谨慎，而且在比赛过程中，鉴于原生态选手普遍文化水准较低的状况，大赛特意为这一组调整比赛规则，单独出文化素质题，以维护节目的整体形象。

（2）对娱乐点的拓展

近年来，全国青年歌手电视大奖赛采用的一系列办法，具体如“观众最喜爱的歌手”评选、综合素质考核环节等，无疑都对吸引受众、增强场内外的互动和娱乐性起到有效的推动作用。本届大赛在延续了这些做法的同时，还在一些细节上进行强化。

① 增强贴近性和互动性

本届大赛打破了职业歌手和非职业歌手的限制，不仅是出于客观上这两类选手水平接近的考虑，更是表现了与大众的贴近性。在各地的选拔赛中，一些赛区大胆借鉴了选秀类节目的办法——海选、不分唱法共同比赛、观众投票决定选手去留等，大大加强了这一老牌赛事的活力，如四川省就有近 6000 人报名参与。在决赛中，综合素质考核部分由评委讲解选手答题的对错，这也使观众能从节目中实实在在地进行学习和知识交流，而评委的点评本身也成为这届大赛的主要亮点。

② 强化可看性

近年来，流行乐坛偶像派的兴起体现出观众对演员评价的新趋势——演员形象或独特的个人魅力一定成为电视竞赛的重要看点，即使在唱功上稍逊一筹仍会博得很高人气。为此本届大赛的选手也明显更注重视觉表达——形象、服饰、动作、表情等都更加丰富多样。有些原生态唱法的歌手更是将生活状态搬到屏幕上，例如演唱《羌族酒歌》的选手就是一边喝酒一边演唱，而获得金奖的彝族姐弟则是载歌载舞。

在节目整体的视觉效果上，本届大赛也特别注重舞美、灯光和画面包装，力求制造画面美感。

（侯倩、牟莙）

三、“超女快男”

节目版权：湖南卫视

播出频道：分赛区阶段：各赛区地方电视台、湖南卫视；
全国赛阶段：湖南卫视

播出时间：分赛区阶段主要在周末晚间时段；
全国赛阶段在周末晚间黄金时段

节目类型：才艺竞赛类真人秀

模本分析：2006 年《超级女声》

（一）节目概况

1.“超女快男”的发展

20 世纪末，湖南卫视的《快乐大本营》《玫瑰之约》等引领了全国电视娱乐节目的高潮，使其成为广告收入大户，黄金时段广告定价更是接近中央电视台。但随后全国范围内同质类节目的大量克隆，加上各频道之间的恶性竞争，湖南卫视的发展渐渐陷入低潮。2002 年时《快乐大本营》《玫瑰之约》的收视率都不到 2000 年 1 月的三分之一，湖南卫视在收支上更是出现了严重的不平衡。在这样的背景下，湖南卫视在 2003 年取消原来的“宣传频道”定位，确定了以娱乐为核心竞争力的方针，并首次在全国主要城市推出“快乐之旅”媒体招商会，将“快乐”的概念深入到广告客户中。2004 年 6 月，湖南卫视正式确定“打造中国最具活力的电视娱乐品牌”的目标，秉持“快乐中国”的核心理念，推出了《超级女声》，而且在随后的 3 年连续举办，而 2007 年的《快乐男声》也无疑是该节目的延续。“超女快男”都创下了地方电视台收视和经济效益的奇迹，堪称湖南卫视最有代表性的品牌节目，无疑也是近年来国内最热门的电视节目。

实际上，“超女快男”是借鉴了国外的节目模式——2002 年 6 月开播的《美国偶像》。当然，该节目是购买了英国 2001 年开播的《流行偶像》后推出的。《流行偶像》成功地结合了电视台与唱片公司的娱乐资源，采用从分赛区海选到总决赛的比赛流程：海选是简单的清唱，3 位评委一般都是唱片公司负责人和行业内资深人士，他们用最真实、最直接的评语评价选手，最终还结合观众意见推出新星。《美国偶像》不仅在此基础上扩大了竞赛规模，评委也更加犀利，节目很快跃居收视率冠军。之后，该节目被加拿大、芬兰、澳大利亚、法国、新加坡、土耳其等国电视台效仿。2003 年，湖南电视台首先在娱乐频道推出了《超级男声》，第一天报名只有 100 多人，但节目开播后，两周内便有 3000 人报名。节目中心由此大受启发，经过不到半年的筹划，2004 年《超级女声》的活动便正式拉开了国内选秀节目的序幕。

2. 目标受众定位

与传统的电视才艺竞赛，特别是中央电视台的《全国青年歌手电视大奖赛》相比，《超级女声》的受众定位颇有特点：基本上是 25 岁以下的时尚有梦想的青年人，特别集中在 14—18 岁的中学生，为“超女”拉票、以手机进行投票的也多是他们。

目前这样的人群也被称为“80后”“90后”，泛指1980年、1990年后出生的人。“80后”这个概念最早只针对该年龄段中的文学爱好者或特指“小作家”，尤其是韩寒、张悦然、郭敬明等一批年轻作家，他们的青春题材作品与过去作家写的有很大区别，而且引起了同龄人的共鸣。随后，“80后”成为一种社会群体或现象的特指，并作为群体划分概念被拓展运用，泛指大概以10年为一个划分阶段的群体，如之后的“90后”。尽管他们出生时间相差不远，但由于所处社会阶段和生活条件不同，观念、做法都存在一定差异。总体上看，他们绝大多数是独生子女，生活在改革开放的和平年代，他们似乎更加勇敢、直接、眼界开阔、敢于消费，但没有真正走上社会，没有受过太多的挫折，容易形成自我为中心、不够体谅他人等性格特点。其实，他们也看到了将要面对的是一个竞争非常激烈的社会，所以就像羽翼还没有丰满却急于飞翔的小鸟，在能力与渴望之间产生了断层。于是，“超女快男”的“想唱就唱”必然激发了他们的明星梦，而从2004年的安又琪、张含韵，2005年的李宇春、张靓颖到2006年的尚雯婕、谭维维，2007年的陈楚生、苏醒，每一位获得最终大奖的选手都走上了演艺道路，并从默默无闻的普通人变为万众瞩目的明星——这样的结局也完美地诠释了他们的梦想。

节目选择受众群，就是选择了一定的消费力。实际上25岁以下并不是具有最强消费能力的人群，但他们推动了拇指（短信）经济、游戏经济、娱乐经济、网络经济的快速发展，也恰恰契合了节目的产业回报领域。

3. 内容形式特点

（1）快乐与体验的宗旨

《超级女声》的节目定位是与传统的同类节目不一样的，不是筑起高而专的教化台，而是打造大众狂欢或大众歌会。这是一个几乎无门槛的节目，只要想唱，不管是否学过音乐，不管年龄与外形，都可以展现，并且得到专家老师的当面点评。同时，节目在很大程度上让平民大众直接投票选出自己支持的歌手，无疑也造就了一个超大型的娱乐活动。湖南卫视总编室主任李浩曾说："创办这个节目就是让观众从中得到快乐……目标是让平民大众选出心目中支持的歌手，是一个大众娱乐活动……'快乐中国·超级女声'讲求的首先是一种快乐感觉，希望以这种毫无门槛、大众均可参与的音乐赛事来张扬一种全民快乐的精神追求。"①"快乐中国"的概念最终被放大成为整个湖南卫视的定位。

实际上，"快乐"这个定位为"超女快男"披上了一件华丽而又实在的外衣。在"想唱就唱""唱得响亮"的口号下，每一个参赛者都可以体会到展示自己的成就感，而在失败后也可因为得到了快乐而避免挫败感，使选手感到容易站上去也很容易走下来；使观众忽略比赛的残酷性、竞争性甚至专业性。换句话说，"快乐"有如精神麻痹剂，令人疯狂参与甚至失去理性判断。

（2）高互动性

互动性首先体现在受众与选手的情感共鸣上。选手对于梦想的执着追求，一步步走向成功或一次次失败，都牵动受众的心。

其次，体现在节目所赋予的受众的权利上。例如 2005 年《超级女声》的全国总决赛，若论唱功张靓颖很有可能成为冠军，但最终观众短信选出了李宇春，这便是民意的胜利，受众在参与的过程中获得了极大的满足感和成就感。

互动性还体现在选手表现和评委评价有直接关系，而且 2005 年的《超级女声》开始有"亲友团"的支持，有"超级女声夏令营"的专业训练和打造，这更制造了结局的悬念。

（3）内容形式的创作与市场化运作紧密结合

在市场化背景下，所有的节目都非常重视市场开拓，但与其他节目不同的是，"超女快男"的市场开拓是与创作紧密结合的。所以绝不是仅有商业广告贯穿播出、决赛场次广告价格高涨、主持人不断播报冠名之类，

① 雷丹．为什么要造偶像？快乐是第一生产力 [N]. 新京报，2004-09-06.

还有更深入的设计。

首先，节目让观众的短信决定选手命运，不仅获得一定利益分成，也是对未来选手发展市场的选择。

其次，节目还采用向区域渗透并贴近最终用户的战略和战术，把海选和宣传阵地放在广州、成都、杭州、郑州等城市，这也是赞助商的销售战场。例如蒙牛在冠名2005年《超级女声》上大概花费1000多万元，在各地所进行的宣传推广则花费了8000多万元，包括路牌、灯箱广告、各地电视广告、车身广告、杂志、“超级女声夏令营”和系列的促销、路演活动，还在市场上投放了20亿袋印有“2005蒙牛酸酸乳超级女声”字样的产品。

此外，天娱传媒公司的运作与节目创作并进，将有潜质的选手签约到公司旗下，并对歌手进行包装、培训，使他们每一周都有进步和变化。

（4）真人秀

“超女快男”正是因为沿袭了英国的《流行偶像》和美国的《美国偶像》的真人秀特质，才会在国内的节目中胜出。

从节目的表达上看，选秀类节目是真人秀在国内最为适合的表现方式：它规避了野外生存的危险性和观影经验的陌生性，又避免了室内真人秀对于隐私的过分挖掘，将真人秀与娱乐、综艺、比赛相结合，使大众更容易接受，也让选手“秀”得很自然。于是，我们见证了一个个普通人在比赛中的坎坷与成长，历届选手在进入全国50强后便开始有较多的展现机会，李宇春的洒脱、何洁的动感、谭维维的自信、艾梦萌的可爱、张杰的开朗……不同的观众可以在节目中找到自己的真实偶像，看到他们从生涩走向成熟，从平凡走向耀眼，还看到了他们的日常生活状态，与父母、朋友的相处，他们的悲欢离合，等等。这些真实记录便是“秀”的重要部分，也是观众和他们紧密相连的重要渠道。

从人物的表现上看，“超女快男”不仅“秀”选手，也“秀”评委，甚至节目造就了评委的个性与专业性，例如黑楠、柯以敏、杨二车娜姆、包小柏等，无一不是个性鲜明、术业有专攻，而且他们因为不同的立场和观念对选手做出不一样的选择，甚至当场发生矛盾，也成为节目的一大看点。实际上，节目也在不断挖掘选手和评委的潜力，甚至围绕他们的个性做文章。例如对李宇春，张扬她单纯大气的性格，鼓励她中性而带有一些妩媚的形象。

当然，对真人秀的掌控也正是体现我们本土化的方面，随着节目轰动效益的增强，“超女快男”越加注重动情点的设计。例如张杰的困苦家庭背景、谭维维的自强、何洁与李宇春的友谊等，每季节目还特别设计了参与公益的环节，这些内容在赚取了观众眼泪的同时，也体现了节目导向，构建了节目的情绪起落，调剂了节目节奏。

4. “PK”

“PK”一词是随着《超级女声》的火爆而流行开来的，本缘于网络游戏中的“Player Kill”或足球罚点球的“Penalty Kick”，本为对决、挑战、杀死、末位淘汰、单挑等意。不过将该语缩写为“PK”，却是中式英文的做法。

在“超女快男”中，每到关键时刻，专家评委都会选出一名表现较差的选手和观众短信投票率最低的选手进行“PK”赛：每人发表一番谈话，并清唱一首歌曲的片段，然后由大众评委决定选手去留。

正是这样的“PK”，造就了“超女快男”竞争的激烈、精彩——选手在此时往往会奋力拼搏，演绎自己最经典的片段；而那段讲话也是真人秀的集中体现之处，于是成就了节目的高潮，从而也成为该节目的制胜法宝或重要特色。

5. 媒体联动进行推广宣传

就媒体自身的推广宣传来说，湖南卫视积极而主动，这也是品牌打造和市场开拓的有效手段。

（1）整合多种媒体

在全国各分赛区，《超级女声》尽力与当地最具感召力的媒体合作。例如2006年在成都赛区与成都电视台中实力最强的经济频道合作，整个分赛区的比赛由该频道全程报道；在平面媒体上也选择了分赛区所在地发行量较大的报纸，如《东方今报》《潇湘晨报》《成都商报》《都市快报》等；在网络方面选择了颇具影响力，特别是在对明星的报道上具有权威性的新浪网，且在各大门户网站上都出现了节目的专题页面。节目一季比一季成熟，也给其他媒体带来良好的效应，实现了双赢。

（2）整合全台资源

湖南卫视的《娱乐无极限》《音乐不断》等各类娱乐、新闻节目都对每一季节目进行跟踪播报，《音乐不断》甚至将所有节目围绕《超级女声》进行。同时，其他频道也有相关节目。

总体上看，所有媒体宣传势头迅猛、同时出击、持续时间长，犹如信息轰炸，这也是“超女快男”比其他同类节目影响力更大的原因之一。

6. 打造选手出路及开发衍生物

国内很多选秀节目并不在意打造选手出路及开发衍生物等问题，但实际上这恰恰是“超女快男”节目影响力的具体落实。

因为有了天娱传媒公司与电视节目的同步运作，“超女快男”便更多地给选手提供了延续其舞台生命力的机会。几乎每一季优胜者在比赛结束后都顺利地得到了唱片公司的签约或被安排参与各类演出。反观其他的选秀节目，节目播完便一切都结束，不少获得冠军的选手也很快销声匿迹，这必然会影响后续的参赛选手的质量和数量。尽管目前天娱传媒公司也还做得不够好，但已使不少选手真正成为明星，这无疑会使节目拥有更为广大的影响力和更持久的生命力。

在对品牌衍生物的开发上，“超女快男”发行了节目和选手专辑音像制品，接下来是各类演出，包括全国巡回演唱会、各大庆典（如中国金鹰电视艺术节）的演出等，还制作纪念册、“超女娃娃”等周边产品。

（二）模本分析：2006 年《超级女声》

2006 年被称为“选秀节目之年”。中央电视台最先造出声势的是 1 月启动的《开心辞典》的特别节目《魅力新搭档》，3 月《梦想中国》启动，4 月“中央电视台综艺节目主持人全国选拔活动”即《挑战主持人》和《全国青年歌手电视大奖赛》启动，等等。在地方电视台，山东卫视的《天使任务》于 2 月启动，3 月上海东方卫视的《我型我秀》启动，4 月湖南卫视的《超级女声》和上海东方卫视的《加油！好男儿》先后启动，下半年还有上海东方卫视的《舞林大会》、湖南卫视的《名声大震》《舞动奇迹》，等等。这一年的选秀节目必须面对一些限制，如原国家广播电影电视总局规定 18 岁以下的未成年人不得参与、各赛区海选的节目不得在当地卫视播出等，这无疑会影响到节目的总体设计。

2006 年 4 月 2 日—9 月 29 日，经过半年的拼争，《超级女声》落幕。经过前几季节目的探索，也由于上一季已经造就极大的影响甚至争议，本季节目在各方面都较以往更为稳健。

1. 选手与评委

2006 年《超级女声》对选手与评委都加大了引导力度，对真人秀节目考虑全面，故积极意义更加鲜明。

就选手来看，节目鼓励踏实认真的选手，歌颂她们的吃苦耐劳、锲而不舍。如谭维维、许飞、胡灵、韩真真、艾梦萌等，有的从小家境贫寒，有的生长在单亲家庭，节目揭示了她们在追求艺术道路上的艰辛。当然节目还一定会考虑选手的视觉吸引力，如美丽的 Reborn 姐妹、厉娜、刘力扬，评委居然以 Reborn“将会让以后的比赛更加好看”为理由，让她们进入“10 强”。节目最重要的是充分展示了选手的才气，如尚雯婕、谭维维、韩真真等，都打造了特别而又具有实力的美丽声音，给节目带来专业性。尤其是谭维维，中途放弃《全国青年歌手电视大奖赛》来参加《超级女声》，无疑为节目增加了说服力。最终获得冠军的都市白领尚雯婕，有着辗转了 3 个赛区才得以参加全国赛的传奇历程，评委海泉曾在全国“10 进 8”的晋级赛中说她演唱的《Speak Softly Love》副歌转调处出现瑕疵，尚雯婕却答："我没学过音乐，所以我找不到音准，不知道这个转调在哪里。"这样的人能获得冠军，更是满足了平民成名的梦想，也再次充分印证了节目的宗旨和性质。

2006年《超级女声》的评委分为专家评委和大众评委。

专家评委主要是来自全国流行音乐界的专业人士，有资深歌手、教授、乐评人、经纪人、节目主持人、制作公司决策人等，负责海选和复赛的评判工作，并给选手们一些建议。在海选中，他们给选手打分并可以现场颁发通过卡。在晋级赛中，他们要提名选手参加"PK"，并且在很多场次能直接让选手晋级。但在分赛区和总决选前三甲排名上，他们没有发言权。与2005年的"麻辣评委"不同的是，这一年的评委更谦和，给选手更多鼓励。而2005年评委中"别人唱歌是偶尔走调，你是偶尔不走调"之类的言辞比比皆是，对言行乖张的选手，评委们甚至当场直接笑翻，尤其是"柯楠组合"——柯以敏和黑楠的言行最为直接，甚至有网民征集万人签名要求某评委"下课"，这也是《超级女声》被评恶俗、毒害的原因之一。本届评委有黑楠、宋柯、朱桦、何炅、春晓、巫启贤、顺子、孙国庆、丁薇、蔡康永、王明琦、仓雁彬等，基本上都是耐心切实地指出选手的不足，对精彩之处也直截了当地赞扬，选手们由此表现得更加谦逊、真诚和努力。实际上，专业评委的评价对不懂音乐的观众来说无疑会产生很大影响，甚至引导投票，于是对专业评委的选择就是对节目的一种强有力的掌控。

大众评委在现场是由落选的选手或其他各行各业的民众组成评委团，负责在除总决赛外的晋级赛中的"PK"上投票决定选手的去留，人数大约在30—40人左右。本届《超级女声》总决赛时，大众评委都是来自全国各媒体的娱乐记者。他们了解娱乐圈，了解自己的受众，也最关心节目的状况，他们在现场最近距离地观察选手的表现，并在最残酷的"PK"时进行直接投票，有的在看完比赛后还要赶报道，既是评委也是宣传者——节目这样的设计可谓非常精明。而大众评委还有很重要的一部分是电视机前的观众，他们可以在比赛间歇时为选手投票。

在分赛区“20 强”的晋级赛上，获得选票最低的选手会被选中进入“PK”，由现场大众评委决定去留，而分赛区和总决赛的前 3 名直接由电视观众发短信投票决定。

2. 赛程与竞赛内容的设置

2006 年《超级女声》赛制仍然继续往年的“分唱区赛”和“年度总决赛”两个阶段。

（1）分唱区赛阶段

分唱区赛阶段包括海选、复赛、晋级赛。

① 海选

《超级女声》明确地将海选作为初赛选拔选手的方式，2006 年设立了长沙、沈阳、成都、杭州、广州 5 个分赛区。5 个赛区依次开赛，不限制选手在不同地区多次参赛。每个赛区选出 50 名选手进入复赛。

选手被要求在此阶段采用无伴奏清唱的方式，每个人有 30 秒的演唱时间，评委也可以中途打断选手的演唱。在演唱结束后，评委做出简短的点评。

② 复赛

50 名选手以号码顺序，每 5 名选手为一组，共计 10 组。首先从每一组中直接各淘汰 1 名，剩下的 40 名选手再选出 10 名选手直接晋级“20 强”，最后从剩下的 30 名选手再淘汰 20 名。至此产生每个赛区的“20 强”。

③ 晋级赛

每个赛区的“20 强”进入晋级赛，比赛分为“20 进 10”“10 进 7”“7 进 5”“5 进 3”共 4 场比赛。在这 4 场比赛中，将以选手的场外观众支持数为主，评委和大众评委为辅的评分方式，最终选出每个赛区的前 3 名。在分赛区比赛阶段，随着赛事推进，每周得票最少的选手可以自己挑选一位进行“PK”，即复活机制。这是本届《超级女声》赛制的两个重要变化。

（2）年度总决赛阶段

年度总决赛阶段包括复活赛、入围赛、晋级赛和决赛。

① 复活赛

每个赛区的第4—10名选手共35人进入复活赛阶段，让一周之内短信支持票数最高的选手复活，进入入围赛。

② 入围赛

复活赛中复活的5人与每个赛区的第3名比赛，决出5人。

③ 晋级赛和决赛

入围赛决出的5名选手和各个赛区的冠军组成全国10强，分为“10进8”“8进6”“6进5”“5进4”“4进3”，最终前3名进行6场比赛争夺冠亚季军。

2006年《超级女声》的最终结果为冠军尚雯婕、亚军谭维维、季军刘力扬，第4名艾梦萌、第5名厉娜、第6名许飞、第7名韩真真、第8名Reborn、第9名唐笑、第10名阳蕾。

由于要完成一定的赛程，每期节目时长大约在3个小时左右，有的关键场次会更长。

3. 2006年《超级女声》节目特性分析

与其他同类节目相比，本届《超级女声》的定位更加鲜明。

（1）竞赛内容相对单纯与专业

2006年《超级女声》整个比赛紧紧围绕歌唱展开，评价角度、标准更容易制定。反之如《加油！好男儿》，整个比赛都在被“好男儿”的评判标准所困扰，是挑选长得帅的还是心地善良的，是挑选唱得好的还是跳得好的，等等。该节目的操作过程也比较复杂，最终的前3名也不符合其挑选艺人的初衷，节目的品牌号召力随之大打折扣。

在本届《超级女声》中，由于专业评委更专注于歌唱技巧的指导，观众还可以随着竞赛的深入学会如何进行评价，这必然有利于节目深入联系目标受众，获得最有力的收视支撑和赞赏。

当然，竞赛的专业不等于单调。节目在插入的宣传片、选手背景介绍、参与社会活动等方面认真制作，还有“超女”的载歌载舞，一方面避免了单一的演唱，另一方面也多面地展示了“超女”的心智、特长等，使得“超女”更为立体，更被人们所了解和接受。

（2）着力凸现真人秀看点

2006 年《超级女声》对真人秀的凸现首先体现为对赛制的调整，例如让分赛区选手自选对手“PK”、让落选选手担任大众评审等，使节目更加跌宕起伏。这种调整，表面是给选手一定权利，实际上却是给选手出了难题——是挑选比自己强的还是弱的，又会有什么结果？无论挑谁，都会得罪对方及其粉丝，于是这一环节甚至可以深层揭示选手内心的善、恶、美、丑。所以，我们看到有选手因此而犹豫、痛苦、流泪，有选手将选票扔在地上，有的言行不一，有的直截了当，等等。这样的机制也促使选手不仅要有唱功，还要有人缘，给观众以评价的契机。所有这些不确定因素，也连续构成了节目的悬念。

当然节目还对真人秀的负面效应特别加以引导，例如着重展示选手遭遇的生活逆境、揭示她们在追求艺术过程中的艰辛之处，还设计了她们对盲人学校的访问，以表现公益性内容，使节目主题更具有积极内涵。

（3）进一步挖掘市场潜力并最大限度调动观众参与

当初要启动复活赛的节目不止一个，但只有《超级女声》做得有声有色，甚至有的节目最终取消了复活赛。这样的环节是将主动权尽可能地交给观众，而且直接造就了全民娱乐的契机，从而取得了高度互动性，也使节目悬念不断。

复活赛共有 35 人参加，其中 5 人得以复活。35 人连续演唱的场面盛大，而且选手们抱着最后一搏或尽力展示自己的心态演唱，令观众情绪激昂。特别最后一个晋级名额的“PK”，结果是阳蕾以 16∶13 险胜郝菲尔。但令人惊异的是整个投票过程：大众评委中的“超女军团”几乎把所有的选票都投给了阳蕾，而后面的“媒体军团”又几乎都投票给郝菲尔——这样的状况也令人产生遐想：是郝菲尔观众缘欠佳，还是军团中有什么默契？如此情景也使节目摆脱了审美疲劳而获得新的关注点。

在其他环节的改动方面，如果说以往的大众投票更多显示出民意的参与，本届《超级女声》更突出地表现出对选手后续发展的市场探索。因为往届的评委更随意地批评，便掌控了更多的权利，而本届大众参与的分量加重，无疑也是更多掌控了对选手的评价，即实际上谁的票数越多，谁的人气越高，未来的市场潜力就越大。

（4）内容的丰富与及时调控

为内容的突出表达，节目采用了以主题集中演唱曲目的办法，例如在某一场中选手都演唱经典老歌，或者是同时设计了“超女”的舞蹈展示等，几乎每一场的看点都有变化。

本届《超级女声》还更突出地表现了这类节目在播出过程中需要持续策划的特点：随时关注受众、上级管理部门的意见反馈；针对一些选手出现的诸如走光、绯闻、负面新闻和节目的竞争激烈程度，及时调整比赛内容和比赛机制。例如让选手演唱经典老歌、民歌或“八荣八耻”等内容；在总决赛的“10 进 8”晋级赛中增加了“解救”环节——在选手待定面临离开的关键时刻，由场上其他暂时安全的选手解救一人；在“6 强”赛时，开始启用的“反向 PK”环节——大众评审将不再直接淘汰选手，而是分别晋级和待定一位选手，等等。特别是到了最后关头，湖南卫视突然宣布停止所有的手机短信投票，使用 Q 币投票方式，以尽力避免黑幕。

（5）尽力扩大节目和选手的影响力

《超级女声》逐渐发展为湖南卫视节目的核心，本届还刻意将影响力扩大到竞赛外。尤其是在紧接着到来的第六届中国金鹰电视艺术节中，本届和往届的优秀或有特色的“超女”都将出现在主要环节中，如在开幕式中就是重要的表现元素。特别是“超女”还和成龙、梁朝伟、李宗盛、周华健等一起打造明星演唱会，这无疑极大带动了《超级女声》节目及选手的地位。反过来看，“超女”的粉丝们和观众也会给“金鹰节”带来收视率和人气。

由于同类节目的数量激增和激烈竞争，本届《超级女声》的观众人数比 2005 年有所下降，但仍然是最大的收视赢家。

（侯倩、谢盼盼）

四、《中华情》

节目版权：中央电视台

播出频道：综合频道（CCTV-1）、中文国际频道（CCTV-4）、英语国际频道（CCTV-9）

播出时间：亚洲版：（周六）15:00；
欧洲版：（周日）05:00；
美洲版：（周六）16:00

节目类型：歌会（曾经有综艺栏目）

模本分析：《“海峡月 · 中华情”2006 年中秋双语晚会》

（一）节目概况

1.《中华情》的发展

《中华情》诞生于 2003 年 1 月 6 日，最早定义为“全球华语原创歌曲大型演唱会”，以“有华人的地方，就有中华情”为节目宣传语，节目理念为“借助国际频道面向海外覆盖全球的传播优势，以华语经典音乐为载体，为华人构筑情感交融的舞台，凝聚华人的力量，以情动人，呼唤统一”，传递“爱国，爱家，爱故土；亲情，友情，骨肉情”的外宣精神。

《中华情》与其他歌会最大的不同在于其特殊的播出平台、对象和立足点，进而影响逐步扩大。至 2006 年 1 月 30 日，随着中央电视台中文国际频道（CCTV-4）的全面改版，《中华情》更改为两大板块。一是 60 分钟的常规综艺栏目《情艺在线》，以音乐竞赛为主线，通过“残酷 45 转”“斗秀场”“终极 PK”三个环节将歌唱、才艺表演、游戏、互动等元素串联在一起，节目在演播室录制，每期节目都会邀请香港、台湾地区或海外的艺人参加，是“明星嘉宾 + 主持人”互动的综艺节目，吴宗宪曾担任主要的主持人，节目还有脱口秀的元素，该节目于 2006 年 7 月停播。二是原有的 90 分钟（或 60 分钟）的特别节目——歌会版本的《中华情》，又分为国内版和海外版：国内版选择在历史文化名城或具有发展活力的城市举办，展示中国各地的文化、民俗等；海外版则选择华人居住比较集中的国外城市或世界顶级音乐殿堂举办，向世界推介中华文化，展示华语音乐的魅力。两大板块曾每月以“3+1”的方式，在每周的固定时段播出。[①]

2006 年 4 月，“江城月 · 中华情”2005 年中秋双语晚会在第 39 届美国休斯敦国际电影节上获得电视文艺最高奖——“白金奖”。紧接着“海峡月 · 中华情”2006 年中秋双语晚会在第 40 届美国休斯敦国际电影节上又获得“评审团电视导演奖”。此后，该节目获得更多的关注，在元旦、中秋尤为引人注目，尤其是每年的中秋晚会，已经与“春晚”并列而称为“秋晚”，焕发出独特的光彩。本部分的分析也以歌会版本的《中华情》为主。

2.《中华情》的内容形式特点

（1）《中华情》的定位与主题

作为在中央电视台综合频道（CCTV-1）、中文国际频道（CCTV-4）和英语国际频道（CCTV-9）播出的节目，《中华情》的受众对象要锁定在海外华人及港澳台同胞，同时也面对境内观众。于是节目定位首先要从海内外观众的视角切入，表现出“世界华人是一家”的理念。具体就海外华人及港、澳、台同胞来说，节目创建交流的平台，展现中华民族博大精深的文化传统，让他们感到祖国的关怀和温暖；而就境内观众来说，港、澳、台及海外华人艺术家具有特殊的魅力，他们的作品也具有特殊的风采。这些是本节目与其他同类节目的主要区别所在。

由此，《中华情》的总主题应该是“以华语经典音乐为载体，推广中国文化，凝聚全球华人情感，塑造崭新的现代中国形象”。当然，每一台

① 杜泽壮 . 郭霁红：“聚拢人气就要看准‘穴位’重拳出击”[J]. 中国广播影视，2006(4).

不同地点和时机的晚会又应该融合当时当地的特色和需求，设定更细化的主题。例如我们可以从数届中秋双语晚会中看到，与台湾同胞共庆佳节、呼唤祖国统一，以及抒发海外华人的爱国情怀，都是极为重要的主题，也形成“秋晚”主题的主要特征。

（2）《中华情》的内容形式特点

① 民族化与国际化的融合

节目要兼容海内外华人观众、表现华人特征，就必须具有浓厚的中华民族传统气息。所以，每期节目要选择最具有传统文化内涵的场景和艺术样式。但节目又要适应当今国际电视的潮流，在激烈的竞争中争得一席之地，则必须有开放的心态，采用最新颖时尚的表现手段，强调与世界同步的现代化姿态，邀请最高水准的艺术家表演。同时由于节目的特殊性质，《中华情》的舞台上，港、澳、台及海外华人艺术家能占到表演者的三分之二，主持人也大多是多地结合的阵容，这也是节目吸引收视率的重要因素。

作为中央电视台中文国际频道（CCTV-4）的节目，《中华情》也很容易实现海外制作，在全球多个国家的数十个著名城市举办了大型文艺演出：2005 年为纪念抗日战争胜利 60 周年在澳大利亚悉尼歌剧院及墨尔本举办了大型华人演唱会；在奥地利首都维也纳金色大厅举办了“中华情”2005 海外新年音乐会；2006 年 6 月在澳大利亚悉尼举办了“电影时光”大型海外文艺晚会；为庆祝中埃建交 50 周年活动在埃及金字塔下举办了大型实景文艺晚会……成为中国对外塑造国家形象的重要平台。

《中华情》在与国内多个城市的合作中，还会利用一切可能的电视手段，有效地、艺术化地向海内外宣传主办城市的历史文化、民俗风情和现代风貌，同时成为主办地的宣传窗口。如果把多期国内版联系起来看，会发现《中华情》系列也是对中国名城的展示系列。

② 景观晚会

《中华情》可谓最明确地提出了“景观晚会”的概念，最突出的视觉特色也是以真实场景作为演出场地。舞美设计大气磅礴，舞台宏大，同时还采用了分会场，时空交错共筑诗景画境，使画面华美而多姿——这也是中秋双语晚会屡获国际大奖的重要原因。

作为景观晚会，节目的场景选择也不仅仅是为了视觉效果而选择景观，更是为了主题的表现。尤其是几届中秋双语晚会，主景区与分会场的选择都有着具体而深刻的象征意义：2004 年的“中华情”中秋双语晚会的舞台和上海浦东新区的摩天楼群、蓄势待发的帆船交相辉映，展现了上海跨越百年历史的生动画面；2005 年的“江城月 · 中华情”中秋双语晚会在武汉黄鹤楼下以千古名楼为主体景观搭建了大型水景舞台，并在长江游轮上设分会场，气势不凡；2006 年的“海峡月 · 中华情”中秋双语晚会在厦门海滨搭建连天跨海的巨型水景舞台，鼓浪屿岸边舞动的白帆与台湾金门岛灯火辉映，两岸情深；2007 年的“山庄月 · 中华情”中秋双语晚会主会场设在承德避暑山庄，分会场设在西安大唐芙蓉园，以历史名城见证古老文化，等等。这些景观中极力突出“月”和“水”，同时印证了“海上生明月”“千里共婵娟”的美好意境和祝愿。

为营造一流的视听享受和晚会效果，《中华情》还在舞台置景、舞美灯光等方面精心设计，并采用一流的技术、设备、焰火、电脑灯、超大屏幕、音响、特效等，配合大气的电视剪辑和包装手段，共同营造出多彩多姿的声画世界。

（二）模本分析：《“海峡月 · 中华情”2006 年中秋双语晚会》

“海峡月 · 中华情”2006 年中秋双语晚会于 10 月 6 日 20:00—22:00 在厦门举行，中央电视台综合频道（CCTV-1）、中文国际频道（CCTV-4）和英语国际频道（CCTV-9）进行了现场直播，福建东南卫视、厦门电视台等播出，香港、澳门、台湾地区的电视台录制播出。与此同时，晚会还联合中央人民广播电台“中国之声”、央视网和新浪网等同步播出。

晚会选择在福建厦门举办，此地位于中国东南沿海、台湾海峡西岸，面对金门诸岛，与台湾宝岛和澎湖列岛隔海相望。由于地理环境和历史背景，拥有众多的归侨、侨眷、厦门籍侨胞和港、澳、台同胞。在这里举办中秋双语晚会理应突出民族团结融合、四海一家团圆的主题，也必然具有对外传播、对台宣传的意识，同时需要结合厦门的地域文化特点和现代化建设成就，营造两岸共庆传统民族佳节的欢乐场面。

1. 晚会的内容与构架

晚会原设计了 6 个篇章来展现“欢度中秋、思念亲情、民族团结、盛世和谐”的主题，大致分为“海风海韵”“华语经典”“温馨鹭岛”“闽南风情”“两岸亲情”“时尚欢歌”等 6 个篇章。[①] 在正式演出时，节目又做了一些调整。

晚会主持人有中央电视台的鲁健、季小军、林栋甫，中国台湾的吴宗宪、侯佩岑，中国香港的曹众，福建东南卫视的薛晗喆、厦门电视台的陈玲等。演员基本由知名艺人构成，并且邀请了部分海峡两岸的少数民族艺人加盟，以突出民族团结的主题。晚会具体内容如下：

片头

厦门主会场

主持人林栋甫：“……月亮下全球的华人没有了距离，月光已经把我们拢在了一起。”

开场舞《爱拼才会赢》　扬扬，梦工厂伴舞

全体主持人致开场词：鲁健、季小军、林栋甫、吴宗宪（中国台湾）、侯佩岑（中国台湾）、曹众（中国香港）、薛晗喆、陈玲

《森巴》　Twins（中国香港）

《踏浪》　李星，儿童伴舞

《外婆的澎湖湾》　栗锦、元气组合，多人伴舞

---

① 中秋晚会“海峡月·中华情”完整节目单 [EB/OL].（2006-10-06）. http://news.zj.com/china/detail/2006-10-06/680186.html.

《彩云伴海鸥》高胜美（中国台湾），多人伴舞

主持人鲁健、侯佩岑串联：介绍吉祥物团圆兔，随后连线转至台北分会场

台北分会场

主持人吴宗宪，引出节目

《爱笑的眼睛》徐若瑄（中国台湾）

厦门主会场

主持人季小军、薛晗喆串联：随后引出游船分会场

游船分会场

《梦想的开始》何润东（中国台湾）

厦门主会场

主持人鲁健采访国防科工委月球探测工程领导小组办公室主任胡浩，并介绍嫦娥工程

《但愿人长久》陈思思，多人伴舞

《望春风》陈心骐、Classical，画面对切台北分会场

《浪子的心情》叶启田（中国台湾）

主持人季小军、薛晗喆、曹众串联：讲述姑嫂塔的典故，引出下一个节目

《守望》朗诵：赵彬，舞蹈：余颗、梁茜、杨秋

《感恩的心》刘媛媛，多人伴舞

片头、广告

主持人林栋甫引出鼓浪屿分会场节目

鼓浪屿分会场

钢琴曲四手联弹《秋月》廖隽嘉、陈冠宇（中国台湾）

厦门主会场

《月圆花好》伊能静（中国台湾），多人伴舞

《天涯歌女》张燕

主持人季小军、曹众串联：引出接下来的老歌

《凤凰于飞》费玉清（中国台湾）

《万水千山总是情》赵雅芝（中国香港），多人伴舞

主持人画外音引出下一个节目

《船歌》朱桦，在台前的游船上演唱

《舞吧，舞吧》郑希怡（中国香港），伴舞

主持人鲁健、侯佩岑串联：介绍台商企业，引出两岸亲情话题

《母亲》阎维文

《大地之歌》王丽达，多人伴舞

主持人季小军、陈玲串联：引出节目

《祝你一路顺风》《爱》《叫你一声 My love》吴奇隆（中国台湾）、陈志朋（中国台湾）

主持人鲁健、侯佩岑串联：连线转至台北分会场

台北分会场

闽南童谣《天黑黑》吴宗宪（中国台湾），厦门群艺馆少儿艺术团，厦门主会场与台北分会场交替切换

厦门主会场

主持人画外音引出节目

《青春舞曲》阿尔法

主持人侯佩岑、季小军、曹众串联：谈论两岸交流话题并引出节目

《海峡风情》祖海，多人伴舞

主持人鲁健、侯佩岑、薛晗喆串联：介绍厦门，引出节目

游船分会场

《我在世界这头想念着你》陈好

厦门主会场

主持人画外音引出节目

《天高地厚》信乐团（中国台湾）

主持人季小军、曹众、陈玲串联：介绍游船抵达主会场，引出节目

《黄种人》谢霆锋（中国香港），多人伴舞

主持人鲁健、侯佩岑、曹众、季小军串联：介绍视频技术虚拟的金厦大桥连通海峡两岸，随后引出节目

《台湾同胞》刘欢

在《鼓浪屿之波》的音乐中，主持人及全体演员谢幕

从以上内容我们可以清晰地看到整台晚会的主题表现和推进逻辑：一开始是“海风海韵”，紧接联系中秋双语晚会的月亮元素，表现当年国内的重要大事“嫦娥探月工程”，以《但愿人长久》《浪子的心情》《守望》《感恩的心》等表达节日的祝愿和盼望统一的主题，随后是“温馨鹭岛”“华语经典”，接下来是“两岸亲情”、“闽南风情”与“时尚欢歌”的交织，结尾部分是《黄种人》联系起全球华人，一曲《台湾同胞》唱出祖国人民的呼唤。整个晚会在充满奋发向上情绪的同时，还表现出中秋双语晚会特有的浪漫格调。

2. 景观打造

中秋是中国的传统节日中仅次于春节的重要节日，这一晚的月亮最大、最圆，而且气候利于人们到户外赏月。同时中秋具有月圆人圆的意义，无疑是一个充满温情的、浪漫和谐的节日，其景观也必然要有助于传达相应的意义。

“海峡月·中华情”2006年中秋双语晚会的景观制造首先充分考虑主题的表现，要借景抒情，非常注重传递厚重的中华历史文化气息，营造清雅深邃的诗画意境。晚会设有4个景区——海景主舞台和3个露天分会场，

形成一个把陆地、岛屿和海洋连接在一起的巨大表演区。

主舞台搭建在离台湾金门岛距离最近的厦门国际会展中心海岸，形成连天跨海之势，3 个分会场分别设置在台湾 101 大厦前广场、鼓浪屿海面和台湾海峡游轮上，最后游船还会驶到主会场。几个时空的交错，也是几个情境、细化主题的变幻。

舞台内部的设计更加精妙。以主舞台为例，舞台主体长 64 米、纵深 45 米，总面积近 3000 平方米，后侧灯光架最高达 24 米。由于周围没有任何建筑可以借景，设计人员把厦门市最典型的视觉符号——白帆、礁石、栈桥、海水、灯塔等都搬到了舞台上。

舞台布景有 3 层：第一层舞台是风帆组成的海滨场景；第二层为两边移动打开的大型组帆，中间是大屏幕，辅之以象征归航的灯塔；第三层展现出现代港口城市灯火辉煌的景象。舞台上还设置了高达 20 米的升降台，当演员在上面表演时，天上的月亮便成了演员的背景，而舞台前还有一道宽 12 米、长达 160 多米的水景直接通向舞台东侧海面，绚丽的舞台和天上明月倒映在水中，还有 10 多艘彩灯装饰的小船穿梭其间，波光粼粼。在主持平台和观众席两侧，还有以“团圆兔”中秋吉祥图案和海鸥、彩云、风帆、航船和鱼所组成的大型灯饰，喻义为喜庆吉祥。

在鼓浪屿分会场，搭建在港仔后沙滩上——悠悠海浪中，透明舞台上摆着一架白色艺术钢琴，当由“大陆钢琴女生”廖隽嘉与“台湾钢琴王子”陈冠宇共同演绎钢琴曲《秋月》时，不仅点出鼓浪屿作为“琴岛”的优雅气质，也营造了“与月同歌”的意境。

晚会中多次燃放焰火以制造亮丽景观、促进情感高潮，而且厦门与金门隔海同燃焰火，也是燃起两岸人民共同的心愿。为表现这样的景致，节目不仅架设了多处转播设施，还采用直升机进行航拍，做到全方位、全景式地展示现场。

3. 充分重视晚会宣传

一直以来，《中华情》就非常重视节目的宣传和品牌推广，本次晚会的宣传规模更是宏大，努力使晚会成为该年度黄金周期间最受媒体关注的事件。

为满足观众对“秋晚”的期待，晚会预告片在直播前一个月就每天在中央电视台综合频道（CCTV-1）、中文国际频道（CCTV-4）各时段滚动播出。同时，晚会还在广播、网络、报纸、杂志等各媒体搭建了立体联动平台，在两个多月的时间内进行了密集报道。央视网、新浪网等网站为中秋双语晚会开设了专门的网页，集中报道并将直播晚会盛况，制片人郭霁虹亲自在网络专访中讲解节目创意与实施规划。还有数十家中央和北京的平面媒体派记者进驻厦门晚会剧组，集中报道晚会筹备和现场盛况。直播当天，中央电视台《新闻联播》还对晚会做了重点预告。节目播出后时，多家海内外媒体都有晚会的重点报道。这些也都充分显示了品牌的价值，同时也反映了晚会的轰动效应。这届晚会还推出了中秋双语晚会吉祥物——“团圆兔”，既是内容的有机表达，也是品牌的延伸和宣传手段。

当然，《中华情》发展至今，也出现了一定的问题。例如景观晚会必然形式感很强，但长此以往观众也会出现审美疲劳，具体节目中也有些华而不实的表现。如何让内容与形式更紧密地结合、内容更加充实深刻，是未来节目要花大力气去研究的。

（赵辛迪）

五、《艺术人生》

节目版权：中央电视台

播出频道：综合频道（CCTV-1）、综艺频道（CCTV-3）、中文国际频道（CCTV-4）

播出时间：综合频道（CCTV-1）首播：每周三 22:39，重播：次周三 02:50；

综艺频道（CCTV-3）首播：每周三 20:35，重播：周六 22:21，周日 06:20；

中文国际频道（CCTV-4）首播：每周日 02:55（海外版），

重播：次周日 15:00，22:00（海外版）

节目类型：访谈类栏目

模本分析：《艺术人生——红楼梦再聚首》

（一）节目概况

1.《艺术人生》的发展

《艺术人生》栏目于 2000 年 12 月 22 日在中央电视台综艺频道（CCTV-3）开播；2001 年 7 月 13 日，栏目由 30 分钟成功改版为 50 分钟；2002 年 6 月 1 日，推出第一期特别节目《闪亮的日子》；2003 年 5 月 18 日，开始在中央电视台综合频道（CCTV-1）同时播出。

在不断的摸索和实践中，《艺术人生》走过了 2001 年的“30 分钟探索期”、2002 年的“50 分钟发展期”和 2003 年开始的“品牌期”。在探索期，栏目三分之一的时间属于观众的倾诉和提问，极大地满足了观众和明星亲密接触的愿望。此时的《艺术人生》是一个互动性极强的节目，节目组也刻意发扬了这些优点，培养了一批铁杆观众，代表节目是《罗大佑》。改版后的 50 分钟版《艺术人生》的态度是兼容的，境外媒体的文化艺术类节目都被纳入了栏目组策划和研讨的范围，而且“节目策划”的理念也被栏目组发挥到了极致，提出了“正直品质、极端制作”的口号，代表节目有《陈凯歌》《秦怡》《“六一”特别节目》等。2003 年的《艺术人生》在节目中采用了多种制作手段，增加了“新闻热点”“集体记忆”“主题策划”等新兴的节目理念，代表节目有《花儿为什么这样红》《我的父亲母亲》《青春之歌》等。

自 2005 年 7 月起，《艺术人生》的栏目定位发生了较大的变化，成为“国家在文艺节目中的一个窗口”，由重视大众性转而更侧重导向性。所以栏目在选题上更侧重德艺双馨的老艺术家，是“为艺术家摇旗呐喊的一个阵地”。2007 年 3 月以来，栏目定位为“建立中国文化精神的博物馆”，并致力于打造具有社会影响力的特别节目。文化精神的代表者有老艺术家们，他们不仅是“民族和时代的见证人”“中国文化的薪火相传者”，更将个人融入到曾感动一代人的经典形象当中。无论时代发生了怎样的巨变，革命经典仍作为一种记忆潜藏于许多人的心中，而曾经演绎这些经典作品的老艺术家们，更将自己的人格与那些英雄形象融合起来。

《艺术人生》已制作完成了数百位影视、音乐、舞蹈、文学、曲艺等领域艺术家的专辑制作，奠定了自身在同类访谈类节目中的品牌地位，拥有一大批固定的收视群体，并且获得了以下嘉奖：2001年中央电视台先进集体；2002年中央电视台优秀栏目一等奖；2002年被评为中央电视台综艺频道（CCTV-3）收视排行前十名栏目；春节特别节目《我的父亲母亲》获2003年“雨丁香杯”观众最喜爱的春节电视节目特别奖；2003年8月第三次蝉联中国电视“星光奖”优秀栏目奖；春节特别节目《父老乡亲》获2004年“雨丁香杯”观众最喜爱的春节电视节目特别奖等。

2.《艺术人生》的内容形式特点

《艺术人生》栏目宗旨是“用艺术点亮生命，用情感温暖人心，周五之夜，探讨人生真谛，感悟艺术精神”，同时以“正直品质、极端制作”作为核心理念，以人文关怀的精神关注中国文化艺术界的重大事件，欲打造一个“由文化引领娱乐”的节目。[①] 一般来说，常规的每期节目会采访一位艺术家，讲述或总结其艺术历程，展示其人生故事和感悟。

就被访艺术家的人选来说，绝大部分是为中国艺术事业发展做出巨大贡献的老一辈艺术家，还有一部分事业有成的年轻艺人。尤其是近两年，嘉宾的权威、专业、资历更为节目组所看重，力求以高度责任感为社会建立起人生楷模。

（1）讲感人故事

在访谈类节目中，《艺术人生》的收视率遥遥领先，长盛不衰。究其原因，首先是其访谈对象——明星、艺术家、文艺界热点人物本身具有较大

---

① 我们的栏目——《艺术人生》[EB/OL].（2003-02-27）. http://www.cctv.com/program/ysrs/20030227/100557.shtml.

社会影响力和吸引力，节目就是要讲出关于他们的感人故事。

“人生”意味着对相对长的时间、相对多的事件和人物的包容，于是前期采访和资料收集会非常重要，节目录制前已经有相对完整的策划文案，原因、主题、过程、结果也相对清晰。

如何才能“感人”？创作人员会想方设法寻找“动情”“煽情”的元素——对嘉宾和其作品的了解是每位编导的必修课。艺术家们面临的生活中的磨难、悲情故事，还有对艺术的追求、奉献、牺牲、梦想，以及对人生的坚定的信念，都是“感人”的源泉。

为了让“感人”的时刻如期而至，节目会通过主持人直接引导、短片的插播、小道具等，将嘉宾很快带入规定情境，引导他们回忆起具体事件、细节等。尤其是“落泪”，成为每期节目的必然环节，往往是节目的最大看点，也往往是节目的精华所在。正因为如此，银幕上的形象都变得鲜活、亲切起来，艺术家们回归到了普通人的状态，理想遭遇了现实，带来对观众心灵的撞击，从而也造就了节目的厚重与深刻。

（2）从多个角度讲故事

① 主持人的讲述

在本节目的创作中，主持人事先要充分理解节目进程、目标，在现场才可以起到引导的作用。

在节目开始，朱军娓娓道来，用一首歌、一个小故事或者一张老照片将被访嘉宾引入演播室，观众随之也进入主题情境。之后他“穿针引线”，不断以提问引导主题展现和推进，同时在情绪上推波助澜，将节目推向高潮。

② 嘉宾的讲述

嘉宾的讲述是节目真实性的充分体现，而《艺术人生》的嘉宾讲述特别追求厚重而沉静——在钢琴的伴奏下，嘉宾缓缓讲述数年前发生的一幕，时间也在观众的心中被凝聚。

③ 观众的讲述

《艺术人生》的现场观众有两种：特约的和普通的。当然，即便是普通的，也都是喜爱嘉宾的人，大多是多年的忠实观众。两种观众在节目中会发挥各自的功能，例如在《艺术人生——王姬》中，王姬的战友时隔20多年来到现场，勾起了她在部队的经历和感触；而在《艺术人生——徐静蕾》中，主持人则邀请现场的所有观众用手中的画笔表达对徐静蕾的祝愿和希望；在《艺术人生——童自荣》中，观众送给童自荣围巾，希望他保护好嗓子，等等。观众和嘉宾的现场互动往往会将整个现场的气氛营造得更加开放、融洽、温馨。

（3）其他手段的运用

《艺术人生》之所以能够超越其他访谈节目，还在于同时调动了其他手段辅助讲述。首先是大屏幕，经常插播与访谈相关的内容，有的是资料，有的是作品片段，有的是相关人士的讲述……使谈话节目的视觉内容不再单调。同时节目还非常重视钢琴的作用，实际上它犹如一个潜在的讲述者或主持人，经常在观众不经意间缓缓流出，表现的是情绪、节奏、气氛。灯光也能起到一定的视觉调节作用，同时带来的明暗、色调变化，不仅会引导观众的视点，也会改变情绪。道具是每期导演都要努力寻找的，以便引出嘉宾的感人回忆，同时也使语言表述更为生动、形象、真实。例如在《艺术人生——陈凯歌》中，装在电影胶片盒中的蓝天牌牙膏、父亲的录像带、《格林童话》和《唐诗300首》、来自陕西的一把黄土等，陆续引发了一个个话题，成为节目结构的线索。

正因为有了这些设计，使《艺术人生》不只是一个谈话形态的节目，而是一个有着丰富面貌的人物专题，整个节目非常富于变化，谈话只是一种串联方式。相比之下，《艺术人生》的制作团队非常年轻，而且整个集体在制片人王峥的带领下团结紧密，同时也以一定的流动性保持活力，为节目的创新奠定了基础。

（二）模本分析：《艺术人生——红楼梦再聚首》

在2003年之后，随着“主题策划”和“集体记忆”概念的形成和深入，《艺术人生》的选材从个人情感向集体大众情感拓展。2003年底中央电视台电视剧频道（CCTV-8）、社会与法频道（CCTV-12）的热播电视剧《红楼梦》，获得第一名、第二名的高收视率，使本选题付诸操作。录制前编导组对该剧进行了充分研究，还联系到了北京市大观园管理委员会，正好他们也在筹划第二年的《红楼梦》剧组成员重游活动。

《红楼梦再聚首》是《艺术人生》创办以来录制嘉宾人数最多、时间最长、工作量最大的一次录像。节目先播出了上下两集，但最后在观众的强烈要求下增至三集播出。而后在王扶林导演的帮助下，剧组和大观园管委会还共同策划了此次录制后的《红楼梦再聚首》之剧组成员观众见面会、重游大观园、红楼宴三个系列活动，也使《艺术人生》成了媒体争相报道的焦点。[①]

在此，我们以三集的版本作为分析对象。

1. 节目的内容形式

《艺术人生——红楼梦再聚首》三集节目仍然以访谈为主，但有三个层次：一是推介性的，主持人和该剧导演共同介绍到场嘉宾，气氛热烈；二是对重要创作人员特殊人生经历的单独访问，嘉宾的讲述较多，让观众较充分地了解他们的生活，深情而感人；三是由朱军向观众席上的数十位演职人员发问，旨在用同一个问题唤起每个人不同的回忆，气氛轻松活跃。所有的讲述中随时穿插影像资料——有的用于说明解释人物和剧情，有的是实实在在的相关活动信息，还有的是内容转折的引子。三集节目的内容如下：

（1）上集

上集主要介绍到场的人员。

本期节目的开场，由 1987 年版《红楼梦》的影像对比当时诸位演员年轻时的照片，在电视剧主题曲中拉开帷幕，剧组人员的陆续登场，纷纷拥抱、握手、拭泪。

① 《艺术人生——红楼梦再聚首》之四大方略：再聚首的台前幕后 [EB/OL].（2003-12-15）. http://www.cctv.com/program/ysrs/20031215/100637.shtml.

之后转入现场，朱军和王扶林一起将演员大致按照从宁国府及荣国府的重要人物、丫环、其他“十二钗”、宝玉和黛玉、幕后工作人员的顺序引入现场，同时讲述拍摄花絮，以及演员们的过去和今天。

同时，剧组犹如大家庭，大家非常理解、挂念。

节目结尾剧组人员在讲话中认为该剧为中国电视史做出了一定贡献。

（2）中集

中集一开始延续表现对到场人物的推介，随后朱军采访主创人员。

作曲王立平讲述自己见导演犹如人生最重要的考试，以及主题歌《枉凝眉》和插曲《分骨肉》的创作过程。

插播当年中央电视台采访剧组的节目，然后朱军进行关于剧组生活的趣闻访谈，大家讲述在剧组里最难忘的事。

王扶林谈为何选新演员和创作的困难，引出原中央电视台副台长、著名电视电影制作人戴临风出场。

84岁的戴临风和大家相见，并讲述当时的创作决心和情景，随后离场。

插播演员们的今昔对比、回游大观园的录像片段。

（3）下集

下集先放演员当年照片，而后朱军单独采访主要角色。

王熙凤的扮演者邓婕讲述如何赚到第一桶金。

史湘云的扮演者郭霄珍讲述事业的起伏和对北京的眷恋。

贾宝玉的扮演者欧阳奋强讲述对事业的极大付出和感悟。

林黛玉的扮演者陈晓旭讲述自己对新的人生道路的抉择和改变。

之后是几个出国的演员的问候录像，以及剧组和观众见面、游览大观园的录像片段。

2. 节目的特点

（1）节目形态的创新

《艺术人生——红楼梦再聚首》嘉宾人数史无前例地多达几十人，视频、图片、道具等与回忆和讲述有关的资料也相应多出许多，意味着与日常节目的诸多不同。如何以清晰的脉络串联起来，是主创人员遇到的第一个问题。

在结构上，三集节目大致以“相聚——创作和剧组生活访谈——主要角色深入访谈”为线索构架，每一集完成相应的任务：第一集是陆续出场，同时讲述他们怎么进入剧组；第二集谈创作、拍摄趣闻；第三集分享人生故事和感悟。

所以，我们看到这三集节目的目标、结构、形态是不同的，但连起来的时候，好似常态节目的放大，也呈现出单期节目的基本模式。与平日不同的是，嘉宾和现场观众融为一体。

（2）精心选择与设计内容

红楼剧组的演员们如何被改变了人生？当初他们是怎样去塑造艺术形象？之后他们遇到了什么？20 年后又有什么变化？……节目紧紧围绕这些观众最感兴趣的问题进行精心选择，将他们最具代表性的人生横断面加以展现。

对于几十个嘉宾的出场，节目进行了周密设计——让台前幕后的 70 多人分组出场，尽量制造平等的方式，自然、热烈地出场。重逢的设计也非常周密，例如“宝玉”和“王夫人”的母子相见，“王熙凤”一家三口的团圆，“刘姥姥”和专门从海外飞来的“板儿”紧紧的拥抱……都带来令人唏嘘的瞬间。而如何引出嘉宾的故事，节目显然在前期做了很多工作——让嘉宾们事先回答一些问题，是对人物的对比、了解，同时形成访谈的线索。资料片和场外录像也非常详细、全面、生动，演播室里还有当年剧中的道具，例如桌椅、香炉、黛玉的药罐、宝玉的藏宝阁等，让嘉宾和观众能触景生情。

节目中深入访谈的对象，都是具有典型性同时对观众具有高度吸引力的人物，将电视剧的背后故事和本栏目的内涵进行全方位、多层面地揭示。例如王扶林顶着重重压力，戴临风给予有力支持，王立平毛遂自荐，李喆诲人不倦，以及“宝玉”欧阳奋强从戏里到戏外的巨大反差，

“黛玉”陈晓旭的逐渐冷静，“湘云”郭霄珍的找到自我，等等。这些一定是剧组里最常见也最具深刻意义的故事，让观众去体会人生变化、人生如戏。

（3）插播资料连接时空

三集节目中的各种资料插播频繁，使20年前后人物的面貌形成鲜明对比，还有过去事件的展现，演播室场内外活动的展现等，形成了过去、现在时空的对话和联系，也极大丰富了画面效果。

电视剧《红楼梦》中的音乐也被频繁有机地使用，不仅用于原剧中的场景和配合作曲王立平的讲述，甚至时时响起用于表现人物今天的命运，展现悲欢离合与物是人非，使本节目也有如红楼梦境的延续。

总体上看，无论画面还是声音，资料都能合理、适时地运用，而且并没有突兀、断裂的感觉，更加深了历史的纵深感和人生的沧桑感。

（4）运作方式的突破

实际上，这三集节目的成功还在于有很多功夫下在现场录制之外。

本选题确定以后，主创人员对原著、电视剧都进行了相对深入的研究。剧组邀请相关专家进行指导、策划，对本节目内容形式反复研讨。

同时制片人开拓思路，充分整合媒体资源，与央视网、新浪网等全国30多家平面、网络媒体联动，发动观众共同寻找当年《红楼梦》的剧组成员，如薛宝钗、巧姐就是通过这样的途径才找到的。“寻人”活动将嘉宾由原来设定的10个人逐步扩展到全剧组成员，并充分利用各种媒体资源将这一想法和“寻人”的动态通报给观众，最后找到的100多位演职员（到场70多位嘉宾），让“寻人”也成为对节目的预热。

而且在节目制作期间，红楼剧组的记者见面会、游览大观园等不仅成为节目内容，也是对栏目品牌的一种宣传和推广，引发了媒体一时对《艺术人生》的高度关注。

诚然，《艺术人生》也并不是十全十美的，该节目的“落泪”环节、主持人对话题的引导方式和内容，也引来一些质疑。在节目中，主持人是否应该刻意引出“宝玉”对“丧子”的痛苦回忆，整体节目不时显示出来的“皆空”意味，以及众多人物聚首和访谈是否应该展现得更充分深入，都是值得探讨的。但总体上看，《艺术人生》仍然不失为一个优秀品牌。

（王隽）

六、《寻找金花》

节目版权：广西电视台

播出频道：广西卫视

播出时间：首播：每周日 22:30；重播：次周六 07:17

开播日期：2004 年 1 月 3 日

节目类型：日常版为专题栏目，特别节目为综艺晚会

模本分析：《寻找浙江乌镇金花》

《爱我中华——五十六朵金花浦江迎国庆》

（一）节目概况

1.《寻找金花》的发展

《寻找金花》栏目创办的初期，正值国内电视娱乐节目竞相涌现之时，各类选美、真人秀的娱乐标签令人眼花缭乱。是追逐潮流，还是另辟蹊径？在崇尚个性、价值及审美取向多元化的分众传媒时代，一个品牌必须拥有自身的独特个性才能获得消费者认同。

于是，《寻找金花》通过一个家喻户晓的电影名字《五朵金花》，以“寻找金花、快乐出发”为口号，借助电视手段，通过对“金子一般的心灵，花一般的容貌”的民族少女的寻找，将民族地区的风景、风情、风俗文化，以及个体和民族的生存状态展示出来，与受众分享体验，从而使民族资源与电视制作理念完美融合。同时，节目制作组不落俗套，将美丽的金花与美丽的山水结合在一起，处处营造一种优美、写意、抒情的氛围，轻松引导观众从民族文化的角度欣赏美，凭借对民族文化内核的把握与时尚唯美的表达，将传统的文化内涵赋予全新的、符合现代审美需求的内涵，在收

视率与影响力、娱乐性与社会责任之间寻求一种文化的平衡。最终，每期节目都在包含了浓郁民族风情和鲜明民族性格的同时，展示了纯朴的美丽，与当今愈加肤浅、快餐化、市场化的诸多选秀节目形成巨大反差，表现出相对高雅的价值追求。

《寻找金花》也是在不断调整和探索中走向成熟的，是广西卫视最充分地体现频道特色的拳头产品。

2004年《寻找金花》初创期，先着力打民族牌，节目中的金花来自全国各地。金花们淳朴而动人，不仅体现出每一个民族的美好特质，也代表了其传统文化的美，在风起云涌的选秀让观众多少有点审美疲劳的时候，她们焕发着特殊的光彩。

2005年，节目的眼界更加开放，到国外寻访外国金花成为节目的新亮点。例如应韩国之邀，去拍摄了釜山、济州岛、全州三个体现了韩国地方特色的金花，起到了国家间民族文化交流的作用。而后摄制组又陆续到日本、东盟十国等地寻访金花，节目也成为广西电视观众了解东盟各国的直观平台。

节目也不断在金花的选题上拓展，不仅体现在金花的推选途径上，也考虑市场拓展。例如针对原生态唱法兴起，2007年推出了特别节目《寻找少数民族歌手金花》系列；而针对2008年是中国的奥运年，节目组也制作了《金花与奥运火炬手》等专题。

为了在飞速变化的媒体格局中增强广西卫视的核心竞争力，《寻找金花》在巩固常态节目持续发展的基础上，还着力整合台内外资源，通过特别活动和节目打造品牌。其举措主要是“金花大聚会”等跨区域、跨媒体的活动。

“金花大聚会”本是随着搜寻到的“金花”逐渐增加，节目组会在季末、年末举办大聚会，通过各族金花的聚会展现民族间文化的交流。例如，《2005年首度金花大聚会》，国庆56周年特辑《爱我中华——五十六朵金花浦江迎国庆》，2006年广西卫视春节联欢晚会《金花牵出山歌来》；

2007 年春节的《“山水之约，美在广西”东盟十国金花大聚会》，5 月中旬与印度尼西亚国家电视台联合举办的《“山水之约，美在巴厘”印尼巴厘岛金花聚会》；2008 年则走进全国最著名的彝族聚集地——四川省凉山彝族自治州，举办了“金花相约，民族盛会”年度大型系列电视活动，该活动在春节期间播出了三期特别节目：《金花相约大凉山》、《三国金花歌友会》和《金花走进大凉山》专题节目；其他各类特别活动既有像《寻找美丽新娘，牵手梦幻婚礼》这样联合杂志媒体的活动，也有像抗震主题特别节目《寻找金花——和你在一起》，还有《我是明星——奥运火炬手金花运动会》等紧扣时事的专题策划。所有这些，都为广西卫视的女性特色频道定位注入了新的生命力，为提升广西卫视的媒体价值和影响力起到了极大推动作用。

《寻找金花》从开办以来一直拥有较高的美誉度：

2004 年，在第十届全国少数民族题材电视“骏马奖”的评选中，《2004 年第一季度金花聚会》获得“骏马奖”二等奖；

2005 年，在中国视协电视文艺委员会“电视文艺学术奖”春节特别节目评选中，2004 年度的《金花贺新春》获得二等奖；

2005 年，《寻找金花》获得全国“十佳”广播电视栏目提名，第二十三届中国电视“金鹰奖”电视文艺栏目提名；

2006 年，在第二届全国女性风采优秀电视作品评选中，《寻找金花》荣获“最佳女性栏目创意奖”；

2006 年，在韩国光州举办的第六届中日韩电视制作者论坛上，《寻找金花》获得“最佳电视综艺节目奖”；

2007 年，在中国视协电视文艺委员会“电视文艺学术奖春节特别节目”评选中，《“山水之约，美在广西”东盟十国金花大聚会》获得“最佳作品奖”。[①]

① 广西卫视《寻找金花》新年新动作 [EB/OL].（2008-01-10）. http://women.sohu.com/20080110/n254565465.shtml.

2.《寻找金花》的内容形式特点

（1）内容定位

① 特色频道建设的重点探索

近年来为了占领最大的市场份额，改版之风席卷全国各电视台。广西卫视于 2004 年 1 月经过综合考虑和理性分析，选择了“女性特色”作为频道定位，提出“风情万种，随你心动”的口号，同时“以女性的视角彰显民族风格，用民族形式服务于女性定位”。这种差异化的频道建设战略使其在激烈的媒体竞争中脱颖而出。

打造女性特色频道在广西拥有社会、人文的基础，而且作为全国五个民族自治区之一，广西也拥有丰富的民族资源。《寻找金花》就是广西卫视早期确定的体现女性特色频道定位的“三大奇美风情栏目”（《寻找金花》《大开眼界》《风起南方》）之一。对此，时任广西电视台台长黄著诚是这么阐释的：“广西卫视一直有做民族节目的基础，这次改版，我们发挥自己的优势，弘扬民族文化，用另一种视角、用女性的眼光来看待民族的东西，追求民族的时尚，‘越是民族的越是世界的’；而用国际主流价值观照的民族时尚现象，同样也可以做到‘越是世界的越是民族的’。《寻找金花》把选美和少数民族文化相结合，寻找民族地区的美丽少女，着力追求一种质朴、健康的另类民族时尚……”①

在具体操作中，每期节目从少数民族选美切入。在寻找的过程中，展示出该地域和该民族最具吸引力的特色之处，并展示目标人物的生活背景、人生故事等，最终要找到能够代表这一地区或者这一民族独具特色的美丽金花。

《寻找金花》栏目的高收视率和广泛影响力并不只是一个项目的成功，是广西卫视及其特色栏目综合竞争力和社会影响力不断提高的结果，与广西卫视的发展战略、频道特色建设、大型活动、栏目节目的整合宣传息息相关。

---

① 朱矛量，程缨．囿限・破茧・飞舞：“中国第一女性特色卫星频道”设计者、广西电视台台长黄著诚专访记 [J]. 南方电视学刊，2005(3).

② 对民族文化的传播

对民族文化的传播是《寻找金花》的主要目标，是媒体所担负的社会和政治责任，是对受众的文化精神引导。

节目将民族文化糅合在对人、事、景、物的展示、挖掘之中。例如对金花人选的选择，一定体现了节目的价值观——在努力展现女性特有的家庭、情感、生命、审美、时尚等元素，不仅展现人物的外在美，更发掘人物的心灵美。例如，在西藏选取的金花就是义务收养孤儿并成立孤儿学校的藏族姑娘格桑德吉，节目重点突出了她克服各种困难，为无助孤儿默默奉献的艰难经历。再如，在寻找黑衣壮族金花的那期节目中，3 位美丽的少女都有才艺，更有事业，尤其是作为县干部的金花和援教贫困地区的教师金花，其敬业、勇敢和智慧颇具教育意义。类似的还有浙江乌镇被当地旅游部门聘用为特殊导游的聋哑金花陈国君，四川阿坝白手起家开发旅游资源带领乡亲共同致富的羌族金花龙小琼，广西隆林素苗山乡走进中国民族民间歌舞盛典的“山水苗妹”组合……这正是节目的积极意义所在。

同时在事件、场景、物件的表现方面，节目会力求表现各民族的特色文化和审美。例如，在寻找丹巴地区藏族金花的那期节目中，编导分别和 3 位金花回到遥远的家乡看望父母，节目看似随意地跟随每位金花，分别表现了当地女孩的成人仪式、跳锅庄、民族服饰和小伙爬墙求爱的民俗，以及家乡的简朴、一路风光的绝美、少女的才艺都被有机地表现为节目内容。

《寻找金花》反映了特殊民族文化背景下当代女性的内外兼修，这些就是节目的社会文化内涵的体现。

（2）表现形式

《寻找金花》的常态节目是专题片形式，金花聚会的特别节目是综艺形式，整体就显得自如、丰富。

① 常态节目

每期常态节目选定某一特定地区或者一个特定民族、特定群体进行拍摄，如《寻找贵州黔东南苗族金花》《寻找四川丹巴藏族金花》等。

“金花使者”（主持人）通过当地群众和相关部门的推荐，或者是以真人秀体验式的搜索等方式找到当地的金花，经常是3位。然后节目通过对金花们的访问、跟拍，将她们的成长环境、生存环境、人格个性、生活经历、理想等进行展现，民俗风情、生活方式、文化传统、艺术等内容也伴随其间。节目播出后由观众短信和网络投票选出一位“最受观众喜爱的金花”。

② 特别节目

特别节目《金花聚会》是“最受观众喜爱的金花”齐聚一堂进行才艺展示、精华回顾、民俗展示等。各地各民族金花聚会，五彩缤纷，也搭建起不同文化交流的平台。

金花聚会每季度一次，其中又以年度金花大聚会最为隆重，几十位金花和各地民族文艺团体一起表演，构成一道独特而美丽的风景，也经常成为广西卫视春节期间的重要节目。

3.《寻找金花》面临的问题

《寻找金花》拥有独特的地位和良好的口碑，但在操作中还存在一些问题。

从互动层面上来说，每期金花的评选并没有让节目从受众分享体验的观看行为变为跃跃欲试的行动，节目还缺乏实质性的感召力，选手报名参与的主动性还不够。

“金花使者”（主持人）人数比较多，导致节目的标志性形象比较混乱，同时节目的信息量太大，涵盖风景、风俗、文化、旅游、美女等，而且每个层面的观众都想照顾，这就可能无法从每个角度表现深度、力度。长此以往必将削弱节目的厚度，也许做一些减法，节目的个性会更加突出。

在当今电视媒体产业化的背景下，节目必须对观众随时出现的审美疲劳保持高度警惕，品牌节目也要不断进行创新并适应日益提升的受众观赏水平。从这一点看，本节目还应研究构架，研究如何设计悬念和更自然地表现出精彩的事件。

（二）模本分析一：《寻找浙江乌镇金花》

在《寻找金花》很快拥有大量忠实观众并获得不少奖项时，节目开始跳出寻找少数民族金花的局限，尝试寻找各个地方“金子一般的心灵，花一般的容貌”的美丽姑娘。同时，主题策划的思路逐渐清晰，6 集系列节目《寻找古镇金花》应时而生。通过寻找国内 6 个著名的古镇的金花，并展现她们的生活现状和人生理想，力求挖掘古镇宁静深远的意境、厚重的历史文化积淀，以及传统与现代的结合——古老的历史，现代的人心，这就是古镇的魅力。

尽管古镇金花风情别样、生活别致，但节目的内容和构架基本一致。《寻找浙江乌镇金花》是《寻找古镇金花》系列的第三集，于 2005 年 5 月 14 日播出。

1.《寻找浙江乌镇金花》的内容与构架

《寻找浙江乌镇金花》沿袭了节目一贯的模式，以纪实为主，主要有 3 个部分：一是地域环境、民俗风情的概述，是民俗文化的风情画卷般的诗意展示；二是依次对 3 位金花的背景经历的单独寻访，以 VCR 展示和采访为主，彰显人物性格、心灵、精神的多样美；三是模拟纪实手法的运用，补充刻画人物故事。同时，在介绍金花的过程中，会穿插对民俗和传统文化的展示。具体内容如下：

《寻找金花》片头后，节目总结上期投票结果，公布观众网络投票选出的“最受观众喜爱的金花”，紧接是本期节目的片花。

节目正式开始，由京杭大运河切入，和着女声柔和抒情的哼唱，配合流畅婉转的江南丝竹音乐，白墙黛瓦、小桥流水、枕水人家的画面慢慢叠化，诗意地展示着几百年来未曾改变模样的乌镇。画面最后从摇橹的扁舟切回主持人的画面。

“金花使者”（主持人）：介绍环境、当期主题，并邀请观众共赴美丽之约。随后简短展示幽曲明净、典雅秀丽的浙江乌镇，柔情万种。

节目按顺序介绍3位金花，具体时间长度会根据人物故事需要而进行调整。每位金花的介绍会有相对稳定的模式，即金花档案展示（主要包括姓名、照片、职业、爱好、最美的地方、愿望等构成）和金花的个体展示，并穿插相应的民俗文化等。

1号金花：茶馆管理人员房馨引领观众品味水乡的茶文化，随扁舟在古镇穿行，介绍乌镇元宵节走桥的习俗，水乡有名的蓝印花布的制作过程，访卢阁茶馆的历史，等等。

2号金花：由茅盾描述的“香市”为引，介绍清明前后的“香市”活动——踏白船、皮影戏、高杆船、蚕花会等，引出“蚕花娘娘”何娟。通过情景再现和采访，让观众领略她对父亲难以割舍的情感，展示女孩的乖巧孝顺。

3号金花：聋哑女孩陈国君乐观积极的生活态度，让她无声的世界一样有多彩的人生，自强不息的精神更打动了电视机前的观众。

“金花使者”（主持人）结语，肯定金花们“金子一般的心灵，花一般的容貌”。节目结尾的视频，就是对美的内涵的最好诠释。最后，介绍下期主题，吸引观众持续收看。

2.《寻找浙江乌镇金花》的特点

（1）人物表现与主题表现紧密结合

乌镇经历古老岁月和文化沉淀，会孕育出什么样的金花，各自将带出什么样的文化内涵，又有什么样的故事？节目编导人员在前期做了大量工作和细致安排，选取的3位女孩各不相同，却又都具有典型性和各自的文化意义，当地的人文风情、文化内涵在人物故事中得到了有机地表现。

乌镇人的生活与水有着更直接的联系。1号金花房馨本是茶馆管理人员，能引领观众了解乌镇的水乡文化。她不仅带观众品味水乡的茶文化、介绍江南大名鼎鼎的访卢阁茶馆，喜爱摇橹的她还带观众穿过南大街浮澜桥、北大街白娘子桥，又到东大街青峰店桥，给人一种与时间同行的感觉。

其间又从桥引出元宵节走桥的习俗，还介绍水乡有名的蓝印花布的生产工序。“金花使者”（主持人）的感叹道出了大家的心声：江南的水乡女子也许正是穿上了这蓝色的印花衣服，更显得轻巧、精致、有滋有味。值得注意的是，3 位金花在节目里几乎都是穿着蓝色印花衣服，不能不赞叹编导的良苦用心。

乌镇还有一个重要的传统习俗——“香市”。节目通过茅盾关于“香市”的记忆，用气氛热烈、风格简朴的音响串联起“香市”活动狂欢的场面，引出 2 号金花——“蚕花娘娘”何娟，同时向观众介绍蚕花娘娘的传说和江南养蚕的习俗。而她最大的愿望是“愿父亲永远健康快乐”，节目又用情景再现与现实采访的穿插，表现人物关爱家人、善良孝顺。其中还将《摇啊摇，摇到外婆桥》的民谣和皮影戏有机地融合到童年记忆中，强化了水乡文化的优雅。

3 号金花陈国君的出场体现了水乡的恬静和诗意盎然——夕阳西下，桥的一端，坐着写生的美丽女子，而她自己也成为了人们眼中的风景。陈国君是一位聋哑女孩，但她努力冲破无声的障碍和健全人沟通交流，并渴望拥有一个施展自己才华的人生舞台。“心情美丽，人也会变得漂亮起来”，她乐观积极的生活态度、自强不息的奋斗精神，以及她对画画、舞蹈的热爱，拥有了和健全人一样多彩的人生。她的精神正是对金花美丽内涵的最完整的诠释，也正是她身上的时代精神打动了电视机前的观众。

（2）声画信息鲜明而丰富

《寻找金花》不仅是欣赏人物个体美，更是领略不同的民族文化传统和习俗，因此节目中的信息量非常丰富。而《寻找浙江乌镇金花》选取了那些具有地方文化标记、身份识别的标志性的内容，并用画面和声音充分进行强调。

在节目开始，通过三白酒坊的老传人、宏源泰染坊夫妻、姑嫂饼第七代传人、刨了 60 年红烟丝的老伯、打门头的铜匠师傅等内容，观众可以更多地了解到小镇的岁月沧桑。再如乌镇人一天生活开始的展示，如太阳升起、水雾氤氲、宁静的深巷长廊、喝茶的老伯、上学的学生；随后热闹的“香市”，如打船拳、高杆船、放水龙、踏白船、高台戏，让观众仿佛身临其境，表现出乌镇的无尽活力。

节目画面色彩以蓝色为主，辅以灰、白、绿等。明显的风格化处理，强调了乌镇白墙黛瓦、小桥流水、枕水人家的诗意。在介绍民俗时，大量使用同主题不同内容的画面叠化，既显得柔和，又加深了多侧面的展示，而在情景再现部分时，节目采用黑白处理，清晰交代了时空。

这一切，又离不开声音的配合：从水流的声音、打鼓的声音、摇橹的声音到娓娓道来的解说，再到江南的丝竹音乐，一直贯穿节目始终。优美婉转的丝竹上将典雅秀丽的乌镇渲染得更加充满诗意，令人流连忘返。几首歌曲的运用也切合主题，编导给房馨配的是《又见茉莉花》，她的形象符合人们心目中江南水乡女子的形象，而何娟采用的是《春暖花开》，那是自强不息的性格和水乡女孩的美丽的结合。不同的音乐烘托了金花们不同的性格和故事，也升华了主题。

《寻找金花》总是不遗余力地渲染心灵美、性格美、精神美、环境美、民俗美，将“主流美”拍得大气、坦荡，从而让节目具有了文化品格和艺术追求，而《寻找浙江乌镇金花》就是这样一个典型的例子。

（三）模本分析二：《爱我中华——五十六朵金花浦江迎国庆》[①]

2005 年是国庆 56 周年，广西卫视和上海东方卫视联合举行了大型文艺晚会，并录制了特别节目《爱我中华——五十六朵金花浦江迎国庆》。广西卫视于国庆当晚在黄金时段播出。

1.《爱我中华——五十六朵金花浦江迎国庆》的主题与构架

（1）主题

《寻找金花》把舞台搬到上海外滩，是要将时尚与原生态有机融合，在

① 金花浦江欢庆国庆文艺晚会抢先看 土洋结合亮点多 [EB/OL].（2005-09-29）. http://www.gxnews.com.cn/staticpages/20050929/newgx433bc345-446801.shtml.

现代化的都市中演绎质朴醇厚的民族风情。56 个民族、56 朵金花、56 种语言、56 件礼物、56 份祝福、56 个心愿，献给 56 周年国庆，这是晚会的主题，也是堪称最独特的国庆节目创意。

这台晚会以五彩缤纷的民族服饰、原汁原味的民族歌舞、质朴醇厚的民族风情，彰显了媒体的艺术价值观，也在国庆期间的节目中独具风采。

（2）构架

晚会紧扣主题，分为“美丽金花”“祝福祖国”“携手发展”“和谐未来”板块。

第一板块：“美丽金花”。寓意 56 个民族百花齐放、百花争艳，展示中华民族的多元文化和中华文化的万紫千红、璀璨多姿。包含了全体金花表演的舞蹈《相聚》、多民族演员表演的歌曲《海上花》、壮族舞蹈《甩啊甩》、阿佳高原红的歌舞《喜马拉雅》等节目。

第二板块：“祝福祖国”。56 个民族的代表金花带来 56 件献给祖国的礼物，表达美好祝福。包含了全体金花表演的歌舞《今天是你的生日》、多民族舞蹈组合《节日》、王杰的歌曲《回家》、多位金花参与的歌舞《我和我的祖国》等节目。

第三板块：“携手发展”。各族人民用不同的语言讲述本民族的变化、家乡的发展变化，从而反映各民族的发展和祖国的富强。包含了苗族金花领衔表演的歌舞《太阳鼓》、藏族歌舞《卓玛》、歌曲联唱《花儿与少年》和《蒙古长调》、傣族金花领衔表演的歌舞《小河淌水》等节目。

第四板块：“和谐未来”。56 个民族在喜气、祥和、欢乐的气氛中，勾勒出一幅“中华一家亲，民族大团结”的美丽画卷，反映全民族构建“和谐社会”的美好愿望。包含了彝人制造的歌曲《看见了》、郭峰的《我们是朋友》、严当当的《山歌牵出月亮来》、韦唯和全体金花等表演的歌舞《爱我中华》等节目。

板块间用主持人、访谈串联起来，还有民族金花们在东方明珠、南京路步行街、新天地、上海大剧院、黄浦江游轮上拍摄的外景短片。

从总体上看，构架清晰、编排合理，晚会充分表现了在都市背景下时尚与原生态相映衬、传统与现代相结合，展示了56个民族对祖国的热爱和美好祝愿。

2. 时尚性与民族性的有机融合

上海无疑是中国最时尚、现代的大都市，而各民族金花的大聚会也无疑会带来丰富多彩的民族传统文化，二者会形成鲜明的对比。

节目中绝大部分是少数民族歌舞，甚至有强烈的原生态痕迹，表演者也多是地地道道的少数民族，同时也做到了“新颖”“入时”。例如，在各族金花相聚后，专门为晚会度身制作的歌曲《海上花》把广西彩调和江南评弹相结合，让壮族的金花与上海演员对歌，既唱出了新意，也表现了两个主办地的文化交融；动感十足的歌舞《甩啊甩》，将一组欢快热情活泼的不同民族的歌舞组合，用一首壮族山歌连接3个民族的特色舞蹈——佤族甩乌黑的长发、彝族摇摆美丽的长裙、羌族跳萨朗舞，展示了少数民族纯朴原始的舞蹈魅力；在《我和我的祖国》中，金花们穿着民族盛装跳起了华尔兹，民族服装与燕尾服完美结合。晚会后半部的节目更加具有时代感，不少民族歌手的节目已经在内容形式上都与流行音乐紧密结合，如彝人制造的风格较为前卫。

3. 对仪式化的重视

56朵金花聚会浦江迎国庆，无疑是一场盛典，比起平时的大聚会，这次晚会必然要更充分地表现仪式感。例如，开场时56朵金花一起登场，每一件民族盛装都凝结着各民族宝贵的精神财富和信仰，随后有各族金花在《今天是你的生日》歌声中，与手捧蜡烛的孩子们一起献上具有各自民族特色的礼物，如苗族金花带来苗族刺绣、裕固族金花带来红缨帽、佤族金花带来水牛头等，都具有极为丰富的民族文化内涵。在晚会结尾，全体金花又和韦唯一起表演，实现了晚会“中华一家亲，民族大团结”的精神内核，也将气氛推至高潮。

4. 提升节目品牌

《爱我中华——五十六朵金花浦江迎国庆》的成功也缘于优化资源的运作。晚会缘起是2005年6月在广西桂林召开的一次《寻找金花》节目研讨会，与会的上海东方卫视同仁被节目的独特风貌所吸引。当年7月，两台决定共同打造这台风格独特的国庆晚会，为56岁的祖国献上一份特别的礼物，并同时获得“双赢”的效果。这次晚会也通过合作媒体将节目品牌进行了内容拓展和档次提升，为《寻找金花》的未来发展奠定了良好的基础，也获得了宝贵经验。节目在制作、播出期间，两台都积极主动地联系各方媒体，多次举办媒体推广活动，如召开看片会、广泛发布相关消息等，节目在播出前就得到了预热，从而也拓宽了传播渠道。

（谢昐昐）

七、《越策越开心》

节目版权：湖南经视

播出频道：湖南经视、湖南卫视

播出时间：每周日21:30

开播日期：2002年5月

节目类型：综艺、脱口秀

节日时长：45分钟

模本分析：《越策越开心——教你理财》

（一）节目概况

1.《越策越开心》的发展

《越策越开心》是在湖南电视台2002年进行资源整合第二轮改革的背景下诞生的——原湖南电视台经济频道、都市频道、生活频道整合为新的湖南经济电视台（亦称“湖南经视”）。随后在省内电视媒体中，湖南经视以其锐意创新的编排和勇敢的探索，创建了若干档新颖独特、视角前沿的节目，在当地拥有极高的收视份额，如《幸运3721》《越策越开心》《完美假期》《天使爱美丽》等，都走在了中国电视娱乐节目改革的前沿。《越策越开心》更是自开播以来雄踞湖南本土电视收视率王牌位置5年。

正是凭借过硬的品质和良好的收视成绩，《越策越开心》于2006年的5月登陆湖南卫视。从2006年5月8日—6月底，每周一—周四晚19:30播出《越策越开心》往期节目的精选版本；从2006年7月起上线《越策越开心》卫视版，与湖南卫视“快乐中国”的概念完全契合，节目不仅是湖南卫视争创收视率的又一有力武器，同时也是对《越策越开心》节目自身新一轮的升级和考验，播出后受到热烈欢迎，在长沙地区更是高居收视排行前列。2007年底，《越策越开心》回归湖南经视。

若论及观众对《越策越开心》的喜爱程度，是其他节目难以企及的。例如，在节目还没有登陆湖南卫视时，如“幸运唱唱唱”“三个小偷闹翻天”“汪和马和下西洋”等就已经在网上广泛传播。后来除了节目本身和一些网站的合作，观众可以很容易地在很多网站甚至个人播客里搜到观众自发上传的几乎每一期节目的视频，还有观众建立的专门论坛、评论，湖南一带到处流传着节目中人物的经典台词和对话。

《越策越开心》获得2004年度全国百佳电视栏目、2005年全国电视节目评比综艺类一等奖、2006年中国电视节目榜之“最具民间智慧电视脱口秀”等多项殊荣。该节目走出的主持人也被评为2005年度全国最佳综艺节目主持人。

2.《越策越开心》的内容形式特点

节目能成为品牌，在根本上一定依靠自身特色。多年来国内娱乐节目同质化现象严重，而《越策越开心》是为数不多的没有被模仿的节目之一，这自然与内容形态设计、主持人的表现、品牌的延伸等有着直接关系。

《越策越开心》自诞生起就定位于“湖南最火爆的娱乐性脱口秀”，看似目的非常单纯——紧紧围绕“策”和让观众开心，但具体操作却不那么简单。

①紧扣主题的拼盘结构

《越策越开心》的总体构架犹如拼盘，每期的内容紧紧围绕“开心”，所以可以有很多话题。只要是令观众开心的内容就可以进入，而不像很多节目以一贯到底的主题或线索进行引导，而是将主持人汪涵、马可等作为将多个段落串联起来的明线。节目开播以来，基本结构也一直在稳中求变化，大致经历了两个阶段。

初期：“前戏”+“笑话”+“一顿乱播”+“湖南之最”+“嘉宾访谈”。

“前戏”“笑话”有如小品，经常是汪涵、马可、陈英俊、YOYO（蒋宏杰）等对日常生活和典故的夸张、无厘头的情节化演绎。“一顿乱播”也往往是节目思维跳跃最快的部分，主持人被定位于搞笑新闻主播——“三大哈”汪涵、“哈得死”马可，进行生活趣闻播报，有一定的时效性，还将影视片段进行重新剪辑配音，并导入大量湖南方言。“湖南之最”展示的是湖南全省范围内具有特色的各种人物：如有奇特兴趣爱好者——收集电影票者；有特殊才能者——像婴孩能提起数十斤重的西瓜；有超人技艺者——超速度心算小孩，等等。“嘉宾访谈”则是对形形色色人物的现场访谈，有夜市里卖口味虾的婆婆，有专门在居民小区抓小偷的门卫大爷，有在长沙生活了多年的澳大利亚朋友，有湘西唱山歌的高手，等等。

后期：“前戏”+“歌舞秀”+“越播越开心”+“嘉宾访谈”。

“前戏”延续幽默表演。“歌舞秀”经常邀请各种艺人，主持人也时常亲自上阵。“越播越开心”是“一顿乱播”的翻版，主要是汪涵、马可和“黄小鸭”一起播报各种趣闻，引出影视片段的重新剪辑配音，有时也有嘉宾参与播报。“嘉宾访谈”则选取一些热点人物、知名艺人、特殊身份的行业人士、民间艺人等与观众一起进行现场交流。“嘉宾访谈”的时间较长，而且从来都热衷讨论当下社会流行的话题，并将热点人物作为切入点，力求通过一种轻松而具有煽动力的方式达到寓教于乐的目的。同时，由于这部分所占时间最长，自然成为整期节目的重点，也更容易给人留下深刻印象。

节目的结尾是拍摄花絮，主要是 NG 的镜头，在令人捧腹的情景中飞出片尾字幕。这样的结束方式紧凑而自然，让观众笑到最后。

从总体上看，拼盘结构使《越策越开心》节目看似信马由缰，却拥有更为广泛的素材资源和多样的表现力。主持人从头至尾，随时插科打诨，而且经常使用方言，笑料频出。

② 无厘头的表达风格

“策”，在湖南方言里有“聊天”“搞笑”“吹牛”“神侃”“逗乐”之意。《越策越开心》这个节目的命名无疑是成功的，它通俗易懂、主题鲜明，而且内容形态也的确充分表现出用语言逗趣的特点，主持人起到了根本性的推动作用，于是也被业内定位于“脱口秀”。

实际上，《越策越开心》的无厘头表达与主持人有着直接关系，而且“策”是互动的，主持人不但要“策”嘉宾、“策”观众，还要互相“策”。“大哥”汪涵和“小弟”马可都是聪明机智、风趣幽默，两人配合极为默契：汪涵更外向主动，马可更帅气纯真，一热一冷、相映成趣，你来我往、相得益彰。而在一般的栏目里，主持人是串联人，而与众不同的是，汪涵、马可在《越策越开心》里几乎一直是节目的主角，完全引领节目的所有环节，时而以本色示人、时而变身角色。在“前戏”中扮演各类人物，在“越播越开心”中还有固定的角色——“三大哈”“哈得死”，有时还会串演其他角色，如二人追跑打闹、作秀耍宝、装傻扮酷，使出浑身解数，成为节目成功的重要法宝。

随着节目的成熟，节目中有更多的角色和人物引人注目。例如“黄小鸭”，这是节目为了打破主持人性别搭配的单调而特意塑造的卡通女主持形象，这只操一口长沙味普通话的调皮、聒噪又贪吃的小鸭子，在“越播越开心”中活跃于汪涵与马可之间。而王湘平扮演的相貌着实不英俊的陈英俊，则是节目中的倒霉蛋，同时又自信满满，极富喜剧性，他的经典台词“天上飘着的不是白云，而是海鸥”“喝杯白酒，交个朋友”，传遍三湘四水。还有 YOYO（蒋宏杰）、阿汤等人和节目请来的嘉宾也大多风趣、开朗、个性突出。可以说，很多观众看《越策越开心》就是冲着他们来的，如果没有这些人，节目便很难成功。

节目的内容即表现方式也具有无厘头的风格，看似内容不相关，而且每一个环节内部都充满了思维的跳跃、极度的夸张，其实每个环节的设计都非常认真、仔细，充满智慧。

当然，《越策越开心》的观众也一定是可以接受甚至喜爱无厘头风格的人群。所以该节目的观众极具娱乐心态，而且需要反应快、时尚、前卫，忠实观众也相对年轻化、城市化。

③ 平民化的价值观

平民化体现在从多方面与观众贴近。在节目初创期，主持人很自然地讲起方言，尤其是湖南长沙和常德的方言、俚语，使本地观众倍感亲切。与其说观众是被二人的耍宝逗笑，不如说是看到了风趣的邻家兄弟。而后随着节目受众人群的扩展，主持人和嘉宾以各种方言在节目中讲述各地的笑话，尽力给观众以老乡感觉。

从根本上说，人物事件的贴近性能更深入吸引观众，节目经常把老百姓生活中的乐趣“策”出来，也体现了平民化的娱乐观。例如“湖南之最”中卖口味虾的四娭毑和卖臭豆腐的五娭毑，也许观众并不在乎当地到底哪个人做的口味虾、臭豆腐味道最好，而是看到了和自己一样的普通人，那么生动、熟悉、有共鸣；而在“前戏”中表演的内容，有很多也是日常生活的片段，主持人还化身为儿子、警察、娭毑、小贩、学生、小偷等，既谈论生活中的琐事，还讨论如客运小型巴士的减价、美伊战争、杨利伟首次飞天等问题，就像亲人和邻里间善意的提醒和调侃，让观众在娱乐中长见识，在熟悉的氛围中获得关怀，同时感到日常生活是那么丰富有趣。

节目平民化的特点也体现在很多细节上，例如演播室不小，舞台却不算大，空间紧凑，离观众很近，经常营造家、客厅的感觉。比起很多娱乐栏目不惜投入制作大空间、靠大场面吸引眼球的做法，《越策越开心》的低成本是明显的。编导把目光落在娱乐的内容本身，让舞台表演、录像插播、现场互动时空直接转换，显得简单、利落。当然，这也更强调了编导前期各种准备工作的重要性。

④ 立足湖南，放眼全国

《越策越开心》后来从湖南经视走向湖南卫视，也引起了一些争议。例如节目在湖南叫好又叫座，但上星后依旧大量使用方言能否为全国观众接受。事实上，当湖南卫视播出精华版时，其中确实不乏难懂的方言，为了方便理解，节目用字幕相配合，而且努力回避了方言比较集中的节目。在湖南卫视新版中，则减少了湖南方言，很多时候它几乎变成了一个语言的大杂烩，参与嘉宾的选择也放眼全国，对准卫视的目标观众。

⑤ 潜在的造星计划

众所周知，明星、名人是节目的卖点，但明星资源是有限的，因此《越策越开心》还在不断挖掘、培养、打造自己的明星、名人。例如营养专家林博士、日本演员矢野浩二、近距离魔术师刘谦、“超女快男”、杨二车娜姆等，他们不仅仅成为《越策越开心》的专用明星，也让他们出现在湖南电视台内的其他节目中。当然，这其中的一些人物也引来争议，但《越策越开心》的娱乐性质使观众没有过多追究，因为他们并不是在树立楷模。所以主持人绝不吝啬溢美之词，也经常会为节目效果跟嘉宾斗嘴、互相揭短甚至打闹。

⑥ 品牌的多元化开拓

在拍摄电视节目的同时，《越策越开心》的创作团队还充分认识到了品牌价值的意义，努力进行营销探索。

实际上，有不少国内观众是在网络上看到该节目的，由于极富笑料，很多期节目被反复点播。节目和一些网站进行联合推广，还出版了音像制品。

2007年春节前，《越策越开心》还推出了以汪涵、马可、“黄小鸭”为主打的策神公仔系列产品，产品包括公仔、手镯、手机链、树脂玩具、车载防溅杯等。在电视台滚动播出广告并开设店铺，其受欢迎程度远远超过制作方的预期。

3.《越策越开心》的问题

节目的问题首先是拼盘式结构所带来的主题线索不能始终贯穿，导致节目总体信息较为混乱，整体形态也不够明晰。笔者将本节目定义为“综艺”“脱口秀”类型，是针对其内部的实际形态的多样，如前戏、歌舞、谈话等，只是谈话的形态占了大部分。如果节目每一期间、板块间缺乏关联，节目整体性就不强。例如嘉宾访谈部分过长，使节目后半部在视觉上有些单调；而访谈本身又往往由于时间不足而难以展开，对一些杰出嘉宾来说就可能显得浪费资源。

其次，节目质量不够稳定，例如“前戏”的题材混乱，“笑话”的来源很随机且可能出现版权问题，访谈部分依托于主持人和嘉宾的状态，等等。节目中难以掌控的因素很多，导致有的效果热烈，有的反响平平。

（二）模本分析：《越策越开心——教你理财》

《越策越开心——教你理财》于 2007 年 5 月 24 日播出，本期节目时长 55 分钟。因为节目采用了拼盘结构，在此逐段分析。

1.“前戏”和“歌舞秀”

本部分都是对过去、特别是“文化大革命”中生活场景的展示。

“前戏”：节目在《美丽的鲜花在开放》的歌舞中开始，主持人汪涵、马可、陈英俊、YOYO（蒋宏杰）等人打扮成小学生模样——穿着白衬衫，戴着红领巾，涂着红脸蛋，手捧着鲜花，模仿“文化大革命”期间迎接外宾的情景，在机场迎接比尔·盖茨。但其间总是认错人，一边等待一边调侃打趣，最后错过了接机。

“歌舞秀”：是一段怀旧 MV《知青故事·青春万岁》，与上一段相比，更多针对年龄较大的观众。几位主持人和配角扮演了一组狗苇塘生产队的知青，字幕显示他们都是各种积极分子和先进个人，用“假唱”的方式演绎《到祖国最需要的地方去》，陈英俊佯装手风琴伴奏。大家表演夸张、传神，营造当时人们的精神状态，画面颜色经过特殊处理，使人忍俊不禁，也勾起人们对过去一些青春时光的回忆。

“文化大革命”中的情景是《越策越开心》经常运用的素材，但节目并不是依样画瓢，而是以今天的视角去看待，便自然有讽刺、解嘲的意味。而且，主持人和配角们也经常扮演自己的童年，孩子间的嬉戏打闹、童言无忌或对成人世界的猜想也给节目带来不少笑料。这两段是惯常手段的延续，内容所针对的观众层面是不一样的，也是节目在尽可能地包容更多受众。

2.“越播越开心”

主持人汪涵、马可、“黄小鸭”讲述“越播越开心”招聘王牌记者的选拔情景，选拔是以对姚明的采访为题。几位记者争相提问，最后被嘉宾、化妆造型师吉米扮演的记者逼走，紧接还有趣味视频与电影剪辑，也随时夸张地表现吉米的刁钻、尖刻。最终宣布吉米获胜，并可以和汤姆·汉克斯共同拍片，结果是阿汤上来了。

这一段是最具有无厘头特点的，延续了一贯的思维跳跃风格。不过由于有了吉米的搞笑元素，内容有了相对突出的引导线索。

3.“嘉宾访谈”

以汪涵与马可演唱《流浪的人》开场，请出嘉宾刘彦斌。在随后的交谈中，刘彦斌讲述了赚钱的“八字箴言”（管钱、攒钱、生钱、护钱），“一个中心，三个基本点”（以管钱为中心，攒钱为起点、生钱为重点、护钱为保障），“五个一工程”（第一个“一”是一生要恪守量入为出，第二个“一”是不要梦想一夜暴富，第三个“一”是不要让债务缠住一生，第四个“一”是一夫一妻一个小孩，第五个“一”是做好一项投资）等生动有趣的理财观念。刘彦斌还教给观众一些具体的做法：详细到家庭钱财分配比例；什么样的人才能去炒股；男人 35 岁以前应该积累事业财富；如何摆脱房奴、卡奴、车奴的生活；生孩子要事先做好规划等，妙语连珠。后面还有邀请观众上台查看钱包、询问观众花钱的状况、回答观众的问题等，台上台下热烈互动。

“嘉宾访谈”是节目的主要部分，首先在选题上下功夫。节目播出的2007年前后，正值中国股票市场遇到了强劲的“牛市”，炒股、买基金之风盛行，理财无疑成了全国人民的热点话题。而嘉宾刘彦斌时任国家理财规划师专业委员会秘书长，也是一位具有平民智慧的理财规划师，同时他思维迅捷、言谈幽默犀利，具有很强的宣讲能力，也特别有表现欲，所以话题、嘉宾已经为本期节目奠定了良好的基础。

在话题的展开方面，从投资理念到具体操作办法，节目的信息量非常丰富。刘彦斌语速很快，而且反应机敏，但汪涵依然能够时常提出问题或插话，以尽力引导出嘉宾经典的、哲理性的、富有娱乐效果的甚至极端的话语，并提示、强调重点。马可则基本是“敲边鼓”的角色，竭力配合汪涵的主持。

节目在问答中闪耀许多智慧、幽默的火花，尤其是刘彦斌的观点独到，全程振振有词、滔滔不绝，诸如：

什么是理财？理财就是管钱，你不理财，财不理你。收入像一条河，财富是你的水库，花钱如流水。理财就是管好水库，开源节流。

多少钱可以开始理？不在乎多少，一个月省下100元买基金，从20岁存到60岁，是637800元；30岁存到60岁，是220000元；40岁起存，70000元；50岁起存，20000元。钱生钱是长跑冠军，理财一定要从年轻时开始。钱的秉性是“你不爱我，我不爱你”。

股市如潮水，怎么涨的怎么退。只有潮水退去的时候，我们才能看见谁在裸泳。

能够预测点位的只有三种人：一天才，二疯子，三骗子。

你见过排着队发财的吗？今年进市场的股民，三年后90%都会成为炮灰，只有10%的人能从股市里赚到钱，这是铁律！

富人钱生钱，穷人债养债。我们常常说富人越有钱越抠，因为他们知道钱来之不易；而没有钱的人往往“穷大方”。

女人在理财方面尽量克制一些冲动消费就可以了，如果完全不冲动，就不再可爱了。

爱情是艺术，结婚是技术，离婚是算术。[①]

从以上内容中可以看到，实际上在《越策越开心》中，嘉宾的话不完全是对的，主持人更多引导他敞开心扉，一起在节目中制造笑料。这就是该节目和其他访谈节目最大的不同。

本期节目也存在一定问题：除了存在整体形态较为混乱、主线不清晰的问题外，在访谈部分还显得节奏太快、信息太多。本来理财就是个大问题，而刘彦斌又很能说，便与汪涵、马可有争抢的意味，使“嘉宾访谈”这一段落显得仓促，内容不够深入和流畅，剪辑也较粗糙。

（耿玉）

八、《中国诗词大会》

节目版权：中央电视台

播出频道：综合频道（CCTV-1）、科教频道（CCTV-10）

播出时间：每周五 20:00

节目类型：文化类综艺节目

节目时长：90 分钟

模本分析：《中国诗词大会》（第一季第四期）

（一）节目概况

1.《中国诗词大会》的发展

自 2012 年《中国好声音》在电视荧屏上大热之后，国内被引进的综艺节目呈现井喷式的发展。同时，娱乐节目的盛行难免影响了电视整体的氛围，寓教于乐被抛诸脑后，收视率却成为了衡量电视节目的唯一标准。

---

① 整理自《越策越开心》节目视频。

事实上，人们若沉浸于各种娱乐氛围和新鲜的形式里，而不去接收真正有文化内涵的内容，整个民族必然会丧失创新能力。

2013 年，河南卫视《汉字英雄》节目的热播，使业界和观众都看到了新的亮点。《汉字英雄》以传统文字的识读为核心内容，借以综艺节目的形式进行表现，一时间深得观众喜爱，也找到了传统文化表现的新出口。随后，各大卫视文化类综艺节目相继诞生。

2015 年初，《中国诗词大会》进入研发阶段，对如何做一档大众喜爱的文化类综艺节目进行了广泛而深入的探讨。从节目的内容、形式、规模、舞美等各个方面考虑，决定尝试在节目创新、增强观众互动这两个方面进行提升和研发。2015 年 10 月，完成了录制工作，最终于 2016 年 2 月 12 日—4 月 15 日的周五 20:00 在中央电视台综合频道（CCTV-1）播出。

作为周五的黄金时段，全国市场一般以电视剧、大型节目为主要竞争形态。《中国诗词大会》播出期间，同时段浙江卫视收视最高，湖南卫视收视第二。在多个大型综艺节目如《王牌对王牌》《天天向上》《中国好歌曲》等的冲击下，《中国诗词大会》上星排名第六位，但在同类节目中收视第一。

2016 年底，《中国诗词大会》也进入第二季的筹备、录制阶段。第二季节目于 2017 年春节期间开播，保留基本节目模式的同时，进行一定程度的改进和创新。

2.《中国诗词大会》的内容形式特点

（1）内容定位

① 节目赛制

《中国诗词大会》一季共 10 期，每期通过相同的赛制决出一个当期擂主，当期擂主守擂接受下一期挑战者的挑战，最后一期的擂主成为本季节目的冠军。

节目赛制中百人团的设置是本节目的一大特色——在每个挑战者答题的同时百人团也答题。每一期节目会统计百人团的答题情况，当场答对最多且最快的5人，获得下一期节目的上台机会，成为下期节目的挑战者，参加答题并挑战擂主的地位。

第一环节为个人追逐赛：5位挑战者依次答题，每位挑战者有10道题目，一旦答题失败则失去答题机会，答对则继续答题。挑战者答题的同时百人团同步答题，当场计算百人团答错人数。百人团中有多少人答错，即代表挑战者击败了多少人次，就给挑战者计多少分。所以，题目越难，挑战者答错的可能越高，但答对后获得的分数也越高，每道题的得分都取决于百人团答错人数。

第二环节为擂主争霸赛，首轮分数最高的挑战者与上一期擂主同台，进入抢答环节。第一环节中的5名挑战者答题结束后，得分最高的一名挑战者将与上一期擂主进行擂主争霸赛，限9道抢答题。两人同台依次听题抢答，答对自己能加1分，答错给对方加1分，最先获得5分的人成为本期擂主。而本场上台的其他挑战者则回到百人团中，继续参加下一期节目的答题。

在10期节目中，选手依据赛制在百人团中循环往复，有重复上台的，也有没机会上台的。

② 题目内容与题型

作为一个由题目问答作为主体的节目，《中国诗词大会》将所有题目限定在中小学教材的古诗词范围内，希望对题目的熟悉度可以极大地加强观众的参与感。

在个人追逐赛阶段，题型有几个部分：第一部分为记忆题，分别为从9个字或12个字中识别出一句诗句、上句接下句、下句接上句；第二部分为字形题，填写漏字或识别错字；第三部分为理解题，考查选手对句义、字义的理解；第四部分为实用题，结合当今社会现状，理解诗词之意。这个环节的题目设置较为基础，选手、百人团、电视观众均有足够的时间读题、答题。

在擂主挑战赛阶段，题目难度有所上升，而且节奏加快，欲营造紧张节奏，将节目推向高潮。本轮题目难度较高，重点不在观众的参与感上，而是转而将重点移至选手本身的答题状态。第一部分为根据图片猜诗题，考查选手对诗句表述内容与意境的掌握；第二部分为诗意理解，考查选手对诗词意境、意义的理解；第三部分为相关知识题，考查选手在诗词知识、典故方面的掌握。

根据不同的节目环节，设计不同的题型和题目难度，这是节目以内容与形式密切配合的方式，充分制造竞赛的效果。

③ 大屏幕的内容

节目大屏幕设施包括一个主屏幕、两个侧屏幕和一百个百人团席位的小屏幕，多个屏幕的配合共同完成节目视觉意境的塑造。所有的视频素材根据节目的需要进行设计与制作，都是原创，并成为节目画面的主要看点。

首先，答题过程中对于具有特殊意境的诗词，节目组提前制作了相对应的原创视频。当相关题目出现时，大屏幕配合诗词意境展示画面，营造身临其境的现场气氛。例如诗句“忽如一夜春风来，千树万树梨花开”相关题目出现，多块大屏幕统一播放初雪之景，伴随着现场垫乐的呈现和点评嘉宾对诗词的解说，诗句的意境在节目现场得到淋漓尽致的展现。

其次，每当选手答题结束，揭晓百人团答题错误率的时候，大屏幕的画面是万箭齐发的内容，侧屏幕播放万箭划过的景象，直至答错选手小屏幕前的船只被击中，船只燃烧并下沉。每一道题目的得分都通过这种视频配合的方式揭晓，营造悬念。

（2）节目的参与者

① 主持人

节目主持人由董卿一人担当，主要承担两个职责。

首先是作为主持人的基本职责，把控节目录制流程，即从开场词、介绍嘉宾、环节宣布到与选手的现场沟通等。认真而善解人意的董卿，带来流畅而又恰到好处的节奏，为节目增色不少。同时，因为选手均为热爱诗词的普通人，他们的故事点位也由主持人进行引导，通过在现场的互动，给观众留下尽可能深刻的印象。

其次，主持人承担了发题、读题的工作——即答题过程中的所有题目，都由主持进行宣读。当题目在题板显示时，主持人读题并且宣布百人团开始答题；现场计时器计时结束时，主持人宣布挑战者答题，而且在答题结束后告知正确或错误。

② 点评嘉宾

每期节目邀请两位点评嘉宾参与，他们会在选手答题后针对古诗词的典故、句义、词义做相关解析。

点评内容既要兼顾古诗词知识的深度，也要兼顾讲述方式的通俗化，使电视机前的观众在轻松易懂的氛围下获取相关知识。

在点评的过程中，嘉宾也多以古诗词的典故、创作背景为例，多角度解析题目，是节目内容深度、广度的集中提炼。同样，他们也会针对选手的表现给予中肯的评价。

③ 选手

《中国诗词大会》最突出的特点在于百人答题团的设计——百人团是全国观众的缩影。百人团年龄跨度从 7 岁至 55 岁，他们可以来自世界各地、各行各业。他们不仅表现出观众对中国传统文化的热爱，更是要展现全国诗词爱好者的百人百相，也使观众充分找到共鸣，调动全民热爱传统诗词的积极性。

同时，在每位挑战者正式答题之前，都有相应的台上互动——通过与主持人、评审嘉宾的互动，反映选手的个人经历、与诗词之间的故事等。节目对每一个平凡选手形象的刻画都着重体现其个性，力求通过故事使选手给观众留下深刻印象。例如首期上场的挑战者彭超，儿时因意外失去了双臂，然而他并没有放弃对生命意义的追求，多年来用双脚代替双手，高考时以优异的成绩考取了四川大学法学院。他的阳光、坚强、努力，都值得所有人敬佩与学习。

节目正是要让选手的特殊故事感染更多观众，也使观众带着对选手的个性的了解来观看其在整个比赛中的表现，以增加节目的悬念性。

（3）新媒体互动的设计

为了增强观众参与感，节目特意在新媒体的运用上下功夫。节目播出的同时，相关互联网产品的推广能够让观众轻松地在手机上同步参与。即在节目播出的同时，观众可通过扫描屏幕下方二维码进入微信客户端同步答题系统，与现场选手同步答题。

同步答题系统 UI 风格与电视节目呈现相统一，答题节奏与电视播出一致。希望通过同步答题系统，激发观众的参与热情，增加观众的电视节目留存时长。在增加观众黏性的同时，增强传统文化的推广和传播效果。

3.《中国诗词大会》的问题与未来创作建议

首先，从第一季节目呈现的效果看来，由于注重答题过程的公平性，让答题能力最强的 5 位选手成为下一期的挑战者，选手的其他方面就无法充分考核。能够冲上赛场的选手多为真实的答题能手，可能不像其他综艺节目的选手那样能满足观众的更多需求，选手的故事、表现力都不够饱满，由此难免会流失一部分观众。期待在第二季节目挑选百人团时，能够找到更多同时具有诗词积累、精彩故事、表达能力的选手，从而既保持赛制的公平，又能保证场上选手的质量，留住更多的观众，增加收视率。

其次，第一季节目的个人追逐赛环节相对冗长，抢答环节不够激烈，也能从收视分析上有所体现。所以在第二季中，不妨在比赛环节上做相应的时长分配变动，增强节目的节奏感。

另外，节目的大屏幕内容还不够现代和精致，色调也不够明快，期待在未来能够得到完善。

（二）模本分析：《中国诗词大会》（第一季第四期）

1. 节目开场及各环节

（1）开场

一段富有意境的诗词大会片头，衔接上一期节目的比赛回顾，随后主持人董卿隆重登场。“放眼望去，无论是黄鹤楼还是岳阳楼，无论是滕王阁还是蓬莱阁，哪一处，没有留下过古来圣贤的名篇佳句、奇绝文笔，这些文字让建筑成为名扬天下的文化古迹。更重要的是，它们也穿越时空，陶冶了一代又一代中国人的情操，这是我们的财富，也是我们的根。”一段开场词，拉开了本期比赛的帷幕，随即依次介绍本期点评嘉宾王立群和郦波老师。

（2）第一环节：个人追逐赛

第一位选手姜连杰，过去曾沉迷于《三国杀》等卡牌游戏，然而游戏中提及的古诗词却让他注意到了中国传统文化，从而开始喜爱上了古诗词。他的参赛验证了一句话，游戏有玩儿腻的时候，而书是读不腻的。答题开始后，前几道题顺利通过并且依次加分，而到第五题时答错，获得 137 分，回到座位候场。

第二位选手林於明来自广东，粤语方言保留了古时大量的入声字，习惯用粤语背诗的他用粤语诵读，引发了董卿及各地观众用自己的家乡方言背诗，让同一段诗词呈现出不同地域的风韵和特点。然而他的发挥也并不理想，答错时分数没有超过姜连杰，遗憾离场。

第三位选手俞蒙蒙带着男友“江湖多风波，舟楫恐失坠”的告诫来到挑战席位，十分紧张。果不其然，第一道题就没有答对，直接遗憾离场。

第四位选手葛勇军也因过于紧张，第一道题即答错，直接离场。

第五位选手陈更是一名制造机器人的女博士，她早与上一期擂主李思维相识，也是李思维的强力对手。她一路答题，分数顺利超过姜连杰，成功晋级擂主挑战赛。

（3）第二环节：擂主挑战赛

陈更成功晋级，挑战上期擂主李思维。两人从答题开始便竞争激烈，陈更抢答速度过快，题目还没读完便开始抢答，显示出个人对诗词的了解与自信，然而也有不少题目因抢答过快而将分数送给李思维，甚至在最后的关键题目上，尽管两人都不确定答案，陈更面对尴尬的气氛依然抢下题目，又把分数送给了李思维。陈更虽败犹荣，李思维守擂成功，继续成为本期擂主，将接受下一期的挑战。

2. 本期节目总结

首先，本期上台的 5 位挑战者中有 4 位都不具备舞台经验，在故事性、表现力等方面都不够优秀，所以本应有的精彩度有所下降。然而对于素人选手来说，本期的表现已经十分不错。

其次，本期节目有两位选手答对零题，在录制时长上比预期要短，所以剪辑的时候不能充分的利用镜头进行筛选，也影响了节目呈现。

本期节目的亮点是两位强手——陈更和李思维的发挥十分精彩，使节目整体取得了较好的效果。

（练小悦）

九、《中国好声音》

节目版权：灿星制作公司

播出频道：浙江卫视

播出时间：每周五 21:10

开播日期：2012 年 7 月 13 日

节目类型：音乐才艺竞赛类真人秀，大型励志专业音乐评论节目（创作方自称）

模本分析：《中国好声音》（第二季第一期）

（一）节目概况

1.《中国好声音》的发展

星空华文传媒旗下的灿星制作公司以三季 350 万的价格从英国版权代理公司获得荷兰节目《The Voice》版权，制作音乐才艺竞赛类真人秀节目《中国好声音》，挖掘最具潜力的歌坛新力量。节目以浙江卫视为播出平台，双方对此还达成了合作共识，即一起投资和招商，收益均衡分配，产生的任何损失和风险也由双方共同承担。

2012 年 7 月 13 日，第一季《中国好声音》正式在浙江卫视上线，由主持人华少（胡乔华）主持，由刘欢、那英、杨坤、庾澄庆 4 人担任导师。此后每年播出一季，导师会有变动，张惠妹、汪峰、齐秦、周杰伦等担任过导师。《中国好声音》前四季的收视率在全国同时段排名均为第一。2016 年，第五季节目因版权原因改为《中国新歌声》。

2.《中国好声音》的目标受众定位

在《中国好声音》出现之前，中国的电视才艺竞赛类节目大致走过了《全国青年歌手电视大奖赛》和“超女快男”两大阶段。前者将目标受众定位于“具有较高艺术修养、对艺术有一定的了解或了解该艺术创作规律的群体”；后者则将目标受众定位为“实力人群”，即年龄为 24—50 岁、中高学历、中高收入的人群。这部分人群对于音乐有一定的鉴赏力，懂得追求节目品质。身为社会的中坚力量，他们已经过了狂热追星和做明星梦的年纪，一定的生活阅历使他们更容易认知节目中选手的故事，认同节目想要传递的价值观念。这部分人群也是最具话语权和购买力的人群，有利于节目的后续传播、衍生品的发展。

3.《中国好声音》的内容形式特点

（1）盲选——“转椅”

《中国好声音》最抢眼的设置就数那红遍世界的 4 把“转椅”。4 位导师坐在椅子上背对舞台、背对选手，让其他除了声音之外的可能左右结果的因素最大限度地降低影响力，即选手不分长相、身材、年龄，只能在舞台上用“好声音”来征服评委。导师如果认可、喜爱这个声音，则按下按钮转身，此时才能看到选手，将其纳入到自己的阵营。如果同一位演唱者得到了多位导师的转身，那么选择权将反转到学员的手中，导师会为了争取学员进行争执和拉票，学员可以选择其中一位作为导师进行学习。这样的盲听盲选方式无疑强调了回归音乐本质，避免了“以貌取人”等选秀类节目最容易产生的现象，尤其让那些对自己的外貌不自信的选手登上舞台。因此，某种程度上显得更加公平和专业，维护了音乐对决的单纯性和权威性。

另一方面，这种设置也为节目增添了戏剧性。作为一档音乐才艺竞赛类节目，比赛的结果自然是最大的悬念。在以往的类似节目中，往往是选手表演完毕后由评委来点评，而《中国好声音》则从各个不同角度来推进叙事：上台前，30 秒的介绍短片让选手“犹抱琵琶半遮面”，展示选手的部分个性、特色（这些展示在后续发展中或被强化、或被颠覆）；选手表演时，主角除了选手本身，还包括 4 位导师，他们的即时反应代替了传统的观众反应，调动起了电视机前观众的兴趣，他们的抉择紧紧地扣住了观众的心弦；而在最终决定转身的一刻，观众心中的疑团解开，将现场气氛瞬间推至高潮。因此，转与不转（对选手表现有所犹豫、因队内名额将满而纠结），何时转（听到选手发出的第一个声音就转身、直至最后才转身、与其他导师同一时间转身），转后的反应（惊喜、诧异、与其他未转身的导师交流）……这些是盲选戏剧性的重要内容。

（2）引进版权

《中国好声音》在内容与形式上都源自荷兰节目《The Voice》，是利用成熟的购买渠道，全方位引进原版节目的形式和制作细节，再依据具体情况进行适当的改进和调整。在整个录制过程中，原版权方也会亲临现场对流程和细节进行指导和监督。此外，连导师的座椅也是订制的，这种制作方式也让原版节目的精髓得到了保留。①

首先，版权引进无疑有利于迅速树立节目品牌。随着互联网的普及，众多海外优秀电视节目进入了中国观众的视野。较之原创一档全新节目，将口碑好且拥有完善品牌推广模式的节目引入国内，可以使观众更快更好地接受节目。

其次，版权引进在现阶段的中国电视领域是相对稳妥的经营方式。目前电视节目竞争激烈，一个在海外已经取得成功的节目更容易得到广告商

① 罗蔓．解析《中国好声音》：模式的胜利 [J]. 北京大学文化产业研究院．

的青睐，也更容易取得商业成功。

再次，版权引进带来了国外已成功节目模式的“Bible”，即制作宝典。尽管很多电视从业者已对本土综艺节目积累了丰富的创作经验，仍急需学习参考国外新的人文表达理念、创意设计和更为科学的制作规范，节目宝典就像是手把手地一线教学。

当然，版权引进也并不能完全规避风险。在《中国好声音》收视率高歌猛进的同时，还有很多引进节目因其原有国情、民情、电视生态等与中国有差异，或者因无法匹配巨大的资金和人力投入而处境徘徊（收视率低于0.8%）甚至被埋没（收视率低于0.6%）。同时，海外版权方经常对于节目的制作规程有着非常明确的规定，大到环节设置，小到一块背板都有严格标准，这在学习阶段自然是好老师，但在之后的发展中，如果单纯依赖节目宝典，国内电视人将逐渐失去发言权和原创力。

灿星制作公司在《中国好声音》取得成功之后推出了《中国好歌曲》，旨在选拔优秀的原创作品和音乐人。这一模式是对中国原创内容的探索，并尝试向国际市场进行版权输出。2014年，英国国际传媒集团ITV成功订购《中国好歌曲》节目模式，负责其国际发行权和在英国的播出权。

（3）制播分离形式的新尝试

《中国好声音》是一次真正意义上的制播分离。这档节目的版权购买、投资、制作、网络推广都是灿星制作公司在主导，而浙江卫视主要承担电视播出渠道功能。

在以往的制播分离模式中，一般由电视台作为项目出资方给节目制作团队一个价格，节目制作完成后再提供播出平台。这样做的结果可能是制作团队偷工减料，以期得到最大收益，影响节目本身的质量，从而导致收视率的降低，最终也将导致广告收入下降，形成“双输”。《中国好声音》的突破在于两方的共同投入、共担风险、共享利润，灿星制作公司与浙江卫视首次把资本市场里常见的“对赌”模式引入国内电视领域。灿星制作公司参与节目广告分成，以平均收视率2%为分界点，如超过这一成绩，灿星制作公司将分得大部分利润，反之则有赔本风险。灿星制作公司不惜成本，以激励制作团队保障节目质量，保证收视率的高升，从而提高广告的营收，获取更多的利润。

（4）突出音乐性

中国以往绝大多数的电视选秀舞台，竞赛标准更为模糊和复杂。例如《加油！好男儿》、“超女快男”等，虽然也是音乐才艺竞赛，但带有较明显的真人秀性质，甚至直接标榜为真人秀，选手的个性、颜值、受观众喜爱程度是影响去留的重要因素，甚至超过了对歌手演唱水平的考量。而《中国好声音》强调“声音是唯一的标准”，除了前文提到的“盲选”这一形式之外，在节目制作，特别是音乐制作上，也强调突出音乐性和艺术性。

以前电视上常见的音乐节目大部分是用伴奏带或微型乐队伴奏，而《中国好声音》则采用了较大编制的现场乐队。根据每位选手的音色、风格进行编曲，最终用丰富多变的音乐编配，把一些相对缺乏经验的选手带上了一个新的台阶，也为观众带来较为高级的听觉享受。选歌时也充分体现导演对节目整体的把握——好的选歌能够帮助体现选手性格和更生动、流畅地叙述故事。

《中国好声音》邀请顶级音乐制作人，囊括 2008 年北京奥运会开幕式音响总工程师金少刚、著名音乐制作人及键盘手刘卓、国家一级录音师娄炜、杜比实验室大中华区技术总监张岩等。同时，使用高标准的调音台、音箱、话筒等设备，力求使电视机前的观众也能够如临节目现场。这些技术上与艺术上的追求与努力，才使得“好声音”几个字立得住，回归了音乐才艺竞赛的本质，并带动其他的类似节目都采用了这样的高规格，为电视荧屏带来一股新风。

（5）真人秀元素的本土化

除音乐本身之外，学员个性、故事的挖掘也是《中国好声音》的另一个特色。在寻找学员的过程中，每组导演通常每天要面试二三十个人，其中一般会有 5—10 位受到重视。导演会以一个“完全无知与好奇”的方式再次展开基础采访，收集成长故事、家庭背景等情况，之后还要再通过侧面采访、回访来考查真实性。先有充分的采访，再加以钻研与思考，最终寻找到自然、合理又充满戏剧冲突的表现方式。学员背后的故事虽然是原版节目中也有的内容，但在中国版节目中显然占了更多的篇幅，这在某种程度上也是由中国观众的收视习惯决定的——喜欢听故事，一个有故事的学员会比单纯的"好声音"更容易让人记住。

在第一季中，观众记住了很多或深情、或励志、或有趣的故事，让《中国好声音》带来不断的话题和热点，不过对节目和学员的质疑也随之而来，有人认为很多所谓背后故事是夸大或捏造的。例如，节目中为去世父亲演唱的徐海星，曾在其他电视台参加过选秀活动，进入"20强"以后，以爷爷病重、奶奶住院为由放弃比赛，但随即就参加了《中国好声音》；介绍自己来自农村的邹宏宇，网友爆料其在现实生活中是一个"富二代"；美甲店老板黄勇则被曝出是已签约的专业歌手……这些难辨真伪的故事无疑有损于节目形象。

2013年7月，国家新闻出版广电总局发布了"限歌令"，对歌唱选拔节目实施总量控制、分散播出的调控措施。总局在通知中表示，要力戒铺张奢华，力戒炫目包装，力戒煽情作秀。①

在内外因素影响下，《中国好声音》第二季开始，在真人秀元素部分加强了正面引导。节目亮出"真声音、真音乐、真故事"的宗旨，提出"五不"倡议承诺，包括"不煽情、不造假、不炒作、不超时、不签霸王条约"，另外还成立了"中国好声音音乐教育公益基金"，向100所灾后地区小学捐助100间音乐教室。同时，导师点评时增强了音乐专业性的比重。

（6）明星导师的功能性设置

《中国好声音》的4位明星导师在实力、音乐领域、性格等方面都有较大的差异，这样可以包容差异较大的学员，同样也分担着不同的节目效

① 新闻出版广电总局：对歌唱类选拔节目实行调控[EB/OL].（2013-07-24）. http://news.xinhuanet.com/politics/2013-07/24/c_116674695.htm.

果。例如，第一季的 4 位明星导师搭配就相当出彩：刘欢，不仅唱功出众，在作曲、作词、制作、音乐培训等方面都有着很高的造诣，也身居国内男歌手的最高地位，显示出节目的最高评判水准；那英，国内名列前茅的实力派女歌手，也是节目中唯一的女性明星导师，令节目更加感性；庾澄庆，有“音乐顽童”之美誉，集音乐、主持于一身，在做导师的同时可以把握整个节目的进度，扮演“隐形主持人”的角色；而一路摸爬滚打的杨坤，作为相对年轻的歌手的代表，与节目中体现的“励志”相吻合，其直接率真，也能制造特殊的氛围。

现场 4 位明星导师为了他们心爱的学员争执、插科打诨也是节目的一大看点，使整个节目既高端大气上档次又不乏轻松愉悦。而且 4 位明星导师在考验学员唱功的同时，也互相比拼实力——被选入“门下”的弟子，导师不仅要对其进行训练，更要带领他们进行比赛，在一定程度上也是对导师的考评，这在以往的选秀节目中是不曾出现的。同一战队的导师会和学员们进行不断的沟通、交流，师生之间的感情流露更增添了不少的人情味，也成了节目重要的动情点。

部分导师还会深度参与学员的后续发展，从师徒变为伙伴，用自身名气为学员保驾护航。学员在单曲、唱片、演唱会中的表现，都可以为自身和导师带来双重增益。

（7）高回报的商业模式

《中国好声音》除了是一档节目，同时也是一门“生意”，在开发衍生品和选手后续价值方面，都做出了有益的尝试。例如第二季节目共推出 8 档衍生节目，其中 3 档在浙江卫视播出，5 档在腾讯视频网络平台独播。

由于《中国好声音》拍摄时的片比惊人，每期节目几十个机位，积累了海量素材，这 8 档节目几乎都取材于此。虽然节目数量多，但在前期策划时便将各自定位区别开来，以避免选取素材的冲突、重复，内容尽量做到差异化；同时在包装等方面又紧紧依托《中国好声音》的金字招牌，尽量在第一时间吸引受众，使衍生节目与原体节目形成有机整体。

衍生节目也带来了切实的收益，在原体节目广告资源有限的情况下，广告商们开始瞄准衍生节目。第二季的衍生节目《酷我真声音》就拿到了3500万元的冠名费，在第三季时达到4600万元，之后还继续看涨。

此外，《中国好声音》还力图打造产业链，将品牌价值最大化。例如依托内容优势打进彩铃市场，推出“中国好声音”信用卡，与手机厂商合作开发“好声音”音乐手机，与阿里巴巴合作开设“好声音”天猫旗舰店，与滴滴打车合作推出“好声音”红包，等等。众多的商业合作，使“好声音”与各个品牌达成互利共赢。

尤为重要的是，当今华语乐坛人才断层，《中国好声音》挖掘了一批乐坛新力量，同时用科学化的商业运作模式为选手提供后续的发展契机。星空华文传媒以旗下成立的全资子公司梦响强音进行学员的经纪、商演、实体唱片、数字唱片、互联网传播等环节的运营，为学员们打造巡回演唱会、音乐节、驻场演出、电影、电视剧等。例如第一季的学员吴莫愁，不仅成为乐坛耀眼的新星，还接拍时尚大片，演绎国际品牌的广告歌曲甚至成为代言人，多次参与公益活动，形象健康而有活力。

（二）模本分析：《中国好声音》（第二季第一期）

1. 参与主体

（1）学员与导师

《中国好声音》打破其他音乐才艺竞赛类节目常见的选手与评委的概念，塑造了学员与导师的新关系。这一关系经过第一季的塑造、传播，在第二季时得到了更为普遍的认同感。导师制使比赛的火药味没有那么浓烈，更易表达师生间的平等与温情。导师“争抢”学员本质上还是对学员才华、唱功的正面认可，为节目带来更多的温馨和正能量。

第二季的导师配置为那英、庾澄庆、张惠妹、汪峰，新晋导师张惠妹在乐坛有着极高地位，汪峰也拥有大量的作品。

（2）亲友

《中国好声音》倡导公正、向上、乐观、温情的价值观，对于选手家庭背景的挖掘与呈现也是节目中的重要部分：学员被亲友送进比赛现场；学员演唱时“家庭间”内亲友们紧张关注并给予实时反应；学员与导师对话时会讲述家庭故事，甚至在一些节目中会把有特色、有故事的亲友请上台来互动。

（3）媒体评审团

在导师分班战之后，荷兰及其他各版本的《The Voice》基本都采用了观众投票的方式来决定选手去留。而由于国内政策及媒体环境的原因，《中国好声音》对这一部分进行了本土化，设立媒体评审团，代表观众行使权利。

（4）主持人

《中国好声音》中主持人的角色功能被削弱，要想在极短的亮相时间内吸引关注，主持人必须发挥自身优势，找到新的突破口。主持人华少就因在口播大串广告时采用极快的语速而被网友戏称为“中国好舌头”。

2. 竞赛赛程

（1）第二季赛程[①]

《中国好声音》第二季赛程基本与第一季保持一致，也与实际操作进程基本一致，即节目中会呈现除了寻找学员之外的其他进程：包括导师分班（+外卡战）、导师考核（+抢人大战）、冠军之战（即导师组内 4 进 1）、巅峰之夜（即总决赛）。

① 寻找学员

《中国好声音》并没有海选环节，所有的参赛选手都是由节目组寻找的。在节目录制之前的几个月里，节目组就会兵分几路到全国的一些地区去寻找有一定歌唱水平的学员。他们来自音乐院校、酒吧驻唱，以及专业

① 中国好声音赛制规则 [EB/OL].（2012-08-13）. http://www.962.net/gl/41878.html.

机构和人士的举荐，节目组经过对其声音的几轮录制，最终筛选出全部学员。而节目组在飞赴各地搜寻的过程中，也是采风和学习，对音乐资源的掌握、对当地风土人情的了解也拓宽了节目策划的思路，还可以针对不同音乐风格、针对导师的经历与风格和学员进行深度策划。如“沙漠中的电子音乐”，筛选的过程已经是节目策划的一部分。

② 导师分班

导师分班即盲选，共 5 期。在这一阶段，将会选出最有实力和特点的学员加入导师战队，这一环节也是该节目的主要看点。学员独自在舞台上演唱时，导师对其声音、声线、唱功等方面进行分析，一旦符合自己的要求，即按下选择按钮转身。如果在这一阶段内学员没有被导师选中，还有复活的机会，即“外卡战”，之前落选的学员再次“PK”，填补导师的剩余名额。

③ 导师考核

导师考核即每位导师战队决出本队 4 强，共 5 期。导师在分班完成之后会对学员唱功等方面进行强化培训，之后每队 14 名入选学员被两两分组，每个小组内的两位学员在舞台上同唱一首歌，进行现场“PK”，导师根据选手的表现选择去留。本季还新增了导师抢人这一环节，每位导师可抢两位学员。每位导师剩余 9 位学员进行 3 人一组的终极导师考核，每组学员中只能留下 1 位学员（每位导师有 1 次双选权）。

④ 冠军之战

冠军之战即组内 4 进 1，共 4 期。在这个阶段，每位导师旗下的 4 位选手“PK”，最终产生总决赛 4 强。这也是对导师音乐培养能力的一次检验，经过统一时间的培训，哪位导师的培训水平更加出众，都会在这一阶段表现出来。此时除导师作为评审之外，还引入了媒体评审团，代表大众行使决定权。

⑤ 巅峰之夜

巅峰之夜即总决赛。全国 4 强与各自导师合唱后，独自演唱曲目。与之前的录播形式不同，总决赛采用现场直播，场地也从演播室搬进了体育场。这既是比赛的最后一环，也是学员和导师音乐培训的效果汇报，更是一场大型演唱会。总决赛中还引入了现场观众短信投票，与媒体评审团共同决定总冠军归属。最终李琦获得总冠军。

（2）第二季第一期流程

① 导师介绍

② 规则介绍

③ 片头

④ 主持人口播广告和宣布开场

⑤ 导师献唱。4 位导师同台互唱代表作：那英——《让我一次爱个够》；庾澄庆——《征服》；汪峰——《哭不出来》；张惠妹——《存在》。此为《中国好声音》历史上第一次导师献唱，展示了导师们的演唱实力，现场气氛热烈，为本季比赛开了一个好头。

⑥ 正式比赛

第一位选手刘雅婷，18 岁，来自深圳，T 恤、短裤的学生打扮。在台下说话轻声细语，自述变胖之后依然有自信，因为唱歌更好听了，另外爸爸不支持自己唱歌。她上台演唱歌曲《I Wanna Rock》，声音有摇滚的爆发力，与乖巧的学生妹形象形成鲜明反差，除那英外 3 位导师全部转身，在“家庭间”内的爸爸也被震撼，认可了女儿的演唱。在对谈环节，话题主要围绕“胖也要自信地唱歌”，与张惠妹经常被媒体提及的身材问题相合，带出话题点，最后选择加入张惠妹导师战队。选手与导师拥抱，走入“家庭间”，配画外音，总结选手表现、送上希冀。

第二位选手李琦，23 岁，来自江苏徐州，梳着“蘑菇头”，一家人都穿了印有“蘑菇头”头像的 T 恤。这位大学毕业生平时被人评价有点“二”，但上了台唱情歌就像变了一个人。他上台演唱歌曲《趁早》，低沉深情，获得 4 位导师转身。对谈环节继续强化“蘑菇头”概念，形成记忆点，最后选择加入张惠妹导师战队。

第三位选手金润吉，32 岁，来自吉林延边，朝鲜族，穿着豹纹服装，自述为“音乐狂人”，曾钻研黑人唱法，引发观众期待。他上台演唱歌曲《When a man loves a woman》，发出第一个声音，汪峰和那英就转身，最终 4 位导师全部转身。对谈环节由豹纹服装引出性格狂野，但所有的张扬都是为了做音乐，梦想是拥有一首自己的代表作，最终选择加入庾澄庆导师战队。

第四位选手姚贝娜，31 岁，来自北京，专业歌手，穿着 T 恤、牛仔裤。母亲讲述姚贝娜小时候表面穿上了淑女裙，转身就脱下换上牛仔裤，姚贝娜自述加入部队文工团，但真正的梦想是能够不化妆，不做造型，演唱自己喜欢的流行歌曲。病历显示其得过乳腺癌，这点并没有被放大。她上台演唱歌曲《也许明天》，4 位导师全部转身。对谈环节话题围绕“真正的自我”，原来经常演唱古风歌曲，但那不是完整的姚贝娜，今天的她想要冒险和突破。姚贝娜的唱功和声音被导师形容为“恐怖”，因太优秀而引发导师争抢，最终选择加入那英导师战队。

第五位选手丁克森，28 岁，来自湖北武汉，在夜市卖眼镜的商贩，穿着绿色 T 恤、红框眼镜，自述偶像是迈克尔・杰克逊。他上台演唱歌曲《Bad Boy》，没有像前几位学员一样立刻有导师转身，在等待中形成悬念，之后那英、汪峰转身。对谈环节中塑造快乐自足的形象，话题围绕“有趣的怪嗓”，不主流的嗓音也能赢得喜爱。为争抢学员，那英甚至表演跳舞，丁克森最终选择加入那英导师战队。

第六位选手王拓，24 岁，来自河北秦皇岛，研究生，形象特色是“小红帽”。王拓自述性格胆小，害羞，如果有一位导师转身就很满足。她上台演唱歌曲《玫瑰玫瑰我爱你》，张惠妹、庾澄庆、汪峰 3 位导师转身。对谈环节主要围绕王拓的创造性，能够自己改编音乐，最终选择加入张惠妹导师战队。

第七位选手朱克，41 岁，来自贵州贵阳，单身父亲，穿着白衬衫、牛仔裤。朱克自述一年前妻子因意外去世，四岁半的女儿真真是自己的一切，来参加节目是为了改变命运，用歌声为女儿创造未来。他上台演唱歌曲《离不开你》，4 位导师转身。对谈环节围绕妻子和女儿的话题，形成动情点，尤其在短片、对谈中几次从学员及女儿口中重复“真真乖乖的，爸爸乖乖的”，强化记忆点。最终选择加入那英导师战队。

第八位选手叶秉桓，26 岁，来自中国台湾桃源，室内设计师。他上台演唱歌曲《我爱你》，丰富的转音很有特色，除汪峰外 3 位导师转身。对谈环节中展示可爱、有趣的个人形象，用转音演绎导师歌曲，此前导师汪峰没有转身，对叶秉桓的演唱表示不太认可，在这之后转变态度，给出了“他加入哪个战队都是财富”的评价。最终选择加入张惠妹导师战队。

3. 本期总结

作为第二季的第一期，本期节目首先延续了上一季大获好评后观众的高期待，承担了为本季打响头炮的重任。作为录播节目，《中国好声音》是录制多名学员后进行混剪，所以素材的选择与排列是导演的重要工作。本期节目囊括了不同性别、地域、民族、年龄、职业的学员，还加入了台湾地区的学员，体现了丰富性。

其次，节目呈现了在情绪及节奏上的起伏：先是导师的震撼开场，加上第一位最有反差感的学员刘雅婷演唱摇滚歌曲，形成了热闹的开篇；之后 3 位学员李琦、金润吉、姚贝娜是全场最具实力的 3 位歌手，带来音乐性上的高潮；接下来的两位学员丁克森、王拓则充满趣味性，带来轻松的氛围；然后是学员朱克，他的演唱和故事都十分感人，形成动情点；最后，由来自台湾地区的学员叶秉桓结尾，将气氛转回至轻松、愉快。

同时节目还形成了一条线索，即 4 位导师的“抢人大战”。本期聚焦新老导师张惠妹与那英的“天后之争”，在节目中两次以片花展示“战况”：第一次是张惠妹先得 2 位学员、那英 1 位学员、庾澄庆 1 位学员、汪峰没有学员，张惠妹领先；第二次是张惠妹与那英各得 3 位学员，最后一位学员的选择将决定两人的“输赢”，庾澄庆 1 位学员，汪峰依然是没有学员，此时汪峰是否会得到最后一位学员也形成了悬念。

（李卓璠、宋若冰）

附录2：国内“现象级”电视综艺节目初探

近年来，国内综艺节目愈加受到电视受众的关注与追捧，节目制作与内容设置也显得更加成熟且具有话题性，国内电视综艺可谓进入了空前发展的时代。

回顾中国电视发展的历程，曾经出现过不少令万人空巷并能够引起全民讨论的标杆性（即节目典范，具有行业导向作用，可引起行业模仿、跟风现象）经典作品，例如新闻类节目《焦点访谈》、文艺晚会类节目《中央电视台春节联欢晚会》，电视剧《还珠格格》、综艺类节目的《综艺大观》《快乐大本营》等。但由于出现的时间并不集中，而且类型也比较分散，业界没有进行集中研究。随着近年来综艺节目出现越来越多的高收视率和高影响力的优秀作品，“现象级”一词逐渐被人们认知。

早在2005年，《超级女声》以“海选”“PK”“大众投票”等环节掀起了选秀节目的新时代。该节目正因为满足了普通百姓要表现自己、改变人生的普遍愿望，引起了全社会的追捧，制造了日常综艺节目的收视神话。此后，电视行业刮起了选秀飓风，除湖南卫视自己的《快乐男声》外，中央电视台的《星光大道》《梦想中国》，上海东方卫视的《我型我秀》《加油！好男儿》等竞相推出，使得无论栏目还是特别节目，选秀成了“家常菜”。由此，电视综艺节目的全民属性也逐渐受到了业界和全社会的认知，也为“现象级”节目的出现奠定了基础。

2010年，江苏卫视相亲交友节目《非诚勿扰》推出了“台上主持孟

非 + 台下个性专家乐嘉、黄菡”的组合，三者在打趣交流间互相支撑，让大家看到了不同于以往相亲交友节目的幽默轻松和价值导向。节目设置的 3 轮选择环节，能够通过短片让女嘉宾们逐渐认识男嘉宾，并自由灭灯、爆灯，看似直截了当的规则设置再加上台上台下男女嘉宾、主持人、专家的真实互动，不断营造出火爆的现场气氛，调动观众的情绪，令节目的收视率和关注度一直居高不下，在各大新媒体、排行榜、热搜榜上都名列前茅，也引出了大量的跟风模仿节目。在之前的相亲交友节目逐渐走入死胡同时，《非诚勿扰》又将观众带入了“全民相亲”的热潮中。

毋庸置疑，《超级女声》《非诚勿扰》等节目不仅具有极大的社会影响力，还获得了良好的经济效益，甚至带动了一个电视台或频道的发展，令各电视台都跃跃欲试。就在如何开创节目模式成为电视台制作新节目的瓶颈时，2012 年浙江卫视的《中国好声音》更是成为引进国外优秀节目模式并进行本土化创作的综艺节目典范。该节目制作团队虚心向国外原版节目学习，投入巨资打造了高度还原原版节目的舞台和视听效果，新颖的“导师制”“转椅”等设置使得节目在一时间获得了超高的反响，让全中国又都沉浸在歌唱选秀的热潮中。该节目的成功还标志着国内电视综艺节目已走入了大制作时代，也让“现象级”一词成为特有标签。

此后，《我是歌手》《爸爸去哪儿》《奔跑吧兄弟》等季播类电视综艺大制作也相继成为“现象级”节目。《我是歌手》打破常规，以实力歌手的排位淘汰赛作为核心，再以专业级的音响配置与生动的灯光舞美保证歌手呈现出更高水准的表现；而且歌手们的“生杀权”由现场观众投票决定的举措带来极强的悬念与真实感。再如，以“亲子”为主题的《爸爸去哪儿》和以“团队”为主题的《奔跑吧兄弟》，在保证内容优秀的同时，还运用大量生动的音效和动画词语或短句，颇具风格的“吐槽”让节目的娱乐性更加突出，这种来自网络的后期制作手法满足了年轻受众在接受信息时遵循的“认知最省力原则”，也帮助节目成为“老少通吃”的节目。

如今，“现象级”也逐渐延伸到其他电视节目类型，但总的看来其创造社会舆论和网络话题的能力都在电视综艺节目领域更为成熟，引起的电视节目行业的跟风和全民追捧的现象也更广泛。本文将主要针对电视综艺的“现象级”节目，对其内涵、特征、优势、成功要素和存在的问题进行分析。

一、电视综艺节目“现象级”的界定

（一）“现象级”电视综艺节目概念的建立

由于“现象级”的说法近几年才逐渐被业内所认知，从现有的专业理论文献来看还没有一个明确的标准和定义，但是从一些实践操作的经验中可以发现业界对“现象级”已经有了初步的判断标准。

例如，《吕焕斌：湖南台节目制播使用大数据边拍边播》一文中提到，湖南广播电视台台长吕焕斌认为“现象级”节目具有两个重要的坐标：收视率和影响力，即节目必须具有高收视率、高点击量，同时需要有高关注度，并对行业创新起引领作用，起到行业标杆的意义。[①] 而《“现象级”节目能否长青》一文则通过《爸爸去哪儿》和《中国好声音》的一系列收视、网络话题度和广告冠名等数据作为参照，总结“现象级”节目要具备三个要素：高收视、高讨论度和高产出。[②]

上文提到的“现象级”节目的坐标或要素，有的是软性的，有的是可量化的；而且相关节目皆是通过对模式的创意、制作与运营，引发节目收益、品牌、影响力等各层面的“核聚变”效应，从而形成行业跟风以及全社会追捧的现象。[③]

① 胡占莉．吕焕斌：湖南台节目制播使用大数据边拍边播 [EB/OL].（2014-01-10）. http://media.sohu.com/ 20140110/n393285684.shtml.

② 南瑞．“现象级”节目能否长青 [N]. 综艺报，2014-08-10.

③ 温静．Q4 综艺之战：谁是“现象级”之王 [J]. 传媒内参，2014(9).

（二）“现象级”电视综艺节目的特征

1. 创新性和标杆性

在电视行业激烈竞争的环境下，如何将节目制作得新颖且具有观众缘，是每一个节目创作团队首先要思考的问题。实际上，国内的业界竞争是综艺节目最先进入白热化状态，而且近年引进国外的节目模式成为创新的捷径。

国内电视节目引进国外节目模式可追溯至 20 世纪 90 年代中期，中国电视业刚刚开启产业化改革。中央电视台引进了源自法国的《幸运 52》，一经推出便大获成功，也带动了国内益智节目的兴起。目前的几档“现象级”电视综艺节目也大都选择以模式引进作为创新支撑点，例如《中国好声音》用“盲听”和“转椅”吸引眼球，《爸爸去哪儿》探索国内亲子体验类节目，《奔跑吧兄弟》将游戏与故事情境相融合打造明星户外综艺节目，等等。

但现实中，仅仅靠模式来带动国内创新是不够的，因为短时间内引进的同类节目往往不止一个，能真正作为行业标杆的，还必须在节目的各方面都追求精益求精且不断进行本土化改良。只有形成节目强大的示范效应，才能引起行业的跟风现象。例如，《中国好声音》带出了《中国好歌曲》《中国好舞蹈》《中国最强音》；《我是歌手》后还有《全能星战》《我为歌狂》；《爸爸去哪儿》之后有《家有儿女》《我猜我宝贝》《爸爸你好吗》《闪亮的爸爸》，等等。可以说“现象级”电视综艺节目的成功给予了电视人更多的信心，也使得综艺节目成为近年来最具活力的类型。

2. 大成本制作

20 世纪 90 年代，中国电视进入了策划时代，主要注重在挖掘内容的同时追求形式上的差异化。但随着日后竞争加剧，靠自身内容形式特色来凝聚的关注力几乎耗尽，如今电视业正进入一个比拼实力的“大制作时代”。

从《中国好声音》到《我是歌手》《爸爸去哪儿》，竞争策略已经大大不同于以《超级女声》《快乐大本营》等代表的前一代综艺节目。一个重要的指标就是皆以高昂投入获得真正版权方授权，并传授节目制作的标准化流程，而非过去的可以由制片人带着团队反复观看国外节目之后进行“山寨”来完成。版权的引进本身需要“烧钱”，而且具体制作还需要投入大量人力、财力进行本土化改造和保障品质。

以往卫视的一档明星节目每期预算也就在 10 万—50 万元之间，而对于《中国好声音》的制作成本，该节目总指挥田明给出了如下数据：8000 万的制作成本，2000 万的音响设备，80 万一把的导师转椅；6 个导演组提前 4 个月到全国各地寻找 2000 个“好声音”，现场有 26 个机位，每期 96 分钟节目的素材达 1000 分钟……而湖南卫视每期《我是歌手》的制作费为 500 万元，第一季一共 13 期节目，也就是 6500 万元，再加上前期一次性投入的舞美、灯光、音响等硬成本，第一季的总投入大概在 8000 万元。①

3. 超高的收视率

收视率能表现一档电视节目吸引不同代际、不同阶层人群收看的能力，是当今电视节目制作商、投入商最为看重的数据。换句话说，在市场化的背景下，是判断一档电视节目是否成功的最直观的标准。

从图表 5 可以看出，名列前茅的都堪称“现象级”电视综艺节目，全国网收视率都能够轻松超过 2%，甚至《中国好声音》第三季最终获得了全国网平均收视率 4.19% 的超高成绩。

超高的收视率除了能够直观地表现节目的广泛受欢迎程度，同时也表明节目在一定程度上具有改变观众收视行为和生活形态的能力。因为近年在一系列“限娱令”“限歌令”的指导下，相关节目的播出时段被限定在黄金时段外，于是“现象级”电视综艺节目在晚间 22 点以后聚集了庞大的受众群。例如《爸爸去哪儿》第一季播出时，与近 5 年该时段的开机率变化进行比较，同时段观众规模增加了上千万，也就是说该节目影响了全国相当数量电视观众的生活形态和观看电视的时间。

① 朱述超 . 中国电视综艺节目进入“大片时代”[J]. 今传媒，2013(8).

图表 5　2014 年晚间电视综艺节目排名前 20①

排名	节目	频道	星期	收视率 %	市场份额 %	播出周期
1	中国好声音	浙江卫视	周五	4.191	13.01	季播
2	爸爸去哪儿	湖南卫视	周五	3.310	14.44	季播
3	奔跑吧兄弟	浙江卫视	周五	2.353	7.62	季播
4	非诚勿扰	江苏卫视	周六、日	2.330	7.42	周播
5	我是歌手	湖南卫视	周五	2.313	6.14	季播
6	快乐大本营	湖南卫视	周六	2.067	5.64	周播
7	花儿与少年	湖南卫视	周五	1.809	8.30	季播
8	最强大脑	江苏卫视	周五	1.705	7.19	季播
9	中国喜剧星	浙江卫视	周五	1.528	4.38	季播
10	笑傲江湖	上海东方卫视	周日	1.403	4.42	季播
11	天天向上	湖南卫视	周五	1.379	4.26	周播
12	中国梦想秀	浙江卫视	周五	1.353	4.21	季播
13	女神的新衣	上海东方卫视	周六	1.313	4.10	季播
14	中国达人秀	上海东方卫视	周日	1.306	4.12	季播
15	妈妈咪呀	上海东方卫视	周六	1.262	3.77	季播
16	中国好舞蹈	浙江卫视	周六	1.225	3.82	季播
17	中国梦之声	上海东方卫视	周日	1.190	3.86	季播
18	12 道锋味	浙江卫视	周六	1.163	3.41	季播
19	一年级	湖南卫视	周五	1.096	5.12	季播
20	我是演说家	北京卫视	周六	1.072	3.32	季播

① 数据来源：CSM50 4⁺。CSM 指央视 - 索福瑞媒介研究有限公司，50 指全国 50 个城市，4⁺ 指 4 岁以上所有收视人群。

4. 话题关注度和社会影响力

自 2005 年湖南卫视《超级女声》火爆后，综艺节目所具有的社会颠覆性受到了重视。收视率是社会关注度的直接体现，而且并不是制作精美、专业就会有收视率，更重要的是节目所传达的理念是否反映了受众的需求、能否与观众产生共鸣。话题性是节目社会影响力的主要动因，凡人获得成功，改变人生轨迹，节目中的选手表现和境遇等不断引起广泛的社会讨论。因此，节目的核心竞争力源于它所反映的价值观，最终要给人以快乐、激励、信心，才会有深度的社会影响力，如《星光大道》《非诚勿扰》等节目的长盛不衰，也得益于这个核心。

如今，人们能够与节目互动的平台越来越多，还有百度指数和新浪微博话题热度等指标都可以进行量化监测。作为节目方来说，是否学会通过各种平台获得观众的反馈，也成为检验节目能否符合时代需求的途径。

5. 高收益

“现象级”电视综艺节目的大成本的制作不仅能够为节目的精彩呈现保驾护航，还能够为节目带来巨大的收益，甚至带动整个媒体平台的兴旺发达——这是当今对“现象级”节目的硬性评价指标。例如 2014 年湖南卫视广告收入在省级卫视中以 75 亿排名第一，《我是歌手》《爸爸去哪儿》的广告收入就都超 10 亿。

此外，“现象级”电视综艺节目的吸金能力不仅表现在广告商的前赴后继上，优秀的宣传推广和营销模式使得这些节目与新媒体的合作所推出的相关产品、后续节目等，都能够不断为品牌的收益添砖加瓦，电视平台也因此进入更高、更新的发展阶段。

二、“现象级”电视综艺节目的品牌优势

中国受众一直随着电视行业的发展享受着丰硕的成果，而且也在电视的培养下不断提高观赏需求。多年的激烈竞争局面也已经表明，如今普通

电视节目的影响力很难再有深层次的发展。随着以网络为代表的新媒体不断对传统电视媒体进行冲击，拓展电视媒体新功能、加强电视节目品牌效应成为电视媒体自身发展的时代方向。打造“现象级”电视综艺节目，不仅是制造吸引观众的品牌利器，也是增强整个电视台和频道影响力最有效的方式。以《中国好声音》《爸爸去哪儿》为代表的“现象级”电视综艺节目正是因为内容、形式更新颖，整体更具娱乐性且引起更广泛的共鸣，从而汇聚了更广泛的电视受众，也更符合时代的要求。

相较于普通电视综艺节目，“现象级”电视综艺节目的优势主要体现在以下几点：

（一）具有特色的创意模式及本土化

我国综艺节目的大发展始于 20 世纪 80 年代，至今有了近 30 年的飞速成长期。但因为电视行业对理论研究不够重视，而且对于节目的市场、受众、节目评价等分析更薄弱，尽管娱乐节目的整体数量和品质都在上升，对优秀作品的模式却没有系统地进行分析和总结。随着近年制播分离的出现，电视节目的制作权逐渐下放给社会上缺乏经验的传媒机构，也因为有更激烈的竞争、更灵活的政策和巨大经济利益的吸引，节目的创新力成为更迫切的要求，跟风成为创新的捷径，这才促成了对节目模式的高度重视。

纵观“现象级”电视综艺节目，无疑是以新颖的创意和制作模式作为基础，这些节目模式多处于成长期或者成熟期，在运作上的风险就比较低。对于节目成本制作来说，引进远比原创节目要省时省力，而且在引进节目购买海外版权时，还能获得详细的制作宝典或直接与原版节目团队共同创作。从脚本、主持人、灯光、音乐、舞美、道具到节目制作流程都高标准、严要求，创作就少走弯路，也不易受到外部因素的干扰。

当今社会是信息时代，人们接受节目的渠道更丰富多样，而且求新、求变成为节目创作必须应对的现实。引进的优秀节目模式因为融合了国外文化，内容形式自然会更新颖，悬念性和冲突性更强，对于国内的受众来说就更容易满足求新的需求。但并不是所有优秀的节目模式都一定能成就“现象级”节目，有很多国外的优秀节目是不能在国内实现的，哪怕是极为成功的模式，也还需要根据国内受众的心理和生活需求进行本土化的落实。无论引进版权还是原创，对受众来说，能否满足其需求、表达深层的愿望，则在根本上决定了节目能否成功。例如《奔跑吧兄弟》立足于本土的资源并进行文化整合，加入了诸如广场舞、白蛇传等具有中国特色的民俗和文化，又根据拍摄各地的特征就地取材，突出地域特色，才能打造出真正产生共鸣的、接地气的、让观众充分理解的、牵动人心的内容。

（二）兼具娱乐性和先进价值观

电视综艺节目的最大功能是娱乐性，这是它与新闻类节目的最大区别——能够满足广大观众的艺术审美的和消闲娱乐需求，能表现出多样的娱乐节目形态，也因此获得极大发展。

绝大多数“现象级”电视综艺节目的娱乐性依托于具有完全由平民参与的节目所不能相比的明星光环，有精心设计的比赛或游戏保证节目始终能够跌宕起伏或具有戏剧性，由此才能吸引到更多观众并培养出固定的收视群体。但是真正让一档节目能成为“现象级”的，绝不仅仅是娱乐性，更需要传递一定的价值观，注重当今社会提倡的人文情怀，并不断向观众传递积极的正能量，具有社会导向作用。例如，《爸爸去哪儿》打破了传统的以“母子情”为核心的生活模式，启用不同风格的明星父子作为嘉宾，一方面满足了受众对明星及其孩子的窥私欲，让通常以明星身份出现在荧屏上的爸爸们褪去明星光环——其生活中面对孩子的惶恐和无措更满足了观众的好奇心；另一方面，随着节目的播出，爸爸与孩子在共同完成任务的过程中情感的交流，父亲不同于母亲给予孩子的力量和勇敢，逐步唤醒了社会对亲子教育的思考——让更多人意识到父爱在孩子成长过程中的重要性。再如，《奔跑吧兄弟》节目组还特别策划了“跑鞋计划”慈善活动，用善款为贫困山区的孩子们购买鞋、书本和一些生活必需品，将综艺娱乐与公益慈善相结合起来，肩负起电视节目的社会责任，节目内涵才得到了进一步的提升。

（三）高水准的制作团队

新颖的模式、本土化、社会效应、明星都是“现象级”节目的内在基础，而若要长久生存，还必须依靠对内容形式的精彩呈现和稳定的品质，这一定需要高水准的制作团队来保驾护航。

纵观几档“现象级”电视综艺节目的制作团队，都是“特别能打仗”的队伍，再加上向原版团队的深入学习与合作，才能确保节目的品质。例如灿星制作公司的《中国好声音》由 SMG 新娱乐总监金磊带领的团队制作，其主创人员大多参与过《中国达人秀》《舞林大会》等节目的创作，对模式节目的本土化运作都很有经验。该节目的导播和镜头剪辑都非常注意细节表达，不仅让观众看到选手的尽情展示，也可以适时观察导师的反应，而选手亲友助威团的期待也随时被切换到屏幕上，如捕捉他们嘴里念念有词地祈祷导师能被歌声打动的瞬间，都依靠现场至少 12 个机位（由原版团队专人指导机位的摆放）拍摄完成，每期不到 80 分钟，需要调用的素材量却接近 1000 分钟。

再如《爸爸去哪儿》由湖南卫视的谢涤葵团队打造，该团队曾做过 5 季生活类角色互换节目《变形记》，被称为“被边缘、有才华、有爱”的队伍，拥有相当丰富的户外节目拍摄经验。所以他们可以临危不乱地处理和解决孩子们遇到的困难，能调节和安抚孩子们的情绪；同时该团队努力进行节目的本土化改良，在明星宝贝的甄选、明星爸爸的力邀、上千小时连轴取材、摄制组轮流守夜、“神字幕”解说兼吐槽的剪辑等方面都付出了大量的心血，最终充分打造出该节目的看点、笑点和卖点。

（四）全媒体的营销推广

在媒体市场化的现实中，电视节目必须从市场经营的角度来进行品牌营销，而且还要应对新媒体“分流”的现实。“现象级”电视综艺节目必须运用多种营销策略，不仅要运用整合性思维在各种渠道推销经营，还要能够灵活地进行品牌延伸，在取得电视高收视率的同时也获取其他渠道的经济收益。在此以湖南卫视《爸爸去哪儿》为例。

首先，选择携手极高贴合度的品牌来冠名。无论是第一季的“999 感冒灵”还是第二季的“伊利 QQ 星”，都是以儿童为主打受众群，与节目强调家庭亲情的主题有着天然的契合度；同时也让这些冠名品牌在节目外打造出息息相关的系列平面广告、创意微博和微信，还在终端卖场设置与“爸爸去哪儿”相关的亲子互动促销活动，让品牌及其冠名产品在节目播出后仍然能获得极高的关注度，可谓媒体和商家都实现了最大化的共赢。

其次，利用新媒体和社交网络助推传播。“现象级”电视综艺节目的巨大成功也表现在对新媒体功能的准确定位、精心策划包装和采取多种营销策略进行有效传播，这不仅让节目的表现渠道更加丰富，也增强了观众与节目的互动性，而且达到了在充分发挥自身高质量技术、人才优势的同时，提高传播效率，增强在传媒领域的竞争目的性。与《中国好声音》《我是歌手》等选择强势节目推广的方式相比，《爸爸去哪儿》的推广算是低调了许多——没有炒作，没有绯闻，没有前期的大量宣传造势，而是在节目播出期间采取与视频网站深度合作、丰富线上节目等方式，并综合电视、报纸等传统媒体，结合网络、短信、微信、微博等新媒体进行推广。例如在爱奇艺推出“独家策划”“妈妈在这儿”“星爸育儿经”“亲子阵容”“现场趣图”“亲子生活”“亲子节目”“奇谈热议”板块，让观众了解到电视中看不到的节目细节。此外，还携手 360 手机助手开发了同名休闲益智跑酷手游，成为电视媒体与无线互联网合作的成功案例。

图表 6　2013 年 12 月 30 日—2014 年 9 月 28 日电视综艺节目网民评议度排行榜[①]

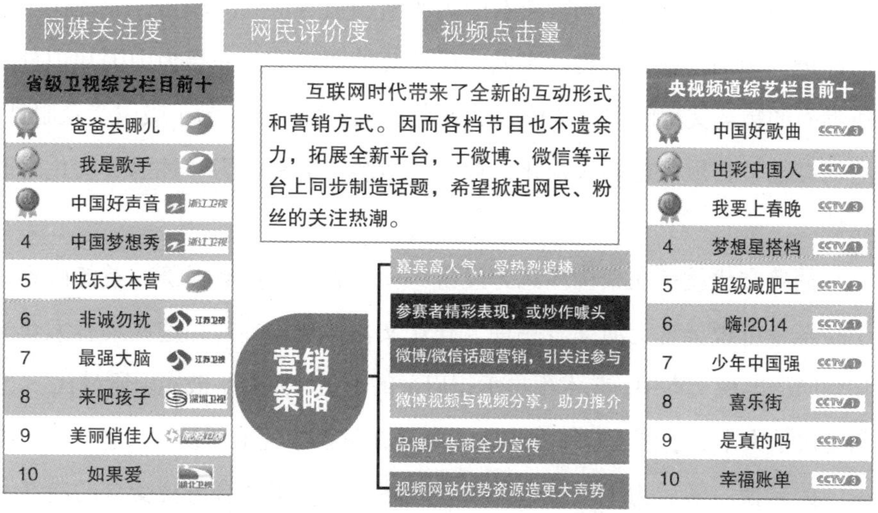

最后，是开拍相关电影延伸节目品牌。近年来一些媒体注重在季度性的大热节目播出结束后延伸出相关的后续节目：《我是歌手》第三季之后的《我是歌手双年巅峰会》，两季歌手的精彩演出让观众们大饱眼福；《中国好声音》则是选择了以巡回演唱会的方式让观众能够更加真实地聆听“好声音”；《爸爸去哪儿》则是更加大胆地推出了“综艺大电影”的方式，借助电影更深更广地挖掘市场潜能，而且观众的意犹未尽可以在大银幕中得到满足，也为下一季《爸爸去哪儿》打下更广泛的群众基础。

综上皆是“现象级”电视综艺节目的生命力的要素。

三、“现象级”电视综艺节目的问题及对策

正由于“现象级”电视综艺节目成为国内电视创新和效益的标杆，目前各电视台也陆续将打造“现象级”作为具体的目标。而实际上，在其发展过程中就已经出现了一些问题。

① 数据来源：美兰德媒体策略咨询有限公司（CMMR）中国电视网传播监测与研究系统。

（一）过度娱乐，节目价值观遭质疑

自20世纪80年代末，随着中国不断加强与世界的联系，后现代主义思潮进入中国，在其解构、嘲讽、反传统的影响下，一直为中国知识分子所崇尚的精英文化的主流地位开始被大众文化所动摇。为了吸引受众眼球，电视综艺节目最先走向大众化，业界开始塑造电视作为一种消费文化的商业性。

消费文化就是在架构注意力经济——业界只生产有经济效益的内容，于是至今电视屏幕上演绎着一种“狂欢文化”现象，“在这些具有大众文化倾向的电视文本中，艺术不再承担启蒙的重负，而总是被娱乐所替代”。①从《快乐大本营》到《超级女声》，电视在争议中完成了从“文艺”到“娱乐”的转换。随后为了“吸金”和“吸睛”，为了迎合电视受众的猎奇心理、极度追求节目的高收视率和高关注度，有的制作团队将暴露明星或选手的个人隐私作为卖点，甚至不惜造假、编故事，或采用极为残酷的赛制；有的节目则通过贬低别人或自贬的形式来迎合大众的口味，有的对两性关系津津乐道，还有的炫耀所谓“高大上”却忽视弱势群体的利益；有些主持人语言粗鄙低俗，搔首弄姿、哗众取宠……尤其是选秀节目，从一开始就难以掌握真人秀元素的分寸，节目很容易偏离方向。

纵观多档“现象级”电视综艺节目，也常有过度设计之嫌。例如《我是歌手》第三季在打响歌王之战前，孙楠制造的临时退赛风波让“歌王争霸”演变成一个全民关注的娱乐事件。“汪涵驾驭黑色7分钟登上神坛”“孙楠为退赛道歉”“洪涛突然微博斥某歌手耍大牌”“传湖南卫视封杀孙楠”等相关话题频登各大网络话题榜前列，最终湖南卫视成为最大赢家。但也有人质疑“孙楠退赛”是否为“假装不知情”的精心策划，而且破坏赛制获取关注度是对制作规范的打击，未来这样的事件如果频繁出现，必定给整体行业带来负面影响。

注意力经济对社会的支撑能力是有限的。如果本来就过多的媒体都在

① 隋岩．当代中国电视文化格局[M]．北京：北京大学出版社，2004：94.

刻意吸引眼球的话，媒体这块蛋糕依然不够切分。

（二）国情民情复杂，社会效益难控

事实上，来源于后现代理念的真人秀元素或节目在我国的受众中产生的效益有很大差异，即对于不同阶层、地域甚至民族的人群来说，“现象级”节目中表现的一些所谓真实的生活及行为方式会导致不同的理解。所谓节目的社会效益往往直接呈现为对社会矛盾的调和或引发争执的作用，哪怕其一再强调自己是娱乐节目。有的节目会刻意在这个问题上做文章——设计如何挑起社会话题来制造节目影响力。尤其是《变形记》这样的节目，刻意在差异巨大的阶层间置换角色，那就更会引起社会的关注了。

纵观所有的“现象级”节目，都容易让受众做起明星梦，产生“一夜成名”“成名即富有”之类的意识，早年间的《超级女声》就引来无数少女逃学报名参赛。其实所有节目中的人物是经过环节设计的，而并不是生活中的真实，例如《极限挑战》及同类节目中的明星承受了种种艰难，可能是为了塑造自己的公众形象而隐藏了真实言行。同时，观众并不知道诸多节目中的明星是为了一定的利益，甚至签了合同来进入节目设计的“圈套”中。在《爸爸去哪儿》中，明星与他们的孩子有时不情愿也要接受节目组的安排，他们会有不同的生活理念和价值观，由此产生相应的粉丝群，甚至这些粉丝群之间会产生矛盾和争执。

（三）业内盲目跟风严重，与原版节目制作水准存在差距

目前一个节目一旦成为“现象级”，国内就会有大批跟随者，必然造成内容形式的重复；同时制作团队水平的局限性也导致节目与原版之间的差距。诸如在主题把握、细节挖掘、真实性、视觉效果和剪辑等方面，国内版本往往都比原版粗糙，时常受到网友们“难以与原版节目媲美”“看完原版无法忍受国内版”的诟病。

以《奔跑吧兄弟》为例，国内版努力将 7 位明星的角色按照原版定位，却远不如原版那样让观众明显察觉并产生共鸣。例如包贝尔由于与原版李

光洙形象上的不同，无法形成原版中李光洙瘦高个子却经常被欺负的“反差萌”。其实作为喜剧演员的包贝尔有着机灵讨喜的外形，在言语上也有着不输原版李光洙的天赋，若节目组能设计突出包贝尔的机灵狡猾，并与王祖蓝形成固定的“兄弟 CP”，就有可能抖出更多的包袱给观众。此外，该节目的情境设计生硬，例如在《白蛇传说》中游戏之间转换间隙太大，没有水到渠成的感觉，原因是剧本设计非本土作家完成，对《白蛇传》了解有限且有文化差异，从而戏剧性大打折扣；节目还经常出现内容衔接生硬、外加动画字幕简陋等问题。再如《中国好声音》，也显现场景过度花哨、舞台纵深不足、灯光色彩艳俗等问题。其他还有不少引进后没有反响的节目，更多是制作水平过低，使节目失去了原有的光彩。

四、对“现象级”电视综艺节目未来发展的建议

目前“现象级”电视综艺节目作为一个新生事物，需要我们从电视综艺节目整体的实际出发进行审视，并调整好创作心态，寻找更适应时代需要的发展途径。

（一）重视传递积极向上的价值观，提升文化品位

“现象级”电视综艺节目作为行业标杆，在以娱乐的形式吸引观众的同时，必须以遵守相关法律和维护社会伦理作为基本标准，并自觉承担起优秀价值观的树立和社会责任的传播，这是节目得以发展的底线。

2011 年，为了加强电视的优秀文化传播作用，减少电视综艺节目泛娱乐化对社会的负面影响，国家新闻出版广电总局颁布了“限娱令”，全国电视综艺节目的数量和播出时间均受到严格控制。2013 年，国家新闻出版广电总局在颁布的“加强版限娱令”中提出了“卫视每年新引进境外版权模式节目不得超过 1 个”的要求，希望卫视在节目模式引进时更加慎重，更加注重进行本土化“校正”与创新。

“现象级”电视综艺节目欲获得强劲的生命周期，提高节目的文化品

位是一个重要的途径，大多数电视综艺节目之所以成为“昙花一现”，正是因为缺乏内涵。电视节目作为传播文化的一种重要载体，如果只注重娱乐、被受众仅仅作为消遣工具的话，媒体的价值就会降低。其实任何一个节目，其发展过度依赖娱乐性，尤其是哗众取宠、仅仅博得大家一笑的内容形式，只能在刚开始带给观众一定的新鲜感，绝不会有长久的生命力。此外，大量的广告植入会让节目显得商业化气息厚重，商业化目标过重必然会伤害节目的品质。

在新媒体信息传播迅速的今天，节目制作团队利用网络的力量强化节目的知名度是必然的选择。然而我们必须看清网络媒体的整体氛围，如果是迎合低端网民，制造与节目本身主旨并无关联的绯闻、负面新闻、夸大事实甚至造假之类，势必会降低节目的文化品位，破坏节目的可信任度。例如《中国好声音》第一季曾被指“选手的身世造假黑幕”，本是“富二代”“白富美”的选手被包装成“农民工”“苦命娃”等具有话题性的身世来获取观众的同情和关注。待到第二季时，就需要花不少精力来重塑形象，而且观众已经是“重口味”，一般内容就很难满足了。

（二）正视“现象级”电视综艺节目的价值

如今受众欣赏水准的不断提高，使得电视综艺节目更新的频率越来越快，同时节目数量的增加又分散了观众的注意力。观众的审美疲劳还让综艺节目收视率普遍呈下降趋势，节目的生命周期也减短，很难再出现收视率一鸣惊人的情况。“现象级”电视综艺节目正是以“大投入，高回报”冲出困境，让一些卫视雄居高位，从而引发业内的广泛效仿，尤其在招商期间会纷纷抛出大量综艺节目计划。

不过必须认清的是，“现象级”电视综艺节目的“大投入”不适合弱势媒体平台，而且对节目模式的盲目跟风、制作水平低等问题也一定会制约“现象级”的产生。实际上，近来综艺节目制作领域开始面临“泡沫危机”，由于节目没有培育期，很多电视台都要为新节目承受相当大的压力和风险：

首先是招商压力，拿不到广告赞助的节目会被无情砍掉；其次是收视压力，一档节目如果收视率不能达到预期，随后广告赞助也会相应缩水，节目没有相应的资金支持就不可能继续生存，大投入制作的新节目一旦不能引起大反响就立刻消失。

我们需要理性看待“现象级”电视综艺节目的行业价值，客观审视综艺市场的火热，警惕对新节目的投机心态。强势卫视需要进一步提升现有的“现象级”节目制作水准，而且要注意未来项目的特色与自身特色的契合度；实力不足的平台则要心态平和，着眼于开发贴近性和实用性的项目。现实中，已经有不少弱势卫视平台为追逐“现象级”节目掏空了自己，甚至造成多年的亏损。

（三）进一步探寻专业性表达

目前“现象级”电视综艺节目虽然都具有行业的标杆性，但与发达国家的制作相比，专业性依然不足。

1. 强化“受众本位”的理念

“受众本位”是提升专业性的基础。与“传播者本位”不同，“受众本位”即“在以受众为本位的传播关系中，受众是传播者服务的对象”。[①] 传播者应该主要根据受众的需要来确定传播的目的、内容和传播的方式和步骤，并以受众受传的状况作为评价传播效果的标准。目前相关节目中还有许多令受众不理解或产生歧义的内容，就是没有真正尊重、了解本地受众和国情。未来，在本土化的过程中，还必须深入理解原版各种细节设计的背景和效果，研究如何有取有舍才能真正满足中国受众的心理和审美需求。

例如，在美国版的“好声音”中，主持人亲自开车送“通关卡”到选手家中，令选手惊喜不已；到了选手对决环节，选手的家人都被请进场内坐在观众席中观看演出……看似不经意的设计，无疑更增加了节目的互动

① 郑兴东．受众心理与传媒引导 [M]. 北京：新华出版社，1999：221.

性，对此我们应该仔细体会。

2. 提高制作队伍的专业性

目前由于大量节目采取了公司化运作的方式，与电视台内的队伍职业化水准存在差距。尽管各制作团队全面学习原版制作宝典，但在节目中依然可以看到故事生硬、人物表现肤浅、过程生拉硬拽，还有道具粗糙、画面脏乱、细节丧失、后期牵强附会等问题。实际上，不少节目团队是临时拼凑的，参与者和各工种间缺乏理解和默契，节目自然无法流畅。

因此在引进国外优秀节目模式的过程中，还应该从专注于单纯对节目形式、内容、运作方式的引进转移到对电视从业人员的培养和整体素质的提高上来，只有这样才能从根本上提高我国电视综艺节目的竞争力、摆脱对外来模板的依赖，只有具备节目原创的能力，才能最终实现让中国文化走向世界的目标。

3. 树立正确的节目观念和维护行业规范

近年来出于竞争，各电视台对王牌节目无不倾注全力进行宣传，力争胜人一筹。但有的团队则是不顾职业道德地进行一系列的“恶意炒作”“暗箱操作”，由此一些具有传统节目和宣传理念的品牌自然无法与之抗衡。

例如，中央电视台的《全国青年歌手电视大奖赛》以直播为主，在比赛之前评委名单绝对保密，比赛中绝大多数评委只打分不说话，选手按抽签顺序比赛，而且为了保证每个选手的公平性，镜头不许随意切出观众较为激烈的情感反应。而同样作为比赛的《中国好声音》和《我是歌手》以录播为主，比赛过程中有更多停顿，节目录好后为保障播出效果会调整选手比赛顺序，画面不断采用观众如痴如醉欢呼甚至激动流泪的景象。还有不少的音乐竞赛节目进行了精细的“修音”，还在节目播出之前剧透，更有甚者故意流出所谓“内定”名单，让“网传”成为重要的宣传方式。

目前，“现象级”电视综艺节目的宣传一般都要找到一两个核心人物作为炒作点，话题人物的相关八卦经常成为媒体娱乐版头条，对节目收视率可以推波助澜。例如在《我是歌手》中，样貌普通却有着高亢之嗓的黄绮珊私生活被全面曝光，甚至与前夫之间的恩怨情仇也被四处传扬，这也导致她在比赛后期排名直线下降。在《爸爸去哪儿》《奔跑吧兄弟》等节目中也有通过设计和剪辑将真实事件进行放大或扭曲的细节，例如前者刻意将胡军和刘烨同置一处，让看过《蓝宇》的观众产生联想，真可谓用心良苦。

近年来的版权引进节目更明确提出“编剧”概念，把握不好就使真人秀成为引人“入套”的渠道。

综上所述，我们有必要思考节目的内涵和创作规范。无论是“炒作”“暗箱操作”，还是“编剧”，目标都是为了获取节目高收视率、巨大经济效益和全社会广泛的关注与讨论，但如果选手到最后都可以纷纷“退赛”，真人秀成为假表演，让受众的“重口味”无底线或对节目失去信任，最终就是整个行业的垮掉。

（四）拓展品牌运营平台

近年来，泛媒体时代的概念在兴起，即新的媒体类型不断涌现，并有着多样的传播平台和途径，“现象级”电视综艺节目要想建立和推广品牌，必须考虑如何进行跨平台多渠道的传播。

首先要真正从以受众为本的角度考虑如何打造适合不同平台的内容主体。例如不少“现象级”电视综艺节目已主动延展观众群，在制作电视节目的同时也制作了相关的网络独播节目，还将节目的盘点、绯闻、争议等也通过网络播出。《我是歌手》在芒果TV直播时还使用了发源于互联网的“弹幕”直播互动模式，最大限度地增加节目的互动性和趣味性。

同时，手机、平板电脑等“第二屏幕”在一些场合取代了电视这个“第一屏幕”，受众收看节目的方式也由单屏、线性向多屏、碎片化的接收模式转变。例如不少节目在播出过程中加入“二维码”，让观众一边看电视一边获取平板体验，实现用户体验的“双屏延展”。相信在不久的将来，通过相应的技术（如苹果的 Airplay、谷歌 Chrome cast 和高清多媒体接口 HDMI）将数字电视与用户手机、平板电脑相连接，可以将节目的品类、容量和时长等进行更多延展，制作方可以利用他们在浏览不同平台时“被动”分享的数据预见用户的下一步行为：在电视端自动下载喜爱的节目，在手机、平板电脑端接收节目资讯，由此增强用户对电视节目的参与度和品牌忠诚度。

目前虽然以《爸爸去哪儿》《奔跑吧兄弟》为代表的户外综艺节目已经开发了相应的游戏 APP，但在虚拟空间的建构和互动性、游戏化的程度上仍处于简单分享的阶段；《中国诗词大会》也推出与节目同步进行的答题系统，但由于节目是录播并没有实现真正的即时互动。相信随着互动技术等最新成果的发展，相关设计作为“强化现实”的主要手段，能够提供更全方位的体验，促进受众对节目的深度参与。

《中国好声音》《我是歌手》《爸爸去哪儿》等“现象级”电视综艺节目的火爆，让人们对于电视综艺节目的关注度愈加高涨。与此同时，媒体市场化发展和过度追逐收视率所造成的恶果也愈加显现，电视文化内涵与精神能量正逐渐丧失，行业规范的不足与节目现有的多重问题亟待解决。因此，把关者们需要正视“现象级”电视综艺节目的价值，将重点放在学习品牌节目的成功理念和技术手段上，并不断深化自身专业程度，而不是一味地追求“现象级”节目所带来的巨大利益。

正如习近平总书记在多次讲话中所强调：“提高国家文化软实力，要努力提高国际话语权，加强国际传播能力建设。”国内文化品牌的培育与输出已然成为增强中国软实力的一大课题，电视综艺节目的制作团队需要坚守底线，在保证综艺节目娱乐性的同时，努力突出本土化和原创元素，提升节目文化品位，拓展品牌传播平台，走出现有机制的束缚，建设好自己的队伍，最终争取让更多具有中国文化内涵的节目走出国门，展现在全世界的观众眼前。

（彭钟男）

参考文献

[1] 洪民生主编 . 追忆：中央电视台 1983—1989 春节联欢晚会［M］. 北京：中国国际广播出版社，1990.

[2] 黄望南主编 . 黄一鹤的电视艺术道路［M］. 北京：中国广播电视出版社，1993.

[3] 刘习良主编 . 中国电视史［M］. 北京：中国广播电视出版社，2007.

[4] 沈纪主编，黄望南副主编 . 电视文艺论集［C］. 北京：人民出版社，1998.

[5] 杨伟光主编 . 中国音乐电视：MTV1995［M］. 广州：岭南美术出版社，1995.

[6] 钟艺兵主编，黄望南副主编 . 中国电视艺术发展史［M］. 杭州：浙江人民出版社，1994.

[7]《中国广播电视年鉴》编辑委员会 . 中国广播电视年鉴［C］. 北京：中国广播电视年鉴社 .

后　记

本人 1985 年毕业于北京广播学院文艺编辑专业并留校任教至今，30 多年来一直以电视文艺编导及策划作为教学和研究核心。为适应全国电视文艺编导课程教学的要求，本人率领中国传媒大学的教师和研究生编著了电视文艺编导课程的大纲和相应的教学内容，计划分为“基础”与“创作”两本，从实践发展、理论梳理和创作总结的多个维度入手，力求系统和全面地反映中国电视文艺发展的历程，并具有较强的理论开拓价值和实践指导意义。希望本书有助于广大学生、从业者了解和掌握电视文艺编导的创作规律和技巧，也希望能对相关专业的研究者有所帮助。

多年前，本人带领曾经的研究生——刘子璇、许侃、李翔宇、侯倩进行了基础的资料收集和写作，同事张晗老师在早期写作阶段也做了一定贡献。在改版和丰富的过程中，黄博、宋若冰、王艺菲、王锦萱、徐派等同学陆续参与进来，宋若冰还承担了较多的编辑工作。附录部分主要是一些节目分析和研究文章，作为对本书内容的补充。本书最后的出版得到中国国际广播出版社祝晔女士的热情支持，在此一并表示感谢！

诚然，由于媒体发展变化迅速，也因本人水平有限，书中若有失误，敬请广大读者赐教。

图书在版编目（CIP）数据

电视文艺编导基础 / 游洁著. —北京：中国国际广播出版社，2017.7
（2021.9重印）
ISBN 978-7-5078-3991-3

Ⅰ.①电… Ⅱ.①游… Ⅲ.①文艺－电视节目制作－高等学校－教材
②文艺－电视节目－导演艺术－高等学校－教材 Ⅳ.①G222.3

中国版本图书馆CIP数据核字（2017）第052633号

电视文艺编导基础

著　　者	游　洁
责任编辑	刘　晗　　祝　晔
版式设计	国广设计室
责任校对	徐秀英
出版发行	中国国际广播出版社［010-83139469　010-83139489（传真）］
社　　址	北京市西城区天宁寺前街2号北院A座一层 邮编：100055
网　　址	www.chirp.com.cn
经　　销	新华书店
印　　刷	天津市新科印刷有限公司
开　　本	710×1000　1/16
字　　数	250千字
印　　张	18.5
版　　次	2017年7月　北京第一版
印　　次	2021年9月　第三次印刷
定　　价	38.00元

CRI 中国国际广播出版社　欢迎关注本社新浪官方微博　官方网站 www.chirp.cn